D1691755

Richthofen, Kugele, Vitzthum
Handbuch Karriereberatung

Carolin von Richthofen
Jürgen Kugele
Nathalie Vitzthum

Handbuch Karriereberatung

BELTZ

Carolin von Richthofen ist Diplom-Psychologin, systemische Familientherapeutin und Business-Coach. Sie war als Führungskraft und Beratungsleiterin bei einer führenden deutschen Personalberatung für die Bereiche Karriereberatung und Outplacement verantwortlich. Seit 2010 ist sie gemeinsam mit Jürgen Kugele geschäftsführende Gesellschafterin bei Kugele von Richthofen (KvR) in Berlin. Sie berät Fach- und Führungskräfte bei ihrer beruflichen Neuorientierung und bildet in der KvR-Academy Karriereberater aus.

Jürgen Kugele ist Sozialwissenschaftler (M.A.) und Psychoanalytiker. Seit über dreißig Jahren arbeitet er als Organisationsberater, Managementtrainer, Karriereberater und Lehr-Coach. Er ist geschäftsführender Gesellschafter bei Kugele von Richthofen und dort verantwortlich für die Bereiche Organisationsberatung und Executive Coaching. In der KvR-Academy bildet er Karriereberater aus.

Dr. Nathalie Vitzthum ist Diplom-Psychologin, systemische Beraterin und Coactive Coach (ICF). Sie promovierte in Philosophie zum Thema Selbstoptimierung und Authentizität und arbeitet als Expertin für psychologische Potenzialdiagnostik und Persönlichkeitsanalysen sowie als Karriereberaterin und Lehrtrainerin bei Kugele von Richthofen in Berlin.

Dieses Buch ist auch als E-Book erhältlich:
ISBN 978-3-407-29274-2

Das Werk und seine Teile sind urheberrechtlich geschützt.
Jede Nutzung in anderen als den gesetzlich zugelassenen Fällen
bedarf der vorherigen schriftlichen Einwilligung des Verlages.
Hinweis zu §~52a UrhG: Weder das Werk noch seine Teile dürfen
ohne eine solche Einwilligung eingescannt und in ein Netzwerk
eingestellt werden. Dies gilt auch für Intranets von Schulen
und sonstigen Bildungseinrichtungen.

© 2013 Beltz Verlag · Weinheim und Basel
www.beltz.de

Lektorat: Dr. Erik Zyber
Herstellung, Satz und Innengestaltung: Sarah Veith
Druck: Beltz Druckpartner GmbH & Co. KG, Hemsbach
Reihengestaltung: glas ag, Seeheim-Jugenheim
Umschlaggestaltung: Nancy Püschel
Umschlagabbildung: Frauke Mohr, Hamburg
Printed in Germany

ISBN 978-3-407-36526-2

Inhalt

Einleitung 9

Grundlagen der Karriereberatung 01

Was ist Karriereberatung? 14

Karriere – ein spannungsgeladener Begriff 14
Drei Fragen nach dem »Was« 15
Karriereberatung und die Frage nach dem »Wie« 17
Der Beruf als Rolle, oder: Wie man sein Selbst in den Beruf einbringt,
ohne es zu verlieren 17

Klienten und ihre Themen 21

Warum Menschen in die Karriereberatung kommen 21
Was Karriereberater für Klienten tun können 23

Was macht einen guten Karriereberater aus? 25

Der Karriereberater als Gegenüber des Klienten 25
Der Karriereberater und sein Netzwerk 26
Ressourcen für den Karriereberater:
Qualifikation, Supervision und Intervision 27

Möglichkeiten und Grenzen der Karriereberatung 29

Eigenverantwortung des Klienten 30
Diskretion und Verschwiegenheit 30

Hürden und Herausforderungen im Beratungsprozess	32
Psychische Probleme der Klienten	32
Nichteinhalten der vereinbarten Aufgaben und Regeln	34
Fachliche Überforderung des Karriereberaters	35
Persönliche Antipathien	36
Ungelöste Themen des Karriereberaters als Störfaktoren im Beratungsprozess	37
Abbruch der Karriereberatung	38
Wie Sie mit diesem Buch arbeiten können	39
Ihre Karriereberater-Toolbox	39
Tools und die Rollen des Karriereberaters	39
Copy & Customize	40

02° Wie läuft der Beratungsprozess ab?

Prozessschritte der Karriereberatung	42
Die drei Phasen der Karriereberatung	42
Die neun Prozessschritte der Karriereberatung	43
Dokumentation des Beratungsprozesses	46
Auftragsklärung und Angebotserstellung	47
Angebotsklärung für Karriereberater	53
Interviewleitfaden für das Erstgespräch	60
Beispielvertrag	66

03° I. Phase: Stärken und Kompetenzen

Biografische Rückschau: die Erfahrung des Klienten nutzbar machen	70
Biografisches Interview	73
Hausaufgabe zur biografischen Selbstreflexion	80
Kompetenzanalyse	82
Psychologische Tests	85

Inhalt

Kompetenzen-Interview	104
Kernkompetenzen-Analyse	110
Befragung des Umfelds	114
Fremdfeedback	116
Alleinstellungsmerkmal-Analyse	119

II. Phase: Wollen und Motivation 04

Visionsarbeit und Entwicklung einer beruflichen Zielsetzung 124

Visionscollage	127
Fotoreise	129
Imagination zum exzellenten Beruf	131
Der 90. Geburtstag	134
Fantasie-/Zukunftsreise	137

Die Zukunft entwerfen 140

Werteklärung	143
Analyse der für einen Job wichtigen Werte	147
Rollenklärung	149
Themenklärung	157
Eckdatenklärung	159
Persönliche SWOT-Analyse	162
Karriere-Balanced-Scorecard	165
Plan zur Zielerreichung	169
SMARTe Zielformulierung	172
Tetralemma	175
Pro und kontra mit Bauchgefühl	178
Gewichtete Entscheidung	181
Unterhaltung zwischen Varianten meiner Zukunft	185
Disney-Strategie	187
Münze werfen – Das Schicksal entscheidet!	191

III. Phase: Handlungsfelder und Arbeitsmarkt 05

Marktstrategie 194

Marktanalyse und Marktstrategie	196
Marktanalyse	205

Stellenangebote nutzen	210
Netzwerk analysieren	216
Online-Networking – Soziale Netzwerke gezielt nutzen	222

Die schriftliche Bewerbung 227

Der Lebenslauf	231
Fragebogen zum Lebenslauf	234
Perspektivwechsel 1: die rosarote Brille	237
Perspektivwechsel 2: der fieseste anzunehmende Personaler	239
Arbeitsblatt für Kurzprofile	241
Checklisten für den Lebenslauf	244
Das Anschreiben	247
Perspektivwechsel 1: die rosarote Brille	250
Perspektivwechsel 2: der fieseste anzunehmende Personaler	252

Die mündliche Bewerbung 254

Selbstmarketing-Training	257
Telefontraining	260
Training für das Vorstellungsgespräch	264
Nachbereitung von Bewerbungsgesprächen	272

Onboarding 276

Die neue Welt: eine Aufstellung	279
Das Team kennenlernen	283
Perspektivwechsel bei Konflikten	286

Wie geht es nun weiter? 289

Evaluationsfragebogen	291
Auswertung	293

Literaturverzeichnis 294

Einleitung

Die Arbeitswelt wird immer komplexer. Der Druck, unter dem der Einzelne steht, steigt. Der Zwang, zu den Besten zu gehören, wird immer größer, weil in der anhaltenden Krise die Angst wächst, aus dem System zu fallen. Zunehmende Sichtbarkeit und Transparenz durch die digitale Vernetzung eines jeden bringen die Gefahr mit sich, dass Fehlschläge aller Art genauso wie unvorteilhafte berufliche Schritte sofort sichtbar werden. Die Geschwindigkeit, mit der wir arbeiten, denken und reagieren müssen, ist enorm und wird immer rasanter. Orientierungslosigkeit, Leistungsdruck bis hin zur Überperformance, schleichendes Ausbrennen oder akutes Zusammenbrechen, all das sind Phänomene unserer Zeit. Gleichzeitig gilt das Credo der Selbstverwirklichung: Das Leben und auch der Beruf sollen Spaß machen, Sinn geben und individuell sein. Um sich in unserer Welt zurechtzufinden, brauchen immer mehr Menschen einen professionellen Ansprechpartner und wünschen sich jemanden, der Orientierung, Zuversicht und Expertenrat bereithält.

Diese Rolle übernehmen wir als Karriereberater. Doch der Beruf der Karriereberatung ist noch jung und stellt gleichzeitig hohe Ansprüche an diejenigen, die ihn ausüben. Das bedeutet, dass Karriereberater die Ressourcen, die sie für ihre Tätigkeit brauchen, aus vielen verschiedenen Bereichen zusammensuchen müssen – aus der Psychologie, der Personalarbeit und dem Coaching, aus der Gründer- und Managementberatung.

Dieses Buch gibt Karriereberatern Instrumente und Methoden an die Hand, damit sie ihre Klienten bei der beruflichen (Neu-)Orientierung besser unterstützen können. Gleichzeitig stellt das Buch den Prozess der Karriereberatung in Umrissen dar, denn nur so kann deutlich werden, welche Methode sich für welche Aufgabenstellung eignet. Ob Sie als Karriereberater arbeiten oder als Coach Menschen in ihrer beruflichen und persönlichen Entwicklung begleiten – in der hier präsentierten Sammlung werden Sie für jede Fragestellung der Karriereberatung und für jeden Klientetypus produktiv einsetzbare Werkzeuge finden. Diese Werkzeuge sind ganz praktisch: Sie finden hier keine langen Texte, sondern zu den verschiedenen Themen zunächst eine Übersicht und dann Vorlagen, die Sie für Ihre Arbeit kopieren und sofort in Ihrer Sitzung verwenden können.

Die Tools in diesem Buch spiegeln unsere Auffassung von Karriereberatung wider und haben sich in unserer Praxis als Karriereberater bewährt. Damit diese auch in Ihrer Beratung gewinnbringend zum Einsatz kommen, werden wir das Verständnis und die Werte erklären, die ihrer Anwendung zugrunde liegen. Uns ist es sehr wichtig, nicht nur eine schnelle Lösung für die beruflichen Probleme unserer Klienten zu entwickeln. Wir wollen den Klienten auch die Möglichkeit eröffnen, ihre beruflichen Fragestellungen als Teil ihres gesamten Lebens zu reflektieren. Der Klient soll im Rahmen der Karriereberatung auch den Raum und die Unterstützung erhalten, sich persönlich weiterzuentwickeln, wenn er dies möchte. Für uns schließt Karriereberatung immer mit ein, den Klienten dazu anzuregen, seine Karriereziele mit seinen Lebensträumen in Einklang zu bringen. Diese Auffassung hat die Auswahl und Präsentation der Tools in diesem Buch geprägt.

An wen sich das Buch richtet

Unser Buch wendet sich vor allem an Leser und Leserinnen, die Karriereberatung beruflich ausüben. Karriereberater, die am Anfang ihrer Tätigkeit stehen, können dieses Buch als umfassendes Toolset benutzen und in ihm Anregungen für die Gestaltung des gesamten Karriereberatungsprozesses finden. Auch Profis der Karriereberatung mit viel Erfahrung werden sicher das eine oder andere neue Tool entdecken oder Anregungen für modifizierte Tools gewinnen können.

Wer Karriereberatung nicht hauptberuflich ausübt, sondern als Teilaspekt einer anderen Berufstätigkeit anbietet, z. B. als Sozialarbeiter, Coach, als Lehrer oder im Rahmen eines Ehrenamtes, wird gleichfalls in diesem Buch fündig werden. Auch Gründungsberater und Gründer-Coaches werden einige der Tools benutzen können. Jedoch konzentriert sich das Buch auf die klassische Karriereberatung. Die Möglichkeit, mit Klienten den Schritt in die Selbstständigkeit zu diskutieren, wird gelegentlich angesprochen, aber nicht vertieft.

Dieses Buch ist kein Lehrbuch für Karriereberatung. Es kann und soll nicht systematisch in die Tätigkeit der Karriereberatung einführen, sondern Ressourcen für die Arbeit mit dem Klienten anbieten und Anstöße für die Reflexion über Karriereberatung geben.

Wir haben uns der besseren Lesbarkeit halber entschieden, die männliche Form von Karriereberater und Klient zu benutzen. Doch meinen wir das nicht einschränkend, und auch Karriereberaterinnen und Klientinnen sind stets mit angesprochen.

Aufbau des Buches

Wir stellen dem Buch einen allgemeinen Teil voran, in dem wir erklären, was wir unter Karriereberatung verstehen. Wir wollen damit zum einen Auskunft darüber geben, in welchem Bewusstsein wir als Karriereberater arbeiten und welche Ziele wir verfolgen, wenn wir unsere Tools anwenden. Zum anderen wollen wir dadurch die Hauptaufgaben der Karriereberatung darstellen und den Ablauf des Karriereberatungsprozesses erläutern. Dieser Phasenverlauf liegt auch der Anordnung der Tools zugrunde.

Im allgemeinen Teil werden auch die Rolle des Karriereberaters und Probleme im Karriereberatungsprozess angesprochen. Außerdem finden Sie hier eine Anleitung, wie Sie mit dem Buch arbeiten können.

Der Aufbau der Toolbox orientiert sich am Prozess der Karriereberatung. Für jede Phase dieses Prozesses finden Sie passende Werkzeuge und hilfreiche Erklärungen. Das Buch begleitet Sie von den ersten Vorüberlegungen und dem Erstgespräch über die Analyse der Kompetenzen Ihres Klienten, die Recherche des Arbeitsmarktes und die Erstellung effektiver Bewerbungsunterlagen bis hin zur Begleitung des Onboardings, also die Unterstützung Ihres Klienten in den ersten hundert Tagen in einer neuen Stelle. Am Ende des Buches finden Sie eine kleine Auswahl weiterführender Literatur, die Ihnen in Ihrer Praxis als Karriereberater dienlich sein kann.

Eine kurze Gebrauchsanleitung

Aufgrund seines Aufbaus können Sie das Buch als Fahrplan für einen vollständigen Beratungsprozess verwenden (Kapitel 2 bis 5). Allerdings wird der Karriereberatungsprozess, den dieses Buch darstellt, im Beratungsalltag nicht häufig in allen seinen Stufen abgearbeitet werden. Wir haben einen idealtypischen und vollständigen Beratungsverlauf zugrunde gelegt. Die Anordnung der Toolgruppen soll keineswegs vorschreiben, wie eine Beratung abzulaufen hat, sondern einfach als Organisationsprinzip dienen – gewissermaßen als Karteikartensystem für die »Ablage« der Tools.

In der Praxis wird jeder Klient andere Beratungsschwerpunkte erfordern – mal möchte ein Klient vor allem herausfinden, welches Potenzial er ungenutzt lässt, ein anderer weiß sich im Bewerbungsprozess nicht gut darzustellen. Mit den hier zusammengestellten Methoden sind Sie gut gerüstet, um mit Ihren Klienten sehr unterschiedliche karrierebezogene Fragestellungen in beliebiger Reihenfolge zu bearbeiten.

Sicherlich werden Ihnen einige Tools mehr liegen als andere. Aus unserer Erfahrung wissen wir, dass gerade in solchen Feststellungen eine Chance liegt, die eigene Praxis der Karriereberatung zu definieren und zu reflektieren. Denn in der individuellen Toolauswahl kommt unser Verständnis als Karriereberater zum Ausdruck. Wir hoffen, dass dieses Buch auch diejenigen Leserinnen und Leser ansprechen wird, die Möglichkeiten zu solcher Reflexion suchen. Daher ist es unser Wunsch, dass unsere Leser die hier versammelten Tools entsprechend ihren

Bedürfnissen und Erfahrungen verändern und sie in neuen Kontexten anwenden. Wenn unser Handbuch Sie in dieser Weise inspiriert, hat es ein wichtiges Ziel erreicht.

Carolin von Richthofen
Dr. Nathalie Vitzthum
Jürgen Kugele

Berlin, Dezember 2012

Zur besseren Übersicht haben wir konkrete Beispiele sowie Arbeitsblätter und Hausaufgaben mit folgenden Symbolen gekennzeichnet:

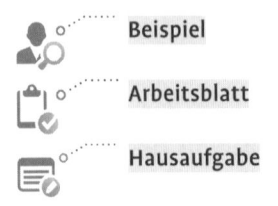

Beispiel

Arbeitsblatt

Hausaufgabe

Sämtliche Arbeitsblätter und Hausaufgaben stehen als Download auf www.beltz.de/material. Das Kennwort lautet xiga:468.

Grundlagen der Karriereberatung

01

Was ist Karriereberatung?	14
Klienten und ihre Themen	21
Die Rolle des Karriereberaters	25
Möglichkeiten und Grenzen der Karriereberatung	29
Hürden und Herausforderungen im Beratungsprozess	32
Wie Sie mit diesem Buch arbeiten können	39

Was ist Karriereberatung?

Karriereberatung ist Hilfe zur Selbsthilfe. Sie unterstützt den Klienten in einem Prozess der Selbsterkundung, der beruflichen Orientierung, der Entwicklung attraktiver Ziele und der Planung von Wegen dorthin, sie hilft beim Aktivwerden auf dem Arbeitsmarkt und beim Netzwerken. Nicht zuletzt bietet Karriereberatung auch eine Begleitung von Berufstätigen in ihren Jobs und bei ihrer Entwicklung im Unternehmen. Dabei stellt die Karriereberatung Wissen über die Arbeitswelt zur Verfügung, aktiviert aber gleichzeitig die Ressourcen des Klienten und leitet zur Selbsthilfe an. Der Karriereberater ist Wissensvermittler, indem er seinem Klienten Informationen, Feedback und Techniken an die Hand gibt. Er ist aber auch Coach und Trainer, indem er ihn dabei unterstützt, sich dieses Wissen anzueignen und sein Denken und Handeln neu auszurichten.

Karriereberater und Klient richten ihr Augenmerk auf zwei Fragen: zum einen auf die Frage nach einer geeigneten Berufstätigkeit für den Klienten; zum anderen auf die Frage, welches Verständnis von Berufsausübung dem Klienten eine Erfüllung in seiner Karriere ermöglichen würde. Denn auch (und gerade!) wer in einem für ihn potenziell erfüllenden Beruf arbeitet, muss darauf achten, mit seinen Bedürfnissen und Ressourcen achtsam umzugehen. Sonst läuft er Gefahr, dass sein Engagement an ihm zehrt, statt ihn zu beflügeln. Und wenn der Wunschberuf Kompromisse verlangt, die mit dem Gefühl der Berufung zu dieser Tätigkeit unvereinbar erscheinen, kann daraus große Frustration entstehen.

Es liegt auf der Hand, dass diese beiden Fragen, also die Frage nach dem *Was* des Berufes und die Frage nach dem *Wie* seiner Ausübung, eng zusammengehören. Im Folgenden wollen wir daher das *Was* und das *Wie* als Orientierungspunkte der Karriereberatung näher erläutern. Wir beginnen mit dem *Was* und betrachten zunächst den Begriff der Karriere.

Karriere – ein spannungsgeladener Begriff

Das Wort Karriere kann sehr unterschiedliche Assoziationen auslösen. Manchen Menschen vermittelt es einen starken Motivationsschub, denn sie verbinden mit ihm die Verwirklichung ihrer beruflichen Träume. Andere ängstigt und lähmt dieses Wort, denn es weckt in ihnen die Vorstellung eines belastenden Erfolgsdiktats unserer Gesellschaft. So unterschiedlich diese Reaktionen auch sein mögen, so sind sie doch die beiden Seiten derselben Medaille. Denn Erfolg im Beruf gilt

Was ist
Karriereberatung?

für viele Menschen als das wichtigste Kriterium für ein gelungenes Leben, und Karriereerfolg oder -misserfolg wird damit zum Urteilsspruch über die Person.

Das Wort »Karriere« bedeutet im Alltagsverständnis Aufstieg, Anerkennung und monetäre Besserstellung. Wörtlich heißt Karriere aber lediglich »Laufbahn«, und diesen neutralen und vom Erfolgsdiktat unbelasteten Begriff legen wir unserem Beratungsansatz zugrunde. Im Gegensatz zum Erfolgsdiktat wollen wir die Idee des Zusammenpassens und der Ergänzung betonen, also den Gedanken, dass die Berufstätigkeit mit den vielen Facetten unseres Klienten, seinen Lebensumständen, Interessen und Fähigkeiten, in ein bereicherndes und produktives Verhältnis treten soll. Wer diesen Ausgleich gefunden hat, wer also einem Beruf nachgeht, der seinen Idealen, Wünschen, Begabungen und Veranlagungen entgegenkommt und der mit seinen anderen Lebensbereichen harmoniert, wird es als leicht empfinden, die Anforderungen seiner Arbeit zu erfüllen. Und er wird in der Konsequenz leichter Zufriedenheit finden – und erfolgreich sein. Beruflicher Erfolg ist also ein (wünschenswertes) Nebenprodukt einer erfüllenden Berufstätigkeit. Auch den materiellen Aspekt wollen wir nicht ausklammern. Denn Arbeit ist zwar nicht nur, aber auch Broterwerb.

Damit zeichnet sich für das Zusammenpassen von Beruf, Mensch und Leben eine Kontur ab. Es ist die Schnittmenge aus drei Bereichen: Motivation, Können und Marktgegebenheiten.

Drei Fragen nach dem »Was«

Oft orientieren sich Jobsuchende nur daran, was sie gut können. Oder aber sie richten ihr Augenmerk lediglich darauf, welche Profile der Arbeitsmarkt gerade nachfragt, und versuchen sich dem anzupassen. Unserer Erfahrung nach stellen sich berufliche Zufriedenheit und Erfolg jedoch nur dann ein, wenn der Arbeitssuchende drei Bereiche im Blick behält:

1. das, was ihn motiviert und interessiert
2. das, was er wirklich gut kann
3. den tatsächlichen Bedarf am Arbeitsmarkt.

Motivation Zu diesem Bereich gehören die Bedürfnisse, die dem Klienten wirklich wichtig sind. Diese Bedürfnisse haben ihre Wurzeln in verschiedenen Aspekten des Klienten-Selbst und finden ihre Befriedigung daher auch in unterschiedlichen Lebensbereichen. So wünschen sich Klienten vielleicht, Zeit für eine Familie zu haben, das Kulturangebot einer Stadt oder die Natur auf dem Land zu genießen. Verschiedene Bedürfnisse können sich durchaus widersprechen und so Kompromisse, kreative Lösungen oder auch bewussten Verzicht erfordern. Daher muss die Karriereberatung unserer Meinung nach nicht nur die Auseinandersetzung mit beruflichen Wünschen beinhalten, sondern Klienten auch zur Reflexion darüber anregen, was sie sich von ihrem Leben als Ganzem wünschen, sei es in Hinblick auf Partnerschaft, Familie, Sport, Freizeit oder auch Spiritualität und Ethik. Denn Menschen verbinden mit ihrem Beruf oft einen Wunsch nach Sinnerfüllung. Wir arbeiten zwar, um zu leben, aber dies schließt nicht aus, dass wir unser Leben auch in den Dienst einer Idee oder eines Ideals stellen wollen. Wir versuchen dann, in der Wahl und in der Ausübung unserer Arbeit einem inneren Ruf zu folgen, also einer Berufung.

Fähigkeiten, Begabungen und Fertigkeiten Der zweite Bereich sind die Fähigkeiten, Begabungen und Fertigkeiten, die den Klienten auszeichnen, ob sie nun auf einem Talent beruhen oder das Ergebnis von Unterricht, selbsttätigem Lernen, Berufs- oder Lebenserfahrung sind. Wichtig ist hier jedoch: Mitunter empfinden Klienten eine andere Tätigkeit als erfüllender als die, die sie gut beherrschen und für deren Ausübung sie positives Feedback bekommen. Dass jemand beispielsweise mathematisch begabt ist, bedeutet nicht, dass er die Tätigkeit in einem zahlenlastigen Beruf als erfüllend erfahren muss. Vielleicht möchte er im Beruf andere Aspekte ausleben, zum Beispiel handwerklich tätig sein. Als Karriereberater gehen wir nicht davon aus, dass das Wollen der Klienten sich mit genau dem Können deckt, für das sie in der Vergangenheit Anerkennung erhalten haben.

Arbeitsmarkt Der dritte Bereich ist der Arbeitsmarkt. Welche Stellenangebote es gibt, welche Marktlücken noch zu füllen sind, entscheidet maßgeblich darüber, ob und wie Fähigkeiten und Motivation der Klienten in einen Beruf übertragen werden können. Im Beratungsprozess berücksichtigen wir daher schon sehr früh den Arbeitsmarkt und bei der Beratung von Existenzgründern den Markt für Dienstleistungen oder Produkte. Der Markt ist eine unumgängliche Realität, aber keine Autorität. Er nimmt unseren Klienten keine Entscheidungen ab. Wenn der Klient den Ehrgeiz hat, ein berufliches Ziel zu verfolgen, das nur wenige erreichen, dann unterstützen wir ihn dabei. Ohne den Ehrgeiz, Ziele auch bei schlechten Erfolgsprognosen zu verfolgen, gäbe es schließlich keine bedeutenden Wissenschaftler oder Künstler. Wichtig ist uns aber, dass wir mit dem Klienten für die fantastischen Ziele einen realistischen Plan entwerfen, der die Marktsituation nicht beschönigt und der den Klienten seinem Ziel oder zumindest einem für ihn befriedigenden Zwischenziel näher bringt.

Innerhalb der Schnittmenge dieser drei Bereiche liegt die für den Klienten optimale Berufstätigkeit.

Erfahrungsgemäß möchten Klienten gerne besser verstehen, was sie können, was sie wollen und welche Möglichkeiten ihnen auf dem Arbeitsmarkt offenstehen. Für uns als Karriereberater ist wichtig, dass die Antworten auf die Fragen des Könnens und der Motivation vom Klienten kommen und ihm entsprechen. Wir müssen also eine Atmosphäre und einen Prozess kreieren, in dem neue Erkenntnisse, Bewusstheit und Klarheit entstehen können. Und der Karriereberater muss offen sein für all das. Denn nur so können wir mit unserem Klienten im Beratungsprozess eine Grundlage für Visionen, Pläne und Handeln erarbeiten. Auf der Grundlage dieses Ansatzes begleiten wird den Klienten durch einen Prozess, an dessen Ende er ein geschärftes Bewusstsein seiner Wünsche, Bedürfnisse und Fähigkeiten hat und sich für oder gegen Veränderungen entscheiden kann.

Karriereberatung und die Frage nach dem »Wie«

Die Frage nach dem »Was« der Berufstätigkeit ist ohne die Frage nach dem »Wie« unvollständig. Dieses »Wie« ist der Schlüssel zum Zusammenspiel der drei Bereiche, denn in der Schnittmenge überlappen sich zwar das Können, die Motivation und die Möglichkeiten auf dem Arbeitsmarkt, aber die Anteile dieser drei Bereiche zu einer Einheit zusammenzuführen ist ein anspruchsvoller Prozess. So ist es zwar eine glückliche Fügung, wenn es zum Beispiel für das Talent eines Klienten eine Nachfrage auf dem Markt gibt. Doch kann der Markt oder der Arbeitgeber eine andere Einstellung zu diesem Talent haben als der Klient selbst. Und wenn nicht geklärt wird, wie der Klient sein Können trotz dieses Unterschieds zwischen seiner eigenen Perspektive und der des Arbeitgebers in den Arbeitsprozess einbringt, kommt es zu Konflikten, die dem Klienten schon nach kurzer Zeit die Motivation rauben können. Beispielsweise wird der begabte Werbegrafiker auch in seinem Traumjob bei seiner Traumagentur damit zurechtkommen müssen, dass es nicht immer seine beste Arbeit ist, die honoriert wird. *Wie* er damit umgeht, ist eine wichtige Frage, die schon frühzeitig im Beratungsprozess zu stellen ist.

Das Modell, das sich in unserer Praxis zur Klärung dieser Frage bewährt hat, ist das der Rolle.

Der Beruf als Rolle, oder: Wie man sein Selbst in den Beruf einbringt, ohne es zu verlieren

Der Begriff der Rolle ist nicht neu und vielleicht schon etwas verbraucht. Außerdem erweckt er große Skepsis. Denn unsere Kultur schätzt den Wert der Authentizität sehr hoch, und zu deren allgemeinem Verständnis gehört es, dass Menschen glauben, immer vollständig »sie selbst« sein zu müssen. Und dies schließt das Spielen einer Rolle aus. Das gängige Vorurteil besagt, dass die Rolle eine starre Maske sei, hinter der der Mensch verschwinde und an Bedeutung verliere. So machen denn die wenigsten einen Unterschied zwischen ihrer Person und der sozialen Rolle, die sie in ihrem Job übernehmen. Genau dies ist aber ein Rezept für Unzufriedenheit im Beruf, für überflüssige und unproduktive Konflikte.

Wir halten dagegen, dass erst Rollen die Möglichkeit für Kreativität, Selbstbestimmung und auch Verantwortung eröffnen. Der Rollenbegriff ist demnach eine der Grundlagen unserer Karriereberatung. Betrachten wir also kurz, was eine soziale Rolle ist.

Soziale Rollen entstehen aus der Notwendigkeit, dass Menschen die voneinander abweichenden Erwartungen verschiedener sozialer Umfelder erfüllen. Neben den expliziten Erwartungen gibt es noch zahlreiche informelle Anforderungen, die das Umfeld an einen Menschen richtet. So wünschen wir uns von einem Arzt ein gewisses Maß an Empathie und Fürsorglichkeit, obwohl er formal nach dem Eid des Hippokrates dazu nicht verpflichtet ist und wir wissen, dass auch gefühlskalte Menschen Arzt werden können.

Gesellschaftliche Erwartungen sind stark formalisiert und institutionalisiert: Die Gesellschaft erwartet von Ärzten eine fachliche Qualifikation, und diese wird in Form staatlicher Examina sichergestellt. Die Vorstellung vom Beruf als Rolle wird daher sowohl dem »weichen« Aspekt sozialer Konventionen wie auch den »harten« Faktoren von Qualifikationsanforderungen gerecht. So hat der Rollenbegriff auch einen Bezug zur Realität des Arbeitsmarktes. Denn die informellen und formellen gesellschaftlichen Erwartungen, die Rollen definieren, entsprechen mehr oder weniger einem Bedarf. Auch Berufs- und Stellenbeschreibungen umreißen Rollen und zeigen dabei, welche Eigenschaften und Fähigkeiten auf dem Arbeitsmarkt gesucht werden.

Rollen sind definiert als Reaktionen auf eine Erwartung, die andere Menschen oder Institutionen an uns richten. Wir reagieren also auf eine Rollenerwartung mit einer unserer Rollen. Die Rolle, die ein Mensch einnimmt, ist gewissermaßen die Schnittmenge aus seiner Person und dem, was die Erwartungen des Umfelds an ihn herantragen. Wir betrachten die Rolle im Folgenden als *eine Form*, in der sich Aspekte unseres Selbst im sozialen Leben, in der Arbeitswelt äußern können. Auf der Suche nach der idealen Arbeitsstelle geht es also nicht darum, etwas zu suchen, das uns *vollständig* entspricht. Es geht vielmehr darum, herauszufinden, welche seiner zahlreichen Eigenschaften und Kompetenzen der Klient in seinem Beruf zum Einsatz bringen möchte.

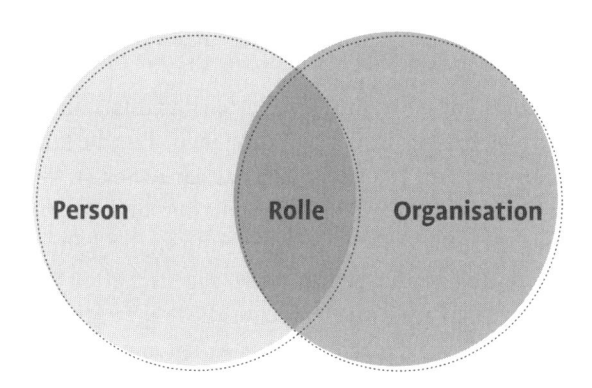

Abb. 1: Die Rolle als Schnittmenge aus Person und Organisation

Die Abbildung macht dies deutlich. Sie zeigt die berufliche Rolle – in der Abbildung die Schnittmenge aus Person und Organisation (also Unternehmen oder Arbeitgeber) – als Teil unseres Selbst. Und wir können sogar sagen, dass die Person diesen Teil ihres Selbst nur ausleben kann, weil es für ihn als Rolle einen Platz in der Organisation gibt.

Dass die berufliche Rolle aber nur *Teil* unseres Selbst ist, bedeutet auch, dass wir im Beruf andere Eigenschaften ausleben können als in den anderen Bereichen des Lebens. Der Gesangssolist soll sein Publikum mit einer hervorstechenden virtuosen Leistung begeistern; der Orchestermusiker dagegen muss seinen Ehrgeiz und sein beträchtliches Können darauf verwenden, die Gesamtleistung des Orchesters zu verbessern und somit als Einzelner im Orchester anonym und vom Publikum unbemerkt zu bleiben. Beim gemeinsamen Abendessen nach der Vorstellung kann sich der Solist als stiller, introvertierter Mensch, der Orchestermusiker als aus sich herausgehender Alleinunterhalter erweisen. Dennoch »verstellt« sich weder der Orchestermusiker noch der Gesangssolist. Sie leben nur unterschiedliche Eigenschaften zu unterschiedlichen Gelegenheiten aus.

Die Rolle zeigt also stets nur Aspekte des Menschen. Doch diese Aspekte sind authentisch. Wenn wir eine Rolle spielen, dann heißt das nicht, dass wir unser Selbst verleugnen, sondern dass wir einen Teil unseres Selbst im Kontakt mit Rollenpartnern ausleben. Die berufliche Rolle ist also keine bloße Funktion, kein Zahnrad in einem Getriebe. Denn indem wir unsere Eigenschaften in Rollen ausleben, erleben und verwirklichen wir auch einen Teil unseres Selbst. Weil die Rolle einen Bezug zum Selbst hat, darf und soll jeder Mensch an seine Rollen Ansprüche stellen und Erwartungen an sie knüpfen. Er ist gewissermaßen immer auch sein eigener Rollenpartner. Das bedeutet, dass er in der Wahrnehmung seiner Rolle nicht nur den Erwartungen seiner Rollenpartner entsprechen muss, sondern seine

Rolle in einem gewissen Maße auch nach den eigenen Vorstellungen ausgestalten kann (»role making« statt »role taking«).

In unserer Rolle müssen wir unserem Selbst, unseren Werten und unserem Gewissen treu bleiben können. Und gleichzeitig müssen wir verstehen, dass die Rolle zwar Teil unseres Selbst ist, aber eben nur Teil und nicht das ganze Selbst. Wir leiten unsere Klienten daher frühzeitig dazu an, die Eigenschaften und Kompetenzen zu erkunden, die sie ihrem beruflichen Ich zur Verfügung stellen können und möchten. Die Entscheidung darüber, mit welchen seiner Eigenschaften und Fähigkeiten sich ein Mensch in den Beruf einbringen möchte (die Frage nach dem »Wie«), ist nicht unabhängig von der Frage danach, welcher Arbeit er nachgehen soll (die Frage nach dem »Was«). Beide Fragen sind gemeinsam zu stellen und zu beantworten.

Im Karriereberatungsprozess sind es vor allem die Prozessschritte der Visionsarbeit und der Themen-, Interessen-, Rollen- und Werteklärung, die Antworten auf diese beiden Fragen geben. Auch aus diesem Grund möchten wir hier noch einmal eine Lanze für einen möglichst umfassenden Karriereberatungsprozess brechen, der mehr will, als nur Kompetenzen des Klienten zu vermarkten. Tatsächlich sind in unserer Toolbox die Instrumente zur Klärung von Vision, Themen und Interessen, Rollen und Werten zwischen der Kompetenzanalyse und der Hinwendung zum Markt angeordnet. Denn sie zielen nicht zuletzt auf eine Vermittlung zwischen Kompetenzen und Markt, die den ganzen Menschen berücksichtigt.

Klienten und ihre Themen

Warum Menschen in die Karriereberatung kommen

Menschen suchen einen Karriereberater auf, weil sie frisch gekündigt, unzufrieden oder in einer (beruflichen) Krise sind. Oder aber weil sie das Gefühl haben, ihr (Berufs-)Leben läuft gut, könnte aber noch besser sein.

Das Angebot »Karriereberatung« ist für viele Menschen Neuland. Es ist daher besonders wichtig, dass wir genau erörtern, was der Klient sucht, wenn er zu uns kommt. Denn er selbst wird dies nicht immer in der Form eines Auftrags an uns äußern können. Wir müssen unsere Klienten also zunächst darüber informieren, was eine Karriereberatung für sie tun kann – und oft ist dieses Angebot vielfältiger, als die Klienten erwartet haben.

Anlässe, eine Karriereberatung aufzusuchen, können unter anderem folgende sein:

- Ein Klient möchte seine Stärken auf den Punkt bringen und herausfinden, welche Ziele für ihn geeignet sind. Er wünscht sich eine Potenzialanalyse. Hier können psychologische Tests in Kombination mit tief gehenden Gesprächen mit dem Berater zum Einsatz kommen.
- Im Zuge einer beruflichen Um- oder Neuorientierung, zum Beispiel nach einer Kündigung, geht es meist um die Fragen nach Sinn und Berufung. Dann erarbeiten Sie mit Ihrem Klienten eine berufliche Zielsetzung, die zu seinen Stärken, seinen (Herzens-)Wünschen und vielleicht auch zu seinen Leidenschaften passt – die seine Augen zum Leuchten und den Puls zum Schnellerschlagen bringt.
- Ein Vorstellungsgespräch oder Assessment-Center steht an. Ihre Aufgabe ist es, Ihren Klienten fit zu machen für den Auftritt, seine Selbstvorstellung und Argumentation zu schärfen und ihn auf die typischen und heiklen Fragen der Personaler vorzubereiten. Sie geben außerdem Feedback zu seiner Wirkung, indem Sie z. B. auf Sprache, Mimik, Gestik, auf Auftritt, Outfit und Accessoires achten.
- Ein Klient steht vor der Frage, ob seine Wünsche und Forderungen sich nicht am besten im Rahmen einer Selbstständigkeit realisieren lassen. Mit seiner Persönlichkeit und seinen Ideen fühlt er sich im Angestelltenverhältnis nicht mehr wohl, nun sucht er nach Alternativen. Geschäftsideen entwickeln, Märkte und Zielgruppen ergründen, Businesspläne schreiben, Finanzen planen,

Produkte und Dienstleistungen entwickeln, Marketing- und Vertriebsaktivitäten starten – all das kommt in der Gründungsphase auf Ihren Klienten zu. Als Karriereberater stehen Sie vor der Frage, wie weit Sie Ihr Angebot auf die Gründungsberatung ausweiten wollen oder können. Vielleicht möchten Sie den Klienten hier nur einen Teil des Weges begleiten, indem Sie beispielsweise mit ihm prüfen, ob Selbstständigkeit prinzipiell die richtige Option für ihn ist, und ihn dann an einen Gründungsberater weitervermitteln.

Unsere Klienten suchen uns als Berater auf, weil sie sich nach Feedback und einer »objektiven« Fremdeinschätzung sehnen. Seit Jahren arbeiten sie, ohne dass sie eindeutige und hilfreiche Rückmeldungen zu ihren Stärken, Leistungen oder ihrer Wirkung bekommen. Sie wünschen sich einen geschützten Rahmen, in dem sie sich intensiv mit sich selbst auseinandersetzen und ihre Einstellungen, Glaubenssätze und Verhaltensweisen in Bezug auf die Arbeit hinterfragen können.

Ungeachtet des Anlasses, aus dem ein Interessent sich bei Ihnen meldet, brauchen Sie Klarheit darüber, ob Sie ihn zu seinem Thema beraten können bzw. wollen. Wenn *Sie* es nicht sind, der helfen kann, dann können Sie den Klienten vielleicht an einen geeigneten Kollegen verweisen. Werden Sie häufiger zu einem Thema angefragt, das nicht zu Ihrem Repertoire gehört, dann lohnt es sich vielleicht, ein Netzwerk aus Fachleuten dazu aufzubauen oder aber die eigene Kompetenz auszuweiten, um dieses Thema in Zukunft selbst abdecken zu können.

Für den Beratungserfolg entscheidend ist, dass Themen Sie inspirieren – und dass Sie in dem jeweiligen Bereich eigene Erfahrungen vorweisen können. Vielleicht waren Sie selbst schon Teilnehmer in einem Assessment-Center, haben sich gerade selbstständig gemacht oder vor gar nicht langer Zeit auch mal beworben, vielleicht bitten Sie Ihr Umfeld selbst regelmäßig um Feedback, haben vor Kurzem psychologische Tests ausgefüllt oder gemeinsam mit einem Coach Ihre eigene Vision erarbeitet.

Wer täglich Menschen zu Themen wie den oben aufgeführten berät, vergisst leicht, wie es sich anfühlt, wenn man für sich selbst noch keine Lösung für ein Problem gefunden hat. Daher macht uns als Karriereberater erst ein regelmäßiger Perspektivenwechsel anschlussfähig an die Themenwelten unserer Klienten. Wir haben es uns als Berater deshalb zur Regel gemacht, uns immer wieder selbst zu bewerben, um aufs Neue zu erfahren, wie schwierig es ist, einen Bewerbungsbrief zu schreiben, wie häufig man seine Unterlagen neu ausdrucken muss, wie aufregend es ist, auf eine Antwort zu warten, und natürlich, wie enttäuschend Absagen sind. Das alles schärft unsere Wahrnehmung dafür, wie der Klient sich in seiner Situation fühlt, und stärkt unsere Empathie wie auch unsere Expertise als Berater.

Klienten und
ihre Themen

Was Karriereberater für Klienten tun können

Es geht nun in der Karriereberatung darum, Antworten auf die Fragen der Klienten zu finden und diese Antworten für den Karriereweg nutzbar zu machen. Konkret stehen der Karriereberatung dazu die folgenden Methoden zur Verfügung:

Kompetenzanalyse Sie erarbeiten mit Ihrem Klienten, welche Kompetenzen er schon hat – als erworbene Fertigkeiten und als Soft Skills. Es geht darum, das »Selbst-Bewusstsein« Ihres Klienten zu steigern.

Potenzialanalyse Sie unterstützen Ihren Klienten dabei, besser zu verstehen, welche Kompetenzen als ungenutzte Potenziale in ihm schlummern. Sie erarbeiten gemeinsam, was er tun kann, um sich voll zu entfalten.

Wunschanalyse Sie helfen Ihrem Klienten dabei, genauer zu erkennen, was er wirklich will. Häufig führen der Ausbildungs- und Berufsweg dazu, dass Menschen nicht mehr darüber nachdenken, was sie eigentlich wollen, sondern nur noch »funktionieren« – abarbeiten, abzahlen. Legen Sie gemeinsam mit Ihrem Klienten frei, welche seiner Wünsche bisher unerfüllt blieben und was er tun kann, um diese zu verwirklichen. So mag eine Selbstständige einen neuen Kundenkreis erobern, um Fähigkeiten einzubringen, die sie zu häufig ungenutzt lässt, oder ein Angestellter eine Fortbildung beginnen, um sich weiterzuentwickeln, während es in seiner Firma gerade keine angemessene Herausforderung für ihn gibt. Selbstverständlich muss es dabei nicht um den Umsturz alles Bestehenden gehen. Manchmal liegt ein Gefühl der Erleichterung schon darin, festzustellen, dass man seinen Wünschen sehr viel näher ist, als man dachte.

Wissensvermittlung Karriereberatung verlangt auch, Expertenwissen darüber einzubringen, was der Arbeitsmarkt bietet, wie man sich darin orientiert und wie man sich erfolgreich präsentiert, um einen Job zu bekommen und zu behalten.

Coaching und Training Kennt der Klient sein berufliches Ziel, so unterstützen Sie ihn dabei, dieses Ziel in der Praxis zu verfolgen. Vielleicht haben Sie ihm bereits erklärt, worauf es in einem Vorstellungsgespräch oder einem Bewerbungsschreiben für seine Wunschstelle ankommt. Nun üben Sie mit ihm intensiv und leisten Hilfestellung durch produktives Feedback, um seinen Bewerbungsunterlagen den letzten Schliff zu geben oder ihm die Verhaltensroutinen und das Selbstvertrauen für ein gelingendes Vorstellungsgespräch zu vermitteln. Ist Ihr Klient schließlich in einer neuen Stelle, begleiten Sie ihn eine Zeit lang, um ihn dabei zu unterstützen, seine Position in dem neuen Umfeld zu festigen und sich gute Voraussetzungen für die weitere Entwicklung zu schaffen. Unter Umständen kann hier der ganze Prozess der Karriereberatung im Lichte der neuen Stelle des Klienten nochmals beschleunigt durchlaufen werden.

Was macht einen guten Karriereberater aus?

Der Karriereberater als Gegenüber des Klienten

Wer mit Klienten arbeitet, die gezielt in eine Karriereberatung kommen, ist immer auch als Experte gefragt – als Experte für die Analyse von Begabungen, für den Arbeitsmarkt, für die Entwicklung weiterer Kompetenzen, um im Beruf erfolgreicher zu sein, für die Begleitung von Karriereentscheidungen und natürlich für die Frage, wie der Klient seine Leistungsfähigkeit im Bewerbungsprozess zeigen sowie in der täglichen Arbeit wirksam werden lassen kann. In all diesen Belangen steht der Karriereberater dem Klienten *zur Seite*. Doch als Berater und als Mensch steht er dem Klienten auch *gegenüber*. Und darin liegt eine Besonderheit. Denn um die Interessen des Klienten zu wahren, muss der Berater gelegentlich Themen ansprechen, die im alltäglichen Austausch zwischen Menschen ausgespart oder sogar tabuisiert werden. So groß die Hemmschwelle beim Ansprechen dieser Themen sein mag, so groß kann auch der Nutzen sein, den der Klient daraus zieht.

Wie wir auf andere Menschen wirken, müssen wir häufig auf der Grundlage ihrer Reaktionen interpretieren. Doch Interpretationen sind nicht immer zutreffend. Ihrem Klienten geht es da nicht besser als dem Rest von uns. Gerade wer sich im Berufsleben orientieren möchte, ist auf offenes und informatives Feedback angewiesen. Dies können Sie Ihrem Klienten bieten.

Doch ist produktives Feedback nur möglich, wenn Sie offen aussprechen, wie Ihr Klient auf Sie wirkt. Teilen Sie ihm ehrlich mit, wie Sie ihn wahrnehmen – teilen Sie ihm aber auch mit, wie Sie zu Ihrer Wahrnehmung gekommen sind. Ein guter Berater kann formulieren, welche Verhaltensweisen und Aussagen in welcher Weise auf ihn wirken, er kann diese Wirkung im Idealfall auch von persönlichem Geschmack und eigenen Themen trennen. Hier zeigt sich, ob ein Berater sich mit sich selbst und seinen »blinden Flecken« auseinandersetzt – eine wichtige Voraussetzung dafür, um in Gesprächen mit Klienten ganz beim Gegenüber sein zu können.

Ein respektvoller Umgang mit Unterschieden und Eigenschaften Ihres Klienten ist essenziell für ein produktives gemeinsames Arbeiten. Ihr Klient sollte daher nie daran zweifeln müssen, dass sein Karriereberater auf seiner Seite steht. Der Karriereberater muss dem Klienten unmissverständlich Respekt und Akzeptanz zeigen. Dabei kann es aber nicht das Ziel sein, Eigenschaften zu ignorieren oder zu negieren. Vielmehr geht es darum, die Wahrnehmung durch Sie als eine außenstehende Person für den Klienten verfügbar und auswertbar zu machen. Ehrliche, aber wertschätzende Rückmeldung ohne jedes Eigeninteresse ist eine rare Gelegenheit, Informationen über sich selbst zu gewinnen – eine Chance, die Ihr Klient wahrscheinlich dankbar annimmt.

Eines steht jedoch immer außer Zweifel: Der Klient ist und bleibt der Experte für sich und seine Welt. Auch wenn Sie ihm z. B. erklären, dass sein Kleidungsstil für ein Bewerbungsgespräch in Ihren Augen und nach den Ihnen bekannten Standards unangemessen sei, so bleibt es doch immer seine Entscheidung, wie und ob er das Feedback nutzt. Als Karriereberater vermitteln Sie Ihrem Klienten Sachinformationen genauso wie persönliche Wahrnehmungen, Hypothesen und eine Vielzahl an Perspektiven und begleiten damit die Problemlösungsprozesse, die er für seine beruflichen Fragestellungen erarbeitet. Er muss aber immer die Möglichkeit behalten, Ihre Sicht zurückzuweisen.

Um die richtige Balance aus Einflussnahme und Zurückhaltung halten zu können, sollten Sie als Berater eine gewisse Aufmerksamkeit für sich selbst haben und Ihr Selbstwertgefühl so stärken, dass Sie sich sowohl einbringen als auch Zurückweisungen Ihrer Sichtweise zulassen können. Diese Sorge für sich selbst ist für Berater wichtig, da sie in der Arbeit mit Klienten dafür verantwortlich sind, eine Atmosphäre zu schaffen, in der gegenseitiger Respekt deutlich wird und in der Freiheit und Wahlmöglichkeiten entstehen können.

Der Karriereberater und sein Netzwerk

Häufig brauchen Menschen, die auf der Suche nach einer neuen Arbeitsstelle sind, die Lebensläufe verfassen und sich auf Vorstellungsgespräche vorbereiten, außer der Karriereberatung noch andere Dienstleistungen, z. B. Bewerbungsfotos, eine neue Frisur oder eine Beratung zu einem neuen Outfit fürs Bewerbungsgespräch. Oder aber einen Therapeuten.

Sie können Ihren Klienten helfen und Ihr Angebot als Karriereberater erweitern, indem Sie sich ein Netzwerk aus Beratern und Dienstleistern aufbauen. Vielleicht kennen Sie eine Fotografin, die bei Ihnen in der Nähe fabelhafte und günstige Bewerbungsfotos macht? Fragen Sie Klienten mit großartigen Fotos, bei welchem Fotografen sie waren. Kennen Sie einen Übersetzer, der Ihren Klienten zu einer fehlerfreien englischen Bewerbung verhilft? Einen Friseur? Einen Typberater, der einem Klienten hilft, einen besseren ersten Eindruck zu machen? Eine Visagistin, die Make-up-Tipps geben kann? Die Adresse eines guten Optikers, der bei der Suche nach einer schicken neuen Brille hilft, oder eines Stimmtrainers für die Vorbereitung wichtiger Präsentationen gehört genauso in Ihre Sammlung wie die eines Beautysalons, wenn es darum geht, sich einfach mal wieder etwas Gutes zu tun. Vielleicht können Sie für Ihre Klienten auch spezielle Tarife aushandeln.

Was macht einen guten
Karriereberater aus?

Sammeln Sie nicht zuletzt auch Adressen, die für Sie selbst interessant sein könnten. Kennen Sie zum Beispiel jemanden, der Lebensläufe überarbeitet oder Hilfestellung bei der Vorbereitung von Zeugnissen anbietet? Wissen Sie von Beratern, die sich in speziellen Branchen gut auskennen? Es ist immer gut, die richtigen Ansprechpartner schon in der Kartei zu haben, wenn Sie z. B. aus Zeitmangel einmal einen Lebenslauf nicht selbst überarbeiten können, Ihren Klienten aber auch nicht warten lassen wollen.

Ressourcen für den Karriereberater: Qualifikation, Supervision und Intervision

Für den Beruf des Karriereberaters existiert keine verbindliche Ausbildung. Wir glauben jedoch, dass für eine solche Arbeit mit Menschen eine angemessene Qualifikation notwendige Voraussetzung ist. Diese Qualifikation kann auf vielfache Weise erlangt werden. Manche Karriereberater haben im Personalwesen, in der Personalentwicklung oder im Outplacement gearbeitet. Andere haben Wurzeln in der psychosozialen Arbeit. Viele, aber bei Weitem nicht alle, haben Psychologie, Pädagogik oder Wirtschaftswissenschaften studiert, Ausbildungen in Coaching, systemischer Beratung oder Mediation absolviert. Manche haben Wurzeln in technischen Berufen und sind über Erfahrungen als Seminarleiter zur Beratung gekommen. Nicht wenige haben selbst eine Karriereberatung in Anspruch genommen und Interesse an dieser Tätigkeit entwickelt.

Ungeachtet der Vielzahl an Werdegängen haben alle Karriereberater wohl eines gemeinsam: Ihre Ausbildung ist nie abgeschlossen. Der Beruf ist so facettenreich, dass es immer Neuland zu entdecken gibt und Weiterbildung ein fester Bestandteil der Tätigkeit ist. Letztlich wird jeder Karriereberater sein Qualifikationsprofil selbstbestimmt entwerfen und sich einer Vielzahl von Bildungsangeboten bedienen. Da Weiterbildung somit gewissermaßen zum Toolset der Karriereberatung gehört, finden Sie im Anhang Hinweise auf Bildungsangebote für Karriereberater, auf Organisationen und Informationssammlungen sowie eine Auswahl weiterführender Literatur. Wir verweisen in den jeweiligen Kapiteln nur ausnahmsweise auf einzelne Texte, empfehlen aber die im Anschluss angegebenen Bücher zur Vertiefung wichtiger Themen.

Der Austausch mit Kollegen – die sogenannte Intervision – ist eine wertvolle Ressource. Immer wieder stellen wir auch nach Jahren der Beratungspraxis fest, wie hilfreich die Perspektive eines anderen Coachs oder Beraters sein kann, um neue Ideen zu entwickeln, festgefahrene Situationen zu lösen und das eigene Repertoire so zu erweitern, dass wir Klienten noch besser unterstützen können. Von genauso großer Bedeutung wie die Intervision durch Kollegen ist die Supervision, also die Anleitung zur Reflexion der eigenen Beraterpraxis durch einen Coach mit Erfahrung in der Karriereberatung.

In unserem Team machen wir uns die Zusammenarbeit mit Supervisoren sowie kollegiale Intervisionen zunutze, um unser Rollenverständnis als Karriereberater und die persönlichen Eigenschaften, die wir in diese Rolle einbringen, zu durchdenken. Supervision ist natürlich ein Kostenfaktor, aber auch eine lohnende Investition. Intervision dagegen ist auf kollegialer Basis möglich. Intervisionsgruppen können sich informell zusammenfinden. Wenn Sie an Intervision interessiert sind, wird es Ihnen sicherlich gelingen, eine Gruppe gleichgesinnter Karriereberater zusammenzubringen.

Möglichkeiten und Grenzen der Karriereberatung

Wer als Karriereberater arbeitet, muss sich bewusst sein, was genau er anbieten kann und möchte und was er nicht anbieten kann – auch dann nicht, wenn er darum gebeten wird. Was also kann Karriereberatung im Prinzip, und was kann sie prinzipiell nicht?

Karriereberatung kann

- ☑ das ungenutzte Potenzial deutlich machen.
- ☑ erkennen helfen, was Menschen gut können.
- ☑ Menschen dabei helfen, zu entdecken, was wirklich zu ihnen passt.
- ☑ Orientierung schaffen und langfristige Perspektiven eröffnen.
- ☑ helfen, die eigenen Ziele festzulegen und zu verfolgen.
- ☑ Entwicklungschancen identifizieren, Pläne entwerfen und Übungen bereitstellen, damit der Klient seinen Traumberuf erreicht und die gewünschte Entwicklung macht.
- ☑ handfeste Unterstützung bei der Bewerbung bieten – Tipps und Hilfe bei der Erstellung von Unterlagen, von Online-Profilen sowie Training fürs Vorstellungsgespräch.
- ☑ helfen, neue Ideen zu generieren: Sollte sich Ihr Klient auf andere Stellen bewerben? Welche persönliche Entwicklung steht für ihn an? Braucht er fachliche Schulungen (z. B. Sprache, Computerkurs)?
- ☑ die Motivation stärken, wenn der Klient keine Kraft oder Lust hat, wenn Enttäuschung und Frustration sich breitmachen.
- ☑ den Prozess der Informations- und Stellensuche wieder in Gang setzen, wenn er ins Stocken gerät.

Karriereberatung kann nicht

- ☐ dem Klienten Verantwortung abnehmen.
- ☐ jedem Klienten einen neuen Job oder eine erfüllende Arbeit garantieren – oder die Zeit vorhersagen, die es braucht, um diese zu finden.
- ☐ einen Therapeuten ersetzen.
- ☐ alle Aufgaben bis zum »fertigen« neuen Job übernehmen.

Eigenverantwortung des Klienten

Karriereberatung ist Hilfe zur Selbsthilfe und aktiviert daher die Ressourcen des Klienten. Dabei stellt sich die Frage, wieweit Karriereberater ihre Klienten unterstützen wollen und welcher Teil der Arbeit beim Klienten verbleiben kann oder soll. Denn anders als reines Coaching beinhaltet Karriereberatung in der Regel auch klar umrissene und messbare Handreichungen.

Dazu können Jobrecherche, Dokumentenservice und Schreibtätigkeiten gehören. Dieser Dienstleistungsaspekt kann mit dem Anspruch in Konflikt geraten, Ressourcen des Klienten zu aktivieren. So kann es nach Auffassung des Karriereberaters wichtig sein, dass der Klient selbst auf Informationssuche geht und dabei Ansprechpartner in seinem gewünschten beruflichen Umfeld findet und ein erstes Netzwerk bildet. Übernähme der Karriereberater diese Recherchearbeiten als Dienstleistung, erwiese er dem Klienten einen schlechten Dienst.

Daher sollte zwischen Klient und Karriereberater von Beginn an Klarheit darüber herrschen, welche Leistungen der Karriereberater übernimmt und welche Aufgaben dem Klienten überlassen bleiben. Gleichwohl gibt es hier einen gewissen Spielraum, den Karriereberater reflektieren und bewusst nutzen müssen. Im Toolset geht das Kapitel Auftragsklärung und Angebotserstellung näher auf diese Frage ein.

Diskretion und Verschwiegenheit

Wenn Klienten in die Karriereberatung kommen, führt das Gespräch meist über berufliche Themen hinaus. Neben den aktuellen Problemen oder der Unzufriedenheit im Job kommen Zukunftsängste, Beziehungsprobleme, Leistungsdruck und Zweifel an den eigenen Fähigkeiten zur Sprache. Dies geschieht oft, ohne dass der Klient zu Beratungsbeginn ahnte, dass auch solche Themen im Prozess auftauchen können. Er hat daher ein starkes Bedürfnis nach einem vertrauensvollen Miteinander und absoluter Verschwiegenheit des Beraters.

Wer als Berater arbeitet, hat meistens schon viel erlebt. Vor allem im Rahmen von psychologisch-beraterischen Weiterbildungen ist die Arbeit an den eigenen Themen im Beisein anderer gang und gäbe. Das persönliche Bedürfnis nach Diskretion wird auf dem Weg zur Tätigkeit als Berater also immer wieder herausgefordert. Daher sind viele Berater geneigt, sich über den manchmal recht ausgeprägten Wunsch ihrer Klienten nach Diskretion zu wundern.

Dieser Wunsch verdient eine besondere Aufmerksamkeit, nicht zuletzt, weil Diskretion auch eine ganz praktische Bedeutung für den Klienten haben kann. Ist er z. B. noch im Job und ungekündigt, ist es für ihn von größter Bedeutung, von seinem beruflichen Umfeld nicht als Klient eines Karriereberaters wahrgenommen zu werden. Benutzen Sie daher immer die private statt der beruflichen Mailadresse des Klienten. Fragen Sie ihn, wohin Sie die Rechnung schicken sollen. Erkundigen Sie sich, ob er ungestört reden kann, wenn Sie ihn anrufen. Fragen Sie Ihren Klienten, ob Sie ihn grüßen sollen, wenn Sie ihn zufällig auf der Straße treffen. Möchte Ihr Klient eine schriftliche Verschwiegenheitsvereinbarung mit Ihnen treffen? All dies im Vorgespräch zu klären, kann dem Klienten ein Gefühl der Sicherheit geben und es ihm leichter machen, sich auf den Beratungsprozess einzulassen. Von Ihnen verlangt die Zusammenarbeit permanent eine gesteigerte Aufmerksamkeit für Diskretion – was für Berater aber auch dann ratsam ist, wenn Klienten das Thema nicht von allein ansprechen.

Hürden und Herausforderungen im Beratungsprozess

Immer wieder gibt es schwierige Situationen im Beratungsprozess, und immer wieder stellen sich gerade diese Situationen als wichtige Impulse in der Arbeit mit Klienten heraus, weil sie häufig genau auf die Fragestellungen zurückgehen, die den Klienten überhaupt in den Beratungsprozess gebracht haben. Die Beratungssituation wirkt in gewisser Weise als Verstärker. Denn in der Beratung geht es ausschließlich um den Klienten, und dies führt zu verstärkter Introspektion. Als Folge treten die Dinge in den Vordergrund, die den Klienten beschäftigen, mit denen er sich aber bisher vielleicht nicht bewusst auseinandergesetzt hat.

Da solche Problemsituationen häufiger auftreten, stellen wir unserer Toolsammlung Anregungen und Lösungsstrategien zum Umgang mit herausfordernden Situationen im Karriereberatungsprozess voran.

Psychische Probleme der Klienten

An erster Stelle möchten wir eine Problematik nennen, die mit höchster Aufmerksamkeit zu behandeln ist: Menschen, die in die Karriereberatung kommen, befinden sich oft in wichtigen Umbruchsphasen ihres Lebens. Diese gehen häufig mit psychischen Belastungen einher, die ein wichtiger Hintergrund der beruflichen Fragestellung sein können, zu der Sie Ihren Klienten beraten. Der Karriereberater sollte daher seinen Blick für besondere psychische Belastungen schärfen und Sensibilität entwickeln. Heikle Themen wie Burn-out, Alkoholismus und Suizidgedanken können nicht als Privatangelegenheiten des Klienten aus dem Beratungsprozess ausgeblendet werden. Wenn der Beratungsprozess hakt, stellt sich die Frage: Liegt es möglicherweise an psychischen Notlagen? Sprechen Sie die Situation Ihrem Klienten gegenüber an, ohne zu bewerten. Formulieren Sie, was Sie wahrnehmen, z. B.: »Ich habe das Gefühl, Ihnen geht es gerade gar nicht gut.« Interpretieren Sie möglichst wenig, und geben Sie Ihrem Klienten die Möglichkeit, selbst zu bestimmen, was er mitteilen möchte. Häufig empfinden es Klienten als Erleichterung, dass auch persönliche Probleme in der Beratung angesprochen werden dürfen. Wenn sich Ihr Eindruck bestätigt und Ihr Klient Ihnen gegenüber psychische Angeschlagenheit, Überforderung und Erschöpfung äußert, dann hören Sie zunächst einmal zu.

Finden Sie dann durch Fragen heraus, ob Ihr Klient ein Gefühl dafür hat, was ihm guttut, und ob er in der Lage ist, alleine für sein Wohlergehen zu sorgen. Ver-

Hürden und Herausforderungen
im Beratungsprozess

fügt er über ein Repertoire der Selbstfürsorge und weiß er, wie er seinen Zustand verbessern kann? Gibt es ein Netzwerk aus Familienangehörigen, Partnern und Freunden, die im Auge behalten, wie es ihm geht? Wenn Ja, dann helfen Sie ihm dabei, diese Ressourcen zu aktivieren. Besprechen Sie mit ihm, wie er Hilfe aus seinem Umfeld annehmen und nutzen kann. Schlagen Sie ihm vor, in seinem Alltag Raum für Kraftquellen und Auszeiten zu schaffen.

Wenn Sie den Eindruck haben, dass Ihr Klient weitere Unterstützung braucht, sprechen Sie dies unbedingt an. Es ist möglich, dass dies Ihrem Klienten unangenehm ist. Behalten Sie deshalb Ihre professionelle und wohlwollende, nicht wertende Haltung bei. Als professioneller Berater haben Sie wahrscheinlich eine überdurchschnittlich offene Haltung gegenüber Angeboten von Psychologen und Psychotherapeuten. Wählen Sie Formulierungen, die dies deutlich machen, z. B.: »Haben Sie sich schon einmal überlegt, sich außerhalb dieses Kontextes Hilfe zu suchen?« Wichtig ist: Ihr Klient muss immer die Möglichkeit haben, Angebote anzunehmen, die Sie ihm präsentieren – aber auch, diese abzulehnen.

Zur Sensibilisierung für psychische Probleme gehört es auch, auf dem Laufenden zu bleiben, welche sozialen oder psychologischen Themen zurzeit in den Medien besprochen werden. Dies sind beispielsweise Burn-out und Mobbing. Die Medienpräsenz solcher Themen fördert die Wahrnehmung von Menschen für bestimmte Symptome und Empfindungen. Mitunter sprechen Klienten Themen an, die aus aktuellen gesellschaftlichen Debatten bekannt sind. In solchen Situationen sollte der Karriereberater aufmerksam hinhören. Denn auch wenn die Selbstdiagnose des Klienten nicht zutrifft, steht hinter der Thematisierung medienpräsenter psychologischer oder sozialer Syndrome meist ein ernst zu nehmendes Anliegen. In solchen Fällen sollte der Karriereberater genauer nachfragen (z. B.: »Sie erwähnen, dass Mobbing immer mehr zum Problem in der Arbeitswelt wird. Wie geht man denn in Ihrem beruflichen Umfeld mit Konflikten um?«). Nutzen Sie aktuelle Themen auch, um selbst mit Ihren Klienten das Gespräch zu suchen (»Sie haben vielleicht bemerkt, dass das Thema Burn-out zurzeit stark in den Medien diskutiert wird. Wie denken Sie darüber? Kommt Ihnen das bekannt vor?«).

Reagieren Sie so früh wie möglich, wenn Sie den Eindruck haben, dass der Klient ein Problem hat, bei dem Sie ihn nicht angemessen unterstützen können. In solchen Fällen muss der Karriereberater unbedingt die eigenen Grenzen sehen – und den Mut haben, das Gespräch über diese Themen mit dem Klienten zu wagen. Nicht immer fällt es leicht zu sagen, dass psychologische oder psychotherapeutische Behandlung für einen Klienten hilfreiche Optionen sein könnten. Dennoch gilt es, dass Sie in solchen Fällen an einen Spezialisten abgeben. Vielleicht können Sie ja im Anschluss oder sogar gleichzeitig mit Ihrem Klienten an den beruflichen Fragestellungen weiterarbeiten.

Nicht immer tauchen psychische Probleme in solch dramatischer Weise in der Beratung auf. Auch ganz leise kann eine psychologische Fragestellung relevant werden. Vermeidet Ihr Klient möglicherweise die Arbeit an seiner beruflichen Zukunft, weil der Bewerbungsprozess bei ihm soziale Ängste heraufbeschwört? Können Sie ihm hier helfen, oder braucht Ihr Klient jemand anderen, um diese Thematik anzugehen?

Nichteinhalten der vereinbarten Aufgaben und Regeln

Der Ablauf von Karriereberatungen macht es oft notwendig, dass der Klient zwischen den Sitzungen vereinbarte Aufgaben erledigt. Er soll z. B. noch fehlende Unterlagen für seine Bewerbungsmappe beschaffen, persönliche Erfahrungen mithilfe von Fragen aufbereiten, Fremdeinschätzungen einholen oder nach inspirierenden Bildern suchen – diese »Hausaufgaben« zwischen den Sitzungen sind häufig wichtige Bestandteile des Prozesses.

Wenn der Klient diese Vorbereitungsarbeit nicht wahrnimmt, kann das unterschiedliche Gründe haben:

- Liegt es möglicherweise daran, dass der Klient seine Arbeitslosigkeit nutzen will, um sich zu Hause um seine Familie oder liegen gebliebene Aufgaben zu kümmern, und infolgedessen keine Zeit hat? Schaffen Sie ihm eine Möglichkeit, in der gemeinsamen Arbeitszeit kreativ zu sein oder wichtige Anrufe bei potenziellen Arbeitgebern ungestört in Ihren Arbeitsräumen zu erledigen.
- War die Aufgabe nicht hilfreich für ihn? Suchen Sie nach einer Aufgabe, die ihn anspricht! Schauen Sie in die Toolbox: Welche anderen Methoden finden Sie dort, um ein vergleichbares Ergebnis zu erreichen?
- Ist Ihr Klient unzufrieden mit dem Prozess? Wünscht er sich vielleicht andere Schwerpunkte, ein anderes Arbeitstempo? Ist er der Meinung, seine beruflichen Ziele bereits ausreichend eingegrenzt zu haben? Setzen Sie sich mit ihm auseinander! Ist die Beratung bei Ihnen das Richtige für ihn? Haben Sie seine Bedürfnisse und seine Ausgangslage richtig eingeschätzt und ihm ein darauf abgestimmtes Angebot unterbreitet?
- Besteht vielleicht ein anderes, dahinter liegendes Problem? Möchte er vielleicht gerade gar nicht beruflich weiterkommen? Gibt es Ängste bei der Suche nach einer neuen beruflichen Zukunft, die seine Motivation gefährden?
- Sind die Regeln der Zusammenarbeit (z. B. hinsichtlich des Einhaltens von Vereinbarungen) mit dem Klienten abgesprochen? Hat der Berater sie möglicherweise einseitig aufgestellt und das Einverständnis des Klienten stillschweigend vorausgesetzt?

Hürden und Herausforderungen
im Beratungsprozess

Wenn sich im Beratungsprozess Probleme dieser Art einstellen, ist zu prüfen, ob Berater und Klient an einem Strang ziehen: Die gemeinsame Auftragsklärung zu Beginn der Beratung (vgl. Kapitel I des Toolsets) soll sicherstellen, dass sich beide Parteien einig sind, wie die Zusammenarbeit gestaltet werden soll. Eine kontinuierliche Auftragsklärung am Anfang jeder neuen Sitzung ist grundsätzlich ratsam und hilft, immer wieder zu überprüfen, ob das ursprünglich vereinbarte Ziel noch attraktiv und der Weg dahin noch sinnvoll erscheint. Wenn der Beratungsprozess stagniert oder Konflikte mit dem Klienten auftreten, hilft es meist, gemeinsam zu überlegen, was passieren muss, damit die Karriereberatung erfolgreich wird. Machen Sie als Berater in einer solchen Situation Ihren Klienten zu Ihrem Berater! Fragen Sie ganz konkret nach, und lassen Sie sich von ihm sagen, was er von Ihnen für eine gute Zusammenarbeit braucht. Möchte er von Ihnen daran erinnert werden, was er tun soll, oder lieber mehr Freiraum haben? Motivieren ihn eher Lob oder Ermahnungen?

Beenden Sie solche Gespräche immer mit einer Vereinbarung, im Zweifelsfall schreiben Sie sie auf! Ein gemeinsam erstelltes Flipchart, eine E-Mail mit einer Zusammenfassung – wichtig ist, dass Sie sich beide einig sind, wie der Beratungsprozess gestaltet sein soll, und dies am besten auch festhalten.

Fachliche Überforderung des Karriereberaters

Es kommt immer wieder vor, dass der Karriereberater, der nicht für alle Branchen und Berufszweige Fachmann sein kann, als »Berufsexperte« an seine Grenzen stößt – ein Klient will z. B. einen Tipp für die aktuell beste Hochschule für Grafikdesign, ein anderer Informationen darüber, worauf mittelständische Anwaltskanzleien in der Bewerbung besonders achten, und der nächste, welche Optionen für ihn als mathematisch Begabten mit schlechten Deutschkenntnissen in München die besten Verdienstmöglichkeiten bieten.

Die einfachste Möglichkeit, mit solchen Bitten umzugehen, besteht darin, sich während der Beratung nicht weiter in Details zu vertiefen und das Thema auf das nächste Treffen zu vertagen. Vieles können Sie bis zur nächsten Sitzung noch einmal genau recherchieren und vorbereiten. Dabei kann Ihnen auch Ihr Netzwerk helfen – entweder durch Informationen oder durch Berater und Experten, die sich auf eine relevante Branche spezialisiert haben und Ihnen eine konkrete Frage schnell beantworten können bzw. an die Sie Ihren Klienten weiterverweisen können. So können Sie einen Kollegen mit speziellen Controlling-Kenntnissen mit einem Klienten zusammenbringen, der vor einem Vorstellungsgespräch in dieser Branche steht.

Wenn Sie auf der Suche nach Informationen Gespräche mit Ihrem eigenen Netzwerk führen und sich selbst hinsichtlich der unterschiedlichen Themenfelder und Branchen auf den neuesten Stand bringen, ist dies eine hilfreiche Dienstleistung für Ihren Klienten und erweitert auch Ihr persönliches Repertoire.

Karriereberatung ist im Idealfall ein Gemeinschaftsprojekt. Sie arbeiten als Karriereberater eng mit Ihrem Klienten zusammen. Meistens wissen Sie schon zu Beginn der Beratung, ob Ihr Klient in einem Bereich arbeiten möchte, in dem Sie sich überhaupt nicht auskennen. Vereinbaren Sie mit dem Klienten schon bei der Auftragsklärung, wie Sie beide damit umgehen wollen. Wie können Sie Ihren Klienten darin unterstützen, Informationen zu sammeln, die Sie beide nicht haben? Ist es vielleicht ohnehin von essenzieller Wichtigkeit für den Klienten, sich ein professionelles Netzwerk aufzubauen, in dem er Menschen findet, die ihm berufsspezifische Fragen beantworten können? Lässt sich der Aufbau eines solchen Netzwerkes vielleicht sogar dafür nutzen, den idealen Arbeitsplatz für ihn zu finden? Als Karriereberater sind Sie in erster Linie Experte dafür, alles das, was Ihr Klient mitbringt, so zu nutzen, dass es für ihn zu einer Ressource wird.

Persönliche Antipathien

Sie werden auch mal jemanden nicht mögen! Für einen Berater ist es wichtig, mit sich selbst von Anfang an ehrlich zu sein. Wenn Sie merken, dass Sie mit einem bestimmten Typ Klient schlecht arbeiten können, dann ist es möglicherweise besser, einen Auftrag abzulehnen bzw. an einen Kollegen zu verweisen.

Bevor eine solche Situation eintritt, können Sie aber auch überlegen, wie Sie mit solchen Antipathien noch umgehen können. Eine proaktive Möglichkeit, die Arbeit mit Ihnen unsympathischen Klienten trotzdem anzugehen, ist es, neugierig auf den Klienten zu sein. Oder besser noch: Seien Sie neugierig auf sich selbst. Was empfinden Sie in der Zusammenarbeit mit dem Klienten? Zu welchen Anlässen? Auf welche Eindrücke und Interpretationen sind Ihre Reaktionen zurückzuführen? Vielleicht eröffnen diese Erkenntnisse neue Möglichkeiten für die Kommunikation mit Ihrem Klienten? Verstehen Sie sich selbst als diagnostisches Instrument.

Der Königsweg, mit unangenehmen Eigenschaften des Klienten umzugehen, ist dieser: Sagen Sie Ihrem Klienten offen, was Sie im Umgang mit ihm als störend empfinden und was Sie sich stattdessen von ihm wünschen würden. Und nutzen Sie die Gelegenheit, um herauszufinden, ob Ihr Klient solche Reaktionen auch bei anderen Menschen hervorruft. Unverzichtbar ist eine wertschätzende, ressourcenorientierte Kommunikation mit Ich-Botschaften!

Hürden und Herausforderungen
im Beratungsprozess

Ungelöste Themen des Karriereberaters als Störfaktoren im Beratungsprozess

Unter Beratern wird manchmal darüber geredet, dass man immer genau die Klienten bekommt, die zu einem passen. Unserer Meinung nach kann eine mögliche kritische Übersetzung dafür sein: Immer wieder haben wir Probleme mit Klienten dort, wo wir für uns selbst etwas nicht gelöst haben. Wer z. B. das Gefühl hat, immer besonders dominante Klienten zu haben, der mag für sich selbst das Thema Dominanz noch nicht wirklich geklärt haben – also sich z. B. nicht trauen, klar und positioniert gegenüber seinen Klienten oder sogar Mitmenschen im Allgemeinen aufzutreten. Dies kann dann dazu führen, dass Antipathien gegen bestimmte Typen von Klienten auftreten, aber auch dazu, dass die Arbeit mit manchen Klienten nicht weiterkommt. Wer als ängstlicher Berater einen ängstlichen Klienten berät, der mag Probleme haben, seinen Klienten zu einer Entscheidung hinzubegleiten oder die entworfenen Bewerbungen auch tatsächlich loszuschicken.

Beobachten Sie als Karriereberater daher, wo wichtige Entwicklungsfelder für Sie liegen. Hier gleich ein paar Anregungen:

- Reflektieren Sie, mit welchen Klienten Sie am besten umgehen können und mit welchen Sie weniger produktiv arbeiten. Wie erleben Sie sich in den jeweiligen Situationen? Was erfahren Sie dadurch über sich selbst?
- In welchen Situationen können Sie Ihre Klienten am schlechtesten beraten (z. B. Entscheidungsprozesse begleiten, Bewerbungsunterlagen formulieren, Vorstellungsgespräche vorbereiten)?
- Wenn Sie Ihre schwachen Momente identifiziert haben: Möchten Sie das ändern und daran arbeiten, oder wollen Sie solchen Beratungssituationen zukünftig aus dem Weg gehen?
- Was können Sie tun, um in solchen Beratungssituationen ein bisschen besser zu werden? Wie würde es aussehen, wenn Sie in diesen Situationen richtig gut wären? Oder als provokative Gegenfrage: Was müssten Sie machen, um Ihre Klienten so richtig schlecht zu beraten? Der Erfolg steckt in den Umkehrungen Ihrer Aussagen.
- Gibt es Muster bei Ihren Klienten? Auf welchen Typus treffen Sie immer wieder? Gefällt Ihnen das, oder soll sich daran etwas ändern?
- Was sagt das über Sie und Ihre Beratung aus?

Wenn es ein konkretes Problem mit einem Klienten gibt: Überlegen Sie, wie Sie mit der schwierigen Beratungssituation umgehen wollen. Für viele solcher Situationen gibt es keine Standardlösungen. Es lohnt sich, zu hinterfragen, was Ihre eigene Rolle in problematischen Beratungssituationen ist und was Sie tun können, um daraus zu lernen:

- Was löst der Klient in Ihnen aus? Wie fühlen Sie sich in der Interaktion mit ihm?
- Was würden Sie Ihrem Klienten gerne sagen, wenn es keinerlei Konsequenzen gäbe?
- Was fällt Ihnen sofort positiv oder negativ auf?
- Was hat das mit Ihnen, Ihren Neigungen und Überzeugungen zu tun?
- Was erkennen Sie über sich?
- Was versuchen Sie zu vermeiden, was Ihr Klient auslebt? Oder versuchen Ihr Klient und Sie selbst das Gleiche zu vermeiden?

Wenn Sie sich diese Fragen beantworten, ergibt sich daraus nicht immer eine klare Entwicklungsaufgabe für Sie (wie z. B. sich mit Ihrer Einstellung zur Dominanz auseinanderzusetzen). Für Sie als Berater ist es aber dennoch wichtig, dass Sie sich in sich selbst so gut auskennen, dass Sie wissen, wie Sie auf Ihre Klienten reagieren. Ihre Themen zu kennen macht es Ihnen möglich, Ihren eigenen Anteil in der gemeinsamen Dynamik mit Ihrem Klienten zu verstehen. Welche Themen gehen Ihnen so nahe, dass Sie diese in Ihren Klienten immer wieder entdecken? Behalten Sie sich selbst im Auge!

Abbruch der Karriereberatung

In Problemsituationen kann für Sie auch einmal die Entscheidung anstehen, die Beratung abzubrechen. Es ist nicht leicht, Abbruchkriterien im Vorfeld zu definieren. Bleiben Sie aufmerksam, wenn Sie dem Klienten mit Ihren Kompetenzen und Ihrem Beratungsansatz nicht mehr helfen können und er an einer anderen Stelle besser aufgehoben wäre. Ein kompetenter Berater kennt nicht nur seine Möglichkeiten, sondern auch seine Grenzen.

Wie Sie mit diesem Buch arbeiten können

Ihre Karriereberater-Toolbox

Dieses Buch enthält eine große Auswahl an Tools, die nach verschiedenen Einsatzbereichen gegliedert sind. So finden Sie je nach Fragestellung ein oder mehrere Tools, die Sie sofort verwenden oder aber entsprechend Ihrem Bedarf anpassen können. Damit Sie die notwendigen Informationen zu den einzelnen Techniken sofort im Überblick haben, stellen wir den einzelnen Formularen eine Informationsbox voraus. Diese fasst folgende Informationen zusammen:

Ziel	Was erreichen Sie, wenn Sie mit diesem Tool arbeiten?
Vorteile	Welchen weiteren Nutzen hat es, dass Sie genau dieses Tool verwenden – z. B.: Welche Art von Klient profitiert besonders von der Anwendung?
Was kann schiefgehen?	Tipps aus der Praxis: Welche Fallen haben wir als Berater bei der Arbeit mit dieser Technik entdeckt?
Und sonst?	mögliche weitere relevante Informationen
Materialien	Was brauchen Sie noch, um hiermit arbeiten zu können?

Darüber hinaus ist vielen Tools ein erklärender Text oder eine genauere Gebrauchsanleitung vorangestellt. Wenn Sie tiefer einsteigen wollen, finden Sie in den Texten, die die einzelnen Kapitel einleiten, wichtige Anregungen zur Gestaltung des Beratungsprozesses. Die einzelnen Tools können Sie als Kopiervorlage verwenden oder als pdf-Datei unter www.beltz.de herunterladen.

Tools und die Rollen des Karriereberaters

Ein Buch mit Tools für alle Phasen des Beratungsprozesses räumt dem Gebrauch von Tools in der Karriereberatung implizit eine zentrale Rolle ein. Wenn jedoch Tools eine zentrale Rolle spielen, welche Rolle bleibt dann dem Karriereberater?

Dieses Buch versteht die Rolle des Karriereberaters gegenüber dem Klienten als eine dreifache. Zum einen ist der Karriereberater ein Berater im eigentlichen Sinne: Er übernimmt die Rolle einer Informationsquelle für den Klienten und stellt ihm Wissen über den Arbeitsmarkt und das Arbeitsleben zur Verfügung. Zum anderen nimmt der Karriereberater eine Rolle als Trainer ein: Er übt mit dem Klienten Verhaltensroutinen und Fertigkeiten ein, wie sie beispielsweise in Bewerbungsgesprächen nützlich sind.

Sowohl in der Berater- als auch in der Trainerrolle hat der Karriereberater gegenüber dem Klienten einen Kenntnisvorsprung. Ziel der Beratung und des Trainings ist es, dieses Gefälle, diesen Vorsprung, diese Asymmetrie, zu verringern, indem Wissen vom Berater an den Klienten weitergegeben wird. Jedoch nimmt der Karriereberater gegenüber dem Klienten noch eine dritte Rolle ein: die Rolle eines Coachs in einem ressourcenorientierten Coachingprozess. Anders als bei den vorher genannten Rollen ist hier das Verhältnis von Klient und Berater symmetrisch angelegt. Denn ressourcenorientiertes Coaching beruht auf der Annahme, dass der Klient über sämtliche notwendigen Ressourcen verfügt, die Anforderungen seines Lebens selbst zu meistern. Der Klient ist gewissermaßen der Spezialist für sein eigenes Leben; er muss seine Ressourcen nur erkennen und nutzen – und dabei unterstützt ihn der Coach. Ressourcenorientiertes Coaching geht also nicht davon aus, dass bei dem Klienten Defizite bestehen, die behoben werden müssen, sondern dass das Wissen und Können bereits im Klienten vorhanden sind und lediglich nutzbar gemacht werden müssen. Unsere Tools helfen dabei, dies zu tun.

Copy & Customize

Mit den Arbeitsblattvorlagen, die sich in diesem Buch befinden, arbeiten wir erfolgreich. Doch jeder Berater hat seinen eigenen Stil. Vielleicht möchten Sie gerne anders formulieren oder andere Schwerpunkte legen. In diesem Fall hoffen wir, dass Sie in unserem Buch »Rohmaterial« und Anregungen für Ihre eigene Toolbox finden.

Vielleicht legen Sie sich auch einen Ordner mit den für Sie wichtigsten Tools an und fügen Ihre Notizen dort ein. Oder Sie benutzen dieses Buch als persönliche Methodenschatztruhe und ergänzen die Arbeitsblätter mit Anmerkungen, sodass Sie sie immer wieder in der von Ihnen angepassten Form herauskopieren können. Oder Sie erstellen einzelne Dateien auf Ihrem Computer, an denen Sie weiterarbeiten können.

Wie auch immer Sie vorgehen: Wir hoffen, dass Sie sich die hier enthaltenen Methoden zu eigen machen und sie Ihrem Stil anpassen können.

Wie läuft der Beratungsprozess ab?

02

Prozessschritte der Karriereberatung	42
Auftragsklärung und Angebotserstellung	47

Prozessschritte der Karriereberatung

Die Toolsammlung orientiert sich an dem Beratungsablauf, den wir über die Jahre entwickelt haben. Dieser Ablauf gliedert sich in neun Prozessschritte, die wir Ihnen zunächst in einer Tabelle zusammenfassen und nach denen sich die Informationstexte und Arbeitsblätter gliedern, die Sie in diesem Kapitel finden.

Die drei Phasen der Karriereberatung

Die Prozessschritte 2 bis 9 können den drei Kernfragen der Karriereberatung zugeordnet werden, die wir im ersten Teil im Kapitel *Was ist Karriereberatung?* vorgestellt haben. Die Antworten auf diese Fragen ergeben eine Schnittmenge, in der die ideale Berufstätigkeit des Klienten verortet werden kann. Diese Fragen lauten:

1. Was zeichnet mich aus? – Stärken und Kompetenzen

Zunächst gilt es, die Stärken und Kompetenzen Ihres Klienten herauszuarbeiten. Dabei kommen die unterschiedlichsten Techniken zum Einsatz: Biografische Rückschau, Analyse von Erfolgen, psychologische Tests, Interviews. Wichtig ist dabei, dass nicht nur Sie einen Eindruck von Ihrem Klienten bekommen, sondern er gleichzeitig sein Wissen über sich selbst vertieft. Es geht auch darum, eine Sprache zu finden, mit der der Klient über sich selbst berichten kann – denn fast alle Menschen, die in die Karriereberatung kommen, finden es schwierig, die richtigen Worte zu finden, wenn sie sich bewerben.

2. Was motiviert mich? – Wollen und Motivation

Für viele Menschen ist es eine der leichtesten Übungen, zu sagen, was sie nicht wollen. Gerade im Kleinen fällt das leicht: z. B. keinen Fisch essen. Was sie wollen, ist dagegen schwieriger zu formulieren. Und ganz besonders dann, wenn es um wichtige Lebensentscheidungen geht. Wohin es beruflich gehen soll, ist für viele Menschen kaum zu beantworten. Oft kommen Klienten in die Beratung, weil sie immer in kleinen Schritten, die sich einfach so ergeben haben, ihren Weg gegangen sind und dann irgendwann feststellen, dass sie nicht wirklich wissen, wie sie dorthin gekommen sind, wo sie jetzt sind. Nur wenn man sagen kann, wo man hinwill, kann man das Ziel auch wirklich verfolgen. Ob es nur um eine Präzisierung des Ziels geht oder ob Sie gemeinsam mit Ihrem Klienten noch einmal »das große Fass« aufmachen und mit ihm gemeinsam Träume entwickeln – eine Analyse der Motivation des Klienten ist notwendig, um die Kraft für die nächsten Schritte zu mobilisieren!

3. Wo gibt es Bedarf? – Handlungsfelder und Arbeitsmarkt

Die Phase der Arbeitsbeschaffung ist den anderen Phasen nachgeordnet, baut aber notwendig auf ihnen auf. Nun geht es darum, den richtigen Platz für Ihren Klienten zu finden – und Ihren Klienten dabei zu unterstützen, diesen auch zu erreichen. Im Vordergrund steht die Frage, was der Arbeitsmarkt für Ihren Klienten zu bieten hat und wie er sich, z. B. in seinen Bewerbungsunterlagen und im Vorstellungsgespräch, optimal präsentieren kann.

Die Handlungsfelder gehen jedoch über das unmittelbare Agieren am Arbeitsmarkt hinaus und schließen die Entwicklung des Klienten mit ein, bei der Sie ihn unterstützen können. Diese Entwicklung kann sowohl fachlicher Natur (z. B. Fortbildungen planen und besuchen) wie auch persönlicher Natur sein. Denn häufig muss ein Klient persönliche Entwicklungsschritte machen, um für die beruflichen Schritte, die er gehen will, gewappnet zu sein.

Die neun Prozessschritte der Karriereberatung

Einen genaueren Überblick bietet die folgende Tabelle. Darin finden Sie nicht nur die Prozessschritte der Karriereberatung und die ihnen jeweils zugeordneten Tools, sondern auch einen Überblick darüber, in welchen Rollen Sie in den jeweiligen Prozessschritten der Beratung agieren können, um Ihren Klienten zielführend zu unterstützen. Diese Phasenbeschreibung ist natürlich idealtypisch.

Prozessschritte	Anliegen des Klienten	Ziel der Beratung	Rolle des Karriereberaters
1. Auftragsklärung (S. 47 ff.)	Darlegung der Fragestellung	Auftragserstellung	Verkäufer, Berater
2. Biografische Rückschau (S. 70 ff.)	Der Klient möchte sich selbst erklären.	Situation und Geschichte/Erleben erfassen; Anliegen präzisieren	aktiver Zuhörer, der die Ergebnisse der Analyse noch einmal hervorhebt, damit der Klient sie intensiver wahrnimmt
3. Kompetenzanalyse (S. 82 ff.)	(Neu-)Orientierung; Suche nach (neuen) Optionen und Möglichkeiten	Erkennen der Stärken und Schwächen	aktiver Zuhörer, der Informationen sammelt und strukturiert und dabei konstruktives Feedback gibt
4. Visionsarbeit (S. 124 ff.)	Suche nach dem persönlichen beruflichen Ziel	Das Ziel wird definiert, und mögliche Wege dorthin werden erörtert.	Trainer und Experte
5. Zukunft entwerfen (S. 140 ff.)	Klärung und Präzisierung von Entscheidungskriterien	Verantwortung für seine Entscheidungen übernehmen	Coach Trainer Experte
	Der Klient ist sich seines Ziels bewusst und benötigt Unterstützung bei der Suche nach Möglichkeiten, um dieses Ziel zu erreichen.	Schaffen von Optionen, gezieltes Training und Stärkung bestimmter Kompetenzen; Entscheidung für ein Ziel und die zu ergreifenden Maßnahmen	Coach Experte

Prozessschritte
der Karriereberatung

6. Marktstrategie (S. 194 ff.)	Der Klient möchte planen, welche Strategie ihm einen Arbeitsplatz verschafft.	analysieren, welche Herangehensweise erfolgversprechend ist, den Klienten an eine umfassende Strategie heranführen	Experte Trainer Coach
7. Die schriftliche Bewerbung (S. 227 ff.)	perfekte Bewerbungsunterlagen erstellen	Der Klient präsentiert sich schriftlich überzeugend und bringt seine Vorzüge und Passung auf den Punkt.	Experte Trainer
8. Die mündliche Bewerbung (S. 254 ff.)	Vorstellungsgespräch vorbereiten	Der Klient kann seine Vorzüge und Passung auch im direkten Kontakt darstellen, sowohl im Bewerbungsgespräch als auch spontan.	Experte Trainer
9. Onboarding (S. 276 ff.)	die neue Stelle erfolgreich übernehmen	den Klienten dazu anleiten, die sich bietenden Informationen so zu nutzen, dass er sich von vornherein optimal auf die Anforderungen einstellen kann	Trainer Coach

Auch wenn die Fragen, die Klienten in die Karriereberatung führen, oft ähnlich scheinen, gilt es doch immer wieder, sich auf die spezifische Situation und das Anliegen des einzelnen Klienten einzustellen. Verstehen Sie das Phasenmodell am besten als einen Baukasten, mit dessen Hilfe Sie die Beratung jedes Ihrer Klienten gestalten können. Dazu werden Sie entscheiden müssen, welche dieser Prozessschritte für den Klienten hilfreich sein können, um in Ihrem Angebot die Schwerpunkte so zu setzen, dass Ihr Klient genau die Unterstützung erfährt, die er braucht, um seine Ziele zu erreichen.

In unserer Praxis wählen wir dabei jedoch nicht zu eng aus. Zwar braucht ein Mensch, der schon genug Angebote für feste Stellen hat, keine Bewerbungsunterlagen, doch die Methoden, die sich auf die Klärung der Stärken und Entwicklungsmöglichkeiten des Klienten beziehen, sind meist auch dann hilfreich. Auch wer im Groben schon weiß, welche Fähigkeiten er hat, kann davon profitieren, diese noch einmal explizit zu erarbeiten.

Der Karriereberater muss für manche Anstrengungen des Klienten Überzeugungsarbeit leisten: Gerade die langfristig nützlichsten Leistungen der Karriereberatung sind für manche Klienten anfänglich Pflichtaufgaben. Während die meisten Menschen gerne hören, dass sie etwas gut gemacht haben, empfinden sie es häufig als schwierig, ihre Stärken und Schwächen selbst zu beschreiben. Auch eine Vision zu erarbeiten erscheint manchen zu spielerisch. Dennoch sind gerade dies wichtige Teile der Karriereberatung, die den gesamten Beratungsprozess intensivieren können und den Klienten nachhaltig stärken.

Dokumentation des Beratungsprozesses

Vielleicht können Sie die wichtigsten Erkenntnisse, die Sie mit Ihrem Klienten in den einzelnen Phasen erarbeiten, noch einmal zusammenfassen und ihm zur Verfügung stellen? Wenn Sie mit Flipcharts arbeiten, eignen sich z. B. Fotografien der Aufzeichnungen oder auch Kopien Ihrer Notizen. Das wird ihm später eine nützliche Stütze sein. Für Ihren Klienten ist es wahrscheinlich eine sehr persönliche und außergewöhnliche Erfahrung, sich so intensiv selbst zu reflektieren – und dabei auch Feedback von außen zu bekommen. Es ist mit Sicherheit hilfreich für ihn, wenn ihm die wichtigsten Punkte noch einmal zusammengefasst übermittelt werden.

Auftragsklärung und Angebotserstellung

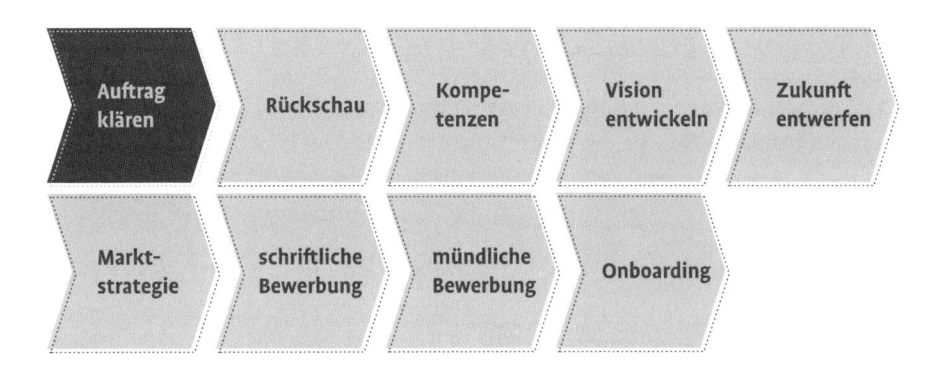

Auftrag klären › Rückschau › Kompetenzen › Vision entwickeln › Zukunft entwerfen

Marktstrategie › schriftliche Bewerbung › mündliche Bewerbung › Onboarding

Der erste Schritt mit einem neuen oder potenziellen Klienten ist die Auftragsklärung. Ihr kommt eine besondere Bedeutung zu, denn in der Auftragsklärung werden für die nachfolgende Beratung realistische Ziele und Erwartungen formuliert. Hier entsteht der gemeinsame Kontrakt, hier wird der Grundstein für eine vertrauensvolle Zusammenarbeit gelegt.

Einsatzbereiche

Die hier genannten Methoden sind die richtigen, wenn Sie

- für sich klären möchten, was Sie Ihren Klienten anbieten können und wollen.
- Ihren Klienten das erste Mal treffen und ein Arbeitsblatt haben möchten, das die Besprechung strukturiert. Mithilfe dieser Unterlage behalten Sie im Blick, (a) welche Informationen Sie zu diesem Zeitpunkt von Ihrem Klienten brauchen, (b) welche Angebote Sie ihm konkret machen können und (c) was der Klient noch über Sie und die Zusammenarbeit mit Ihnen wissen sollte.
- nach Ihrem Treffen das Vereinbarte schriftlich festhalten wollen, z. B. in welchem Zeitraum der Klient einen Termin bei Ihnen absagen kann, ohne dass Sie ihn voll berechnen, welche Leistung er von Ihnen erwarten darf und welche Preise Sie dafür berechnen.

Überblick

	Methode	Ziel
1	Arbeitsblatt zur Angebotsklärung	Analyse der eigenen Beraterkompetenzen und Ausdifferenzierung der Dienstleistung
2	Interviewleitfaden Erstgespräch	strukturierte Informationssammlung (1) über den Klienten und (2) für den Klienten über Sie, den Beratungsablauf und die Bedingungen der Zusammenarbeit
3	Mustervertrag	ein Rahmenvertrag, in dem Sie festhalten können, was Sie mit Ihrem Klienten vereinbart haben

Am Anfang des Beratungsprozesses gilt es zu klären, was Ihr potenzieller Klient will – und was Sie ihm anbieten können. Ihr Klient muss Informationen darüber erhalten, was genau zu Ihrem Angebot »Karriereberatung« gehört. Und Sie müssen herausfinden, auf welche Weise Sie den Klienten unterstützen können.

Jetzt gilt es, den Grundstein für eine erfolgreiche Zusammenarbeit zu legen. Finden Sie heraus, welche Teile Ihres Angebots den Klienten interessieren und was ihn weiterbringen könnte. Tauschen Sie sich mit ihm darüber aus, wie Sie sich einen guten und erfolgreichen Beratungsprozess und das Ergebnis vorstellen. Je klarer die Positionen und Ziele sind, desto mehr wird die gemeinsame Arbeit fruchten.

Auftragsklärung

Der erste wichtige Schritt in der Zusammenarbeit mit Ihrem Klienten ist die Auftragsklärung. Nur wenn der Berater versteht, was sein Klient von ihm will, kann er ihn wirklich unterstützen. Es geht in dieser Phase nicht nur darum, *was* das Ziel der gemeinsamen Arbeit ist, sondern auch darum, dass sich Klient und Berater darüber verständigen, *wie* die Zusammenarbeit gestaltet werden soll.

Zunächst einmal muss bei der Auftragsklärung die grobe Zielrichtung bestimmt werden: Was will der Klient erreichen? Einen neuen Job? Dass er bei seiner Arbeit endlich wieder Spaß hat? Geht es ihm um den nächsten Karriereschritt oder um eine grundsätzliche Neuorientierung? Wie konkret kann Ihr zukünftiger Klient Ihnen schon jetzt Fragen nach seinen Wünschen und Zielen beantworten? Oder weiß er im Moment vor allem, was er *nicht* will? Ist er auf Ihre Unterstützung angewiesen, um überhaupt erst herauszufinden, an welchem Ziel er mit Ihnen arbeiten möchte?

Auftragsklärung
und Angebotserstellung

In der Auftragsklärung geht es auch darum, auf welche Art der Zusammenarbeit sich Klient und Berater einigen. Eine ausführliche Zielbestimmung und -planung kann dann Gegenstand einer späteren Sitzung sein. Ein Austausch über das gewünschte Ziel ist in dieser Phase vor allem zentral für das Aufstellen eines gemeinsamen Fahrplans: *Wo* soll es hingehen und *wie* wollen Sie gemeinsam darauf hinarbeiten?

Wir möchten Sie anregen, hier von Anfang an genau hinzuschauen. Einige Fragen müssen beantwortet werden, um zu klären, unter welchen Voraussetzungen die Zusammenarbeit stattfinden soll, z. B.: Hat der Klient schon eine genaue Vorstellung von seinem Ziel, etwa wo er eine Anstellung sucht, wie mobil er bei der Suche ist? Bis wann will der Klient das Ziel erreichen? Hat er bestimmte Vorstellungen, was der Berater für ihn tun soll? Hat er ein ausreichendes Bild vom Angebot des Beraters? Wünscht er sich von ihm eher Unterstützung, Expertenrat, Impulse zu mehr Selbsterkenntnis oder hätte er gerne jemanden, der eine Struktur vorgibt und ihn antreibt? Und nicht zuletzt: Wie sehr will er sein Ziel erreichen? Wie wichtig ist ihm dies im Vergleich zu den Dingen, die ihn von der Zielerreichung abhalten? Wie viel Zeit kann und will er zusätzlich zu den Beratungsstunden investieren, um selbst an seiner Zielerreichung weiterzuarbeiten? Welche der anfallenden Aufgaben können und wollen Sie ihm abnehmen? Welche Mitarbeit brauchen Sie als Berater von Ihrem Klienten, damit Sie gemeinsam Fortschritte machen können?

Es ist wichtig, diese Fragen zu Beginn eingehend zu klären! Nur wenn Sie explizit besprochen haben, wer was tut, kann sich der Beratungsprozess sinnvoll entwickeln, und Sie haben ein Maß, mit dem Sie das gemeinsame Vorgehen nachjustieren können.

Manchen Beratern fällt dieser Schritt schwer, weil sie befürchten, es könne der Eindruck entstehen, ihre Expertise sei nicht groß genug, um sofort in die Arbeit einzusteigen. Wird dieser Schritt übersprungen, besteht jedoch zum einen die Gefahr, dass die Beratung das Thema des Klienten verfehlt (Will er sich wirklich nur auf das Vorstellungsgespräch vorbereiten oder geht es grundsätzlich um seine Selbstdarstellung?). Zum anderen besteht die Gefahr, dass die Bedingungen der Zusammenarbeit nicht ausreichend geklärt sind (Ist der Klient einverstanden, mit psychologischen Tests zu arbeiten? Inwieweit übernimmt der Berater die Ausarbeitung der Bewerbungsunterlagen? Wer ist verantwortlich für die Recherche passender Vakanzen?).

Für viele Berater ist die Versuchung groß, den Klienten einfach in den Beratungsprozess »hereinzuwinken«. Das Setting der Karriereberatung lädt auch dazu ein, da viele Menschen, die sich an einen Berater wenden, unter starkem emotionalem Druck stehen und sich eine schnelle Lösung erhoffen. Erfahrungsgemäß ist dies ein Moment, in dem viele Berater Zusagen machen, die sie später nicht halten können (»Sie werden sehen, wenn wir Ihre Bewerbungsunterlagen erst einmal überarbeitet haben, werden Sie zu Vorstellungsgesprächen eingeladen und dann sollte das mit dem Job auch klappen«). Zudem verpassen sie die Chance, gegenseitige Erwartungen, gemeinsame Ziele und Vorgehensweisen zu definieren, die die Zusammenarbeit strukturieren. Ebenso gilt jedoch umgekehrt: Dieser Moment ist für den Berater eine wichtige Chance, dem Klienten nahezubringen, was möglich ist, wenn er sich auf den gemeinsamen Arbeitsprozess einlässt, und wo die Grenzen der Beratung liegen.

Wenn Sie zu einem späteren Zeitpunkt in der Beratung feststellen, dass unklar (geworden) ist, woran Sie gemeinsam arbeiten, welche Ziele Sie gemeinsam erreichen wollen und wer von Ihnen dabei was zu liefern hat – kehren Sie unbedingt zu diesem Punkt zurück! Dies gilt auch, wenn sich die Ziele Ihrer gemeinsamen Arbeit aufgrund äußerer Ereignisse ändern. Lange Beratungsprozesse verlangen oft, dass Sie »unterwegs« noch einmal mit Ihrem Klienten nachjustieren: Was ist das (neue) Ziel Ihrer Zusammenarbeit und welche Art der Unterstützung wünscht sich Ihr Klient? Es muss immer klar sein, was Sie voneinander erwarten und erwarten dürfen!

Meilensteine – Strukturhilfen als Intervention

Eine Möglichkeit, schon in der Phase der Auftragsklärung eine hilfreiche Struktur zu schaffen, besteht darin, mit Ihrem Klienten über Meilensteine zu reden. Bis wann möchte er einen Job haben? Ab wann erweitert er den Kreis der Städte, in denen er sucht? Bis wann müssen die ersten Schritte zur Selbstständigkeit abgeschlossen sein? Wie viele Bewerbungen schickt er pro Woche raus?

Nicht immer können Meilensteine schon so früh definiert werden – wenn aber doch, versuchen Sie es! Der Beginn Ihrer gemeinsamen Arbeit kann genau der richtige Zeitpunkt für Ihren Klienten sein, sich mit konkreten Plänen für seine Zukunft auseinanderzusetzen; und für Sie der Moment, mehr Einsicht in die Ziele Ihres Klienten zu bekommen: Welche Ansprüche formuliert er? Werden erreichbare Meilensteine gesetzt oder ist schon jetzt ein Scheitern programmiert? Motivieren die Zwischenziele oder hängen die Latten so tief, dass dadurch nicht wirklich viel erreicht wird?

Meilensteine dienen im weiteren Beratungsverlauf als Korrektiv und Motor – nutzen Sie das und binden Sie Ihre Vereinbarung aus den ersten Sitzungen immer wieder in den Prozess ein.

Auftragsklärung
und Angebotserstellung

Vorarbeit: Angebotsklärung

Das »Produkt« Karriereberatung ist noch so wenig bekannt, dass häufig Klärungsbedarf darüber besteht, was der Klient von seinem Berater erwarten kann und was nicht. Hierfür gibt es keine feste Antwort – wir unterbreiten Ihnen hier zwar einen umfassenden Katalog an Vorschlägen, es liegt aber in Ihrem Ermessen, was genau Ihr Angebot umfasst. Was glauben Sie, was Ihre Klienten brauchen? Haben Sie ein Spezialgebiet, auf das Sie einen besonderen Schwerpunkt legen möchten?

Eine wichtige Vorarbeit für Auftragsklärungen ist dabei, sich über das eigene Angebot klar zu werden. Wie verstehen Sie Ihre Rolle? Welche Aufgaben möchten Sie übernehmen? Wie umfangreich möchten Sie Ihrem Klienten zuarbeiten? Suchen Sie z. B. selbst Jobbörsen durch, oder erwarten Sie von Ihrem Klienten, dass er das tut? Machen Sie das von Ihrem Klienten abhängig? Einen umfangreichen Fragebogen zur Reflexion über das eigene Angebot finden Sie weiter unten.

Die Erwartung des Klienten

Manche Klienten stehen unter dem hohen emotionalen Druck, nicht nur einen erfüllenden Job zu finden, in dem sie ein für sie befriedigendes Gehalt bekommen, sondern all dies auch schnell zu erreichen. Sie suchen Ihre Beratung unter Umständen deswegen, weil dies wie eine Garantie scheint, die gesteckten Ziele zu erreichen. In dieser Situation mag der Klient geneigt sein, sich von der Arbeit mit Ihnen eine schnelle Lösung zu versprechen. Mitunter wünschen sich Klienten dann ungefähre Zeitangaben, bis wann Sie sie in einem neuen Job sehen, oder sogar Garantien dafür, dass sie durch die Arbeit mit Ihnen tatsächlich eine angemessene Stelle finden werden. Achten Sie darauf, dass bei Ihrem Klienten nicht die Erwartungshaltung entsteht, in wenigen Terminen vollständige Antworten auf all seine Fragen und die für ihn ideale Stelle vermittelt zu bekommen.

Wer gerne neue Kunden hätte, ist geneigt, dem Klienten sehr entgegenzukommen. Das ist auch gar nicht zu kritisieren – solange Sie sich im Klaren darüber sind, was Sie anbieten! Es geht hier nicht nur um die Klärung, was Sie qualitativ anbieten wollen, sondern auch darum, was Sie quantitativ bieten möchten – und für wie viel Geld.

Einige Worte zum Thema Geld

Wenn Sie Ihre Preise festlegen, sollten Sie sicherstellen, dass der Betrag für Ihren Klienten ein Investment darstellt. Die Erfahrung zeigt, dass der Klient die Arbeit mit seinem Berater dann ernster nimmt – und das zeigt sich darin, dass er sich besser vorbereitet und engagierter bei der Sache ist. Auch fordert er seinen Berater dann mehr, was die Grundlage für eine produktive Zusammenarbeit ist.

Schriftlicher Vertrag oder nicht?

Es ist für einen Berater nicht zwingend notwendig, in einem schriftlichen Vertrag die Bedingungen der Zusammenarbeit mit dem Klienten zu fixieren. Ein Vertrag schafft jedoch einen professionellen Rahmen. Manche Berater empfinden Verträge als Fremdkörper in einem durch Vertrauen geprägten Beratungsprozess und verzichten daher lieber darauf. Andere schätzen es, die Bedingungen der Zusammenarbeit zu fixieren und so eine gemeinsame Grundlage für den folgenden Prozess zu haben. Dies bietet Sicherheit, falls doch einmal etwas unklar sein sollte. Einen solchen Vertrag an den Klienten zu geben kann auch ein guter Anlass sein,

- ☑ die erwünschten Ergebnisse Ihrer Zusammenarbeit genau zu formulieren.
- ☑ zu benennen, wie Sie miteinander arbeiten wollen.
- ☑ ihn über Ihre organisatorischen Vorstellungen (wann wird z. B. gezahlt oder abgesagt) zu informieren.
- ☑ ihn Ihrer Verschwiegenheit zu versichern.

Sich mit einem möglichen Vertrag auseinanderzusetzen hat auf jeden Fall den Vorteil,

- ☑ dass ein Vertrag da ist, wenn Sie der Meinung sind, dass Sie ihn brauchen, und
- ☑ dass Berater und Klient sich bewusst sind, welche Bedingungen ihnen in der gemeinsamen Zusammenarbeit wichtig sind.

Auftragsklärung
und Angebotserstellung

Angebotsklärung für Karriereberater

Ziel	- feststellen, was Sie schon können - definieren, was Sie anbieten möchten - herausfinden, was Sie noch lernen müssen, um Ihr Angebot so zu gestalten, wie Sie es anbieten möchten - lernen, das Angebot zu beschreiben
Vorteile	- Sie gewinnen mehr Klarheit über sich selbst und Ihre Arbeit. - Die Angebotsklärung ist ein wichtiger Schritt auf dem Weg zu einem professionellen Auftritt als Karriereberater und zu einer reflektierten Beraterpersönlichkeit.
Was kann schiefgehen?	- Sie könnten sich verzetteln, Ihr Angebot zu umfangreich gestalten und den Fokus verlieren. - Sie könnten zu hohe oder zu niedrige Anforderungen an das eigene Qualifikationsprofil stellen.
Und sonst?	- Suchen Sie zu den Fragen auch das Gespräch mit Kollegen, und holen Sie sich Feedback! - Nehmen Sie sich den Fragebogen wieder vor, wenn Sie das Buch durchgearbeitet haben!
Materialien	- Fragebogen: Angebotsklärung für Karriereberater

Arbeitsblatt für Berater: Selbstreflexion zur Angebotsklärung

Wenn Sie Karriereberatung in Ihr Portfolio aufnehmen möchten, ist es wichtig, sich zu überlegen, was genau Sie Ihren Klienten anbieten möchten bzw. können. Die folgenden Fragen sollen Ihnen dabei behilflich sein:

Was ist für Sie das Wichtigste in der Karriereberatung?

Welche Themen und Inhalte soll Ihr Beratungsangebot umfassen? In welchen Bereichen fühlen Sie sich kompetent, und wo bringen Sie eigene Erfahrungen mit?

Wie könnte der Ablauf einer Beratung aussehen?

Was machen Sie in den einzelnen Sitzungen? Wie lange dauern die Sitzungen? Welchen Umfang könnte ein idealtypischer Ablauf haben?

Was berechnen Sie Ihren Klienten – und für welche Leistung? Bedenken Sie, dass der Preis auch für Ihren Klienten etwas bedeuten sollte! Wollen Sie unterschiedliche Honorare je nach Themenstellung und Zielgruppe anbieten? Welchen Zeiterfassungs- und Abrechnungsmodus wollen Sie wählen (z. B. viertelstundengenaue Zeiterfassung und Rechnungsstellung zum Ende des gesamten Beratungsprozesses)?

Bieten Sie auch Pakete an? Wenn ja, was beinhalten diese?

Auftragsklärung
und Angebotserstellung

Bieten Sie auch Einzelleistungen an, z. B. die Erstellung von Bewerbungsunterlagen, die Vorbereitung auf Bewerbungsgespräche und Assessment-Center?

Wie gehen Sie damit um, wenn jemand einen Termin absagt? Welche Regelungen sind für Sie wichtig?

Wie möchten Sie mit Ihrem Klienten umgehen? Mit welcher Grundhaltung wollen Sie ihm begegnen, welches Menschenbild prägt Sie in Ihrer Arbeit?

Welche Bereiche und Methoden möchten Sie in Ihr Angebot aufnehmen?

Kompetenzanalyse und psychologische Tests

Die Kompetenzanalyse ist nicht nur ein wesentlicher Bestandteil der Karriereberatung, sondern auch im Coaching im Allgemeinen von Bedeutung.

Welche Methoden zur Kompetenzanalyse kennen Sie schon, die Sie in die Beratung einbinden können? Welche können und wollen Sie sich noch aneignen?

Vielleicht möchten Sie die Arbeit an den Stärken Ihres Klienten durch psychologische Tests ergänzen. Psychologen haben es hier einfach: Durch ihr Studium sind sie vorbereitet, die Struktur psychologischer Tests zu verstehen und nachzuvollziehen, welche Schlüsse sie aus den Ergebnissen ziehen dürfen und welche nicht. Doch auch Berater mit einem anderen fachlichen Hintergrund können mit Tests arbeiten. Im vierten Kapitel werden Sie einige Tests, die in der Karriereberatung nützlich sind, kennenlernen. Falls Sie die Tests, die wir hier beschreiben, für Ihre Beratungspraxis als besonders hilfreich ansehen, können Sie auch Fortbildungen besuchen, um sich für die Arbeit mit diesen zu qualifizieren.

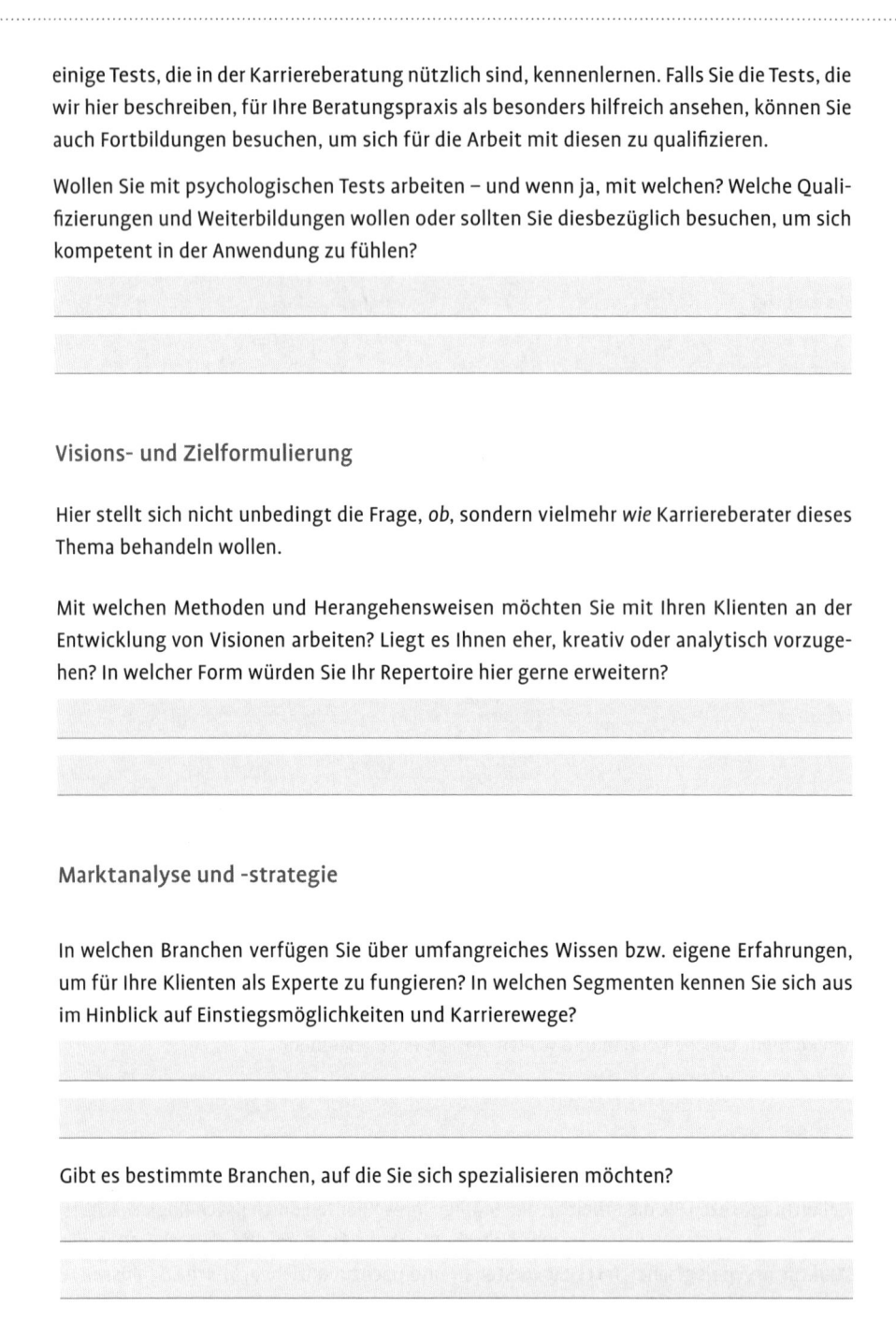

Wollen Sie mit psychologischen Tests arbeiten – und wenn ja, mit welchen? Welche Qualifizierungen und Weiterbildungen wollen oder sollten Sie diesbezüglich besuchen, um sich kompetent in der Anwendung zu fühlen?

Visions- und Zielformulierung

Hier stellt sich nicht unbedingt die Frage, *ob*, sondern vielmehr *wie* Karriereberater dieses Thema behandeln wollen.

Mit welchen Methoden und Herangehensweisen möchten Sie mit Ihren Klienten an der Entwicklung von Visionen arbeiten? Liegt es Ihnen eher, kreativ oder analytisch vorzugehen? In welcher Form würden Sie Ihr Repertoire hier gerne erweitern?

Marktanalyse und -strategie

In welchen Branchen verfügen Sie über umfangreiches Wissen bzw. eigene Erfahrungen, um für Ihre Klienten als Experte zu fungieren? In welchen Segmenten kennen Sie sich aus im Hinblick auf Einstiegsmöglichkeiten und Karrierewege?

Gibt es bestimmte Branchen, auf die Sie sich spezialisieren möchten?

Auftragsklärung
und Angebotserstellung

Gibt es bestimmte Branchen, in denen Sie über ein gutes Netzwerk verfügen? Können Sie sich vorstellen, dies auch für Ihren Klienten zu nutzen (Infos einholen, Hintergrundgespräche führen, Vakanzen erfragen, Kontakte herstellen)?

Können Sie einschätzen, wie gut die Chancen eines Klienten bei der Bewerbung auf eine Stelle in einem bestimmten Beruf sind bzw. wo seine Chancen liegen? Können Sie für einen Klienten einschätzen, auf welchem Wege er am best

Möchten Sie Ihren Klienten anbieten, dass Sie oder ein Researcher zwischen den Beratungssitzungen nach passenden Jobs und Weiterbildungen suchen? Soll dies Teil Ihrer Dienstleistung sein?

Möchten Sie mit jemandem zusammenarbeiten, der für Ihren Klienten Vakanzen- und Arbeitgeberrecherche als zusätzliche Dienstleistung übernimmt? Oder ist es für Sie wichtig, dass Ihr Klient die Recherchen vollständig selbst übernimmt?

Unterstützung bei der Erstellung von Bewerbungsmaterial und im Bewerbungsprozess

Diese Arbeit ist anspruchsvoll und intensiv. Sie setzt voraus, dass der Karriereberater weiß, welche Anforderungen Personalentscheider an Bewerbungsunterlagen stellen. Um aussagekräftige Bewerbungsunterlagen zu erstellen, ist unter Umständen eine gewisse Kenntnis der Branche notwendig. Welche Kompetenzen und Qualifikationen zeichnen Ihren Klienten z. B. als einen guten Controller aus? Welche Begriffe muss eine Online-Marketing-Expertin in ihrem Lebenslauf verwenden, um von der Branche als erfahren und kompetent wahrgenommen zu werden?

Der Erfahrung nach ist es oft ein großer Vorteil für die weitere Zusammenarbeit, wenn der Klient schon bald nach Beginn der Beratung ein fertiges Produkt – seinen neuen Lebenslauf – in den Händen hält, mit dem er zufrieden ist. Er hat einen direkten Beweis dafür, was für einen positiven Unterschied die Beratung durch einen Profi macht, und fühlt sich nun handlungsfähig.

Zu welchen Aspekten der schriftlichen Bewerbung fühlen Sie sich kompetent, Ihre Klienten zu beraten (Anschreiben, Lebenslauf, Foto, Zeugnisse)? Was möchten Sie noch über die Erstellung von Bewerbungsmaterialien lernen?

Erstellen Sie Lebensläufe und Anschreiben, helfen Sie bei der Erstellung von Zeugnissen? Bewerten Sie Zeugnisse nach Güte und Aussagekraft? Möchten Sie auch Online-Profile für Ihre Klienten erstellen oder Ihre Klienten bei der Erstellung solcher Profile unterstützen?

Training zur mündlichen Selbstpräsentation des Klienten

Die Gelegenheit, eine mündliche Selbstpräsentation – also ein Vorstellungsgespräch, eine Präsentation oder einen Networking-Auftritt – mit ihrem Berater zu üben, schätzen viele Klienten sehr. Manche kostet dies aber auch besonders viel Überwindung. Vor wichtigen Terminen genügend Zeit für solche Übungen einzuplanen lohnt sich jedoch. In solchen Übungsgesprächen kann Ihr Klient noch Fehler machen und diese zur Weiterentwicklung nutzen.

Können Sie einen Bewerber auf ein Vorstellungsgespräch vorbereiten? Wissen Sie, welche Fragen im Vorstellungsgespräch gestellt werden?

Kennen Sie sich aus mit den verschiedenen Interviewformen (z. B. Biografisches Interview oder Stressinterview), und können Sie Ihren Klienten darauf vorbereiten?

Auftragsklärung
und Angebotserstellung

Können Sie einschätzen, worauf es bei einem Vorstellungsgespräch ankommt? Was erwarten die verschiedenen Gesprächspartner (Personaler, Fachexperte, Vorgesetzter) von ihrem Gegenüber?

Wie fit sind Sie persönlich in der Selbstpräsentation? Sind Sie darauf vorbereitet, sich anderen knapp, sympathisch, kompetent und prägnant vorzustellen? Möchten Sie Ihre Klienten darauf vorbereiten und sie in dieser Form der mündlichen Selbstdarstellung trainieren?

Umgang mit Klienten und ihren eigenen beruflichen Fragestellungen

Wie gut sind Sie in der Rückmeldung Ihren Klienten gegenüber? Wie gelingt es Ihnen, Ihre Wahrnehmung und Intuition noch mehr für andere nutzbar zu machen? Was möchten Sie in diesem Bereich noch lernen?

Mit welchen Klientypen arbeiten Sie am liebsten zusammen? Was sind Ihre »Lieblingsprobleme«?

Wenn Sie schon Beratungserfahrung haben: Welche Klientypen kommen häufig zu Ihnen? Zeichnet sich ein Muster ab? Was sagt Ihnen das über sich?

Interviewleitfaden für das Erstgespräch

Ziel	• Kennenlernen des Klienten und Sammlung von Informationen über ihn • Genaue Klärung der Zusammenarbeit: Was will der Klient für sich erreichen, was können Sie ihm anbieten? • Klärung über Inhalt und Art der Zusammenarbeit
Vorteile	• Sie behalten die wichtigen Themen im Auge und führen ein professionelles, ausführliches Erstgespräch. • Sie bekommen einen ersten Eindruck von Ihrem Klienten, auf den Sie zu einem späteren Zeitpunkt zurückgreifen können.
Was kann schiefgehen?	• Sie klären nicht genau, was der Auftrag des Klienten an Sie ist. • Sie reden nicht über wichtige Rahmenbedingungen wie Geld und Absageregelungen.
Und sonst?	• Für ein effektives Erstgespräch müssen Sie entschieden haben, was Sie anbieten können und wollen. • Die Fragen sollen inspirieren – überlegen Sie, welche Informationen für Sie und Ihre Arbeit wichtig sind, und passen Sie den Fragebogen an bzw. ergänzen Sie ihn!
Materialien	• Leitfaden für das Erstgespräch mit Ihrem Klienten

Auftragsklärung
und Angebotserstellung

Arbeitsblatt für Berater: Gesprächsleitfaden

Erstes Gespräch mit _____

geführt am _____

1. Vorstellung

Stellen Sie sich zunächst selbst vor.
Schildern Sie ganz kurz den Ablauf des Gespräches, also dass Sie

- zunächst erfahren möchten, was den Klienten in die Beratung führt,
- was er erreichen will,
- was sein Auftrag an Sie ist,
- und dass Sie ihm dann etwas zu Ihrem Angebot und zum möglichen Beratungsablauf sagen werden.

Was führt Sie zu mir?
_____
_____

Wie sind Sie dabei auf mich gekommen?
_____
_____

Wie sieht Ihre aktuelle berufliche Situation aus?
_____
_____

Sind Sie in diese Situation durch Eigeninitiative gekommen, durch Impulse anderer oder sonstige Anlässe?
_____
_____

2. Zielklärung

Was sind Ihre beruflichen Ziele und Erwartungen?

Was sind Ihre Erwartungen an die Karriereberatung? Womit wäre Ihnen am meisten geholfen?

Welches Ergebnis müsste diese Beratung haben, damit Sie zufrieden sind?

Die Antwort auf diese Frage bietet die Gelegenheit, eine Zielvereinbarung mit dem Klienten zu treffen und die Bedeutung seiner Mitarbeit im Beratungsprozess zu verdeutlichen.

3. Information zum Beratungsprozess und -umfang

»Mein Angebot umfasst …«
»Aus meinem Angebot kommen für Sie folgende Punkte infrage …«
»Ich empfehle Ihnen folgenden Beratungsumfang.«

☑ **Hier das eigene Angebot eingrenzen und erläutern (kreuzen Sie an!).**

☐ Stärken- und Kompetenzanalyse

☐ Psychologische Tests

Auftragsklärung
und Angebotserstellung

☐ Visions- und Zielformulierung

☐ Marktanalyse

☐ Entwicklung einer Marktstrategie

☐ Begleitung der Marktstrategie

☐ Unterstützung bei der Erstellung von Bewerbungsmaterial

☐ Unterstützung bei der Erstellung von Online-Profilen

☐ Vorbereitung aufs Vorstellungsgespräch

Notizen zum Angebot:

Natürlich werde ich niemandem und zu keiner Zeit Informationen über Sie preisgeben, aber über die Frage der Diskretion sollten wir trotzdem noch sprechen. Worauf soll ich achten, wenn ich mit Ihnen Kontakt aufnehme? Welche anderen Wünsche haben Sie bezüglich Diskretion?

Gibt es noch eine weitere Fragestellung, die Sie gerne mit mir bearbeiten würden, die jetzt noch nicht genannt worden ist?

4. Ablauf und Modalitäten

Auf welche Art und Weise möchten Sie, dass ich Sie coache bzw. berate? Welche Leistungen des Coachs wünschen Sie sich – z. B. nur Begleitung oder auch Kontrolle?

Meilensteine: Wann möchten Sie was erreicht haben? Hier können Sie mit einer Zeitleiste auf dem Flipchart arbeiten, diese kann später als Referenz weiterverwendet werden.

Klärung: Wie soll der Ablauf gestaltet werden? Wie sind die Rahmenbedingungen? Machen Sie deutlich, welche Beratungsdauer, Abstände zwischen den Sitzungen und Dauer der einzelnen Treffen Sie für geeignet halten. Klären Sie auch, welche Tage und Uhrzeiten für Ihren Klienten grundsätzlich infrage kommen und wo die Sitzungen stattfinden sollen. Überprüfen Sie, ob das mit den Erwartungen des Klienten übereinstimmt und er mit Ihrem Vorschlag einverstanden ist.

Auftragsklärung
und Angebotserstellung

Absage- und Unterbrechungsmodalitäten klären

Beratungshonorar, Rechnungen (wer bekommt die Rechnung?)

Welche Fragen und Wünsche haben Sie noch?

Gibt es ein Thema, von dem Sie sich wünschen, dass es hier noch angesprochen wird?

Beispielvertrag

Ziel	• Bedingungen der Zusammenarbeit festhalten • schriftliche Fixierung der gemeinsamen Zielvereinbarung
Vorteile	• Der Vertrag bietet einen äußeren Rahmen dafür, die anvisierten Ziele gemeinsam zu formulieren und die Art der Zusammenarbeit zu besprechen. • Im Vorfeld machen Sie sich bewusst, was Sie in der Zusammenarbeit mit Klienten als selbstverständlich voraussetzen bzw. über welche Punkte Klarheit bestehen sollte. • Der Vertrag untermauert den professionellen Charakter der Beratungsleistung.
Was kann schiefgehen?	• Wichtige Punkte werden ausgelassen. • Oder aber der Vertrag wird überfrachtet.
Und sonst?	• Dies ist kein umfassendes, auf Sie persönlich zugeschnittenes Werk eines Rechtsanwalts – hier geht es nur darum, die Rahmenbedingungen der Zusammenarbeit mit Ihrem Klienten zu fixieren.
Materialien	• Beispielvertrag, den Sie an Ihre Bedürfnisse anpassen können

Beispielvertrag für eine Karriereberatung

Musterstadt, 5. Mai 2013

Angebot Beratung

Sehr geehrte Frau Mustermann,

vielen Dank für Ihr Vertrauen. Anknüpfend an unser Gespräch finden Sie unten mein Angebot.

Der Schwerpunkt der Beratung liegt, wie vereinbart, auf der Entwicklung und persönlichen Begleitung Ihrer nächsten beruflichen Schritte. Wir erarbeiten gemeinsam eine Vision für Ihre berufliche Zukunft sowie Strategien, die es Ihnen ermöglichen, Ihre Vision zu erreichen. Der Beratungsumfang liegt vorerst bei dreimal zwei Stunden, weitere Stunden können wir individuell vereinbaren.

Ich freue mich auf die Zusammenarbeit und verbleibe

mit besten Grüßen

Auftragsklärung
und Angebotserstellung

Vertrag

Zwischen

Monika Mustermann
Musterstr. 12
00000 Obermusterstadt

im Folgenden kurz »Klientin« genannt

und

Joachim Mustermann
Andere Musterstr. 34
0001 Untermusterstadt

im Folgenden kurz »Karriereberater« genannt

werden folgende Rahmenbedingungen für die Zusammenarbeit vereinbart:

§1 Ziel der Zusammenarbeit und Rahmenbedingungen

Der Karriereberater unterstützt die Klientin bei ihrer beruflichen Neuorientierung. Dabei garantiert er eine fachlich fundierte und ideologiefreie Methodik. Die Beratung erfolgt unter der Voraussetzung, dass die Klientin die Veränderung freiwillig anstrebt. Die Umsetzungsverantwortung liegt daher bei der Klientin.

Der Karriereberater verpflichtet sich, alle Informationen der Klientin vertraulich zu behandeln und nicht an Dritte weiterzugeben. Dies gilt für jegliche von der Klientin bekannt gewordenen persönlichen, geschäftlichen und betrieblichen Angelegenheiten, auch über das Ende des Beratungsverhältnisses hinaus. Auch der Name der Klientin ist vertraulich, solange die Klientin den Karriereberater davon nicht entbindet.

Beratungseinheiten sind 48 Stunden vorher seitens der Klientin abzusagen, ansonsten wird der volle Betrag in Rechnung gestellt.

Sollte die Beratung durch die Klientin aufgrund von Krankheit, Urlaub oder aus Gründen, die in ihrer Person liegen, unterbrochen werden, wird die Unterbrechung schriftlich vereinbart. Nach Ablauf der Unterbrechung wird die Beratung weitergeführt. Eine Unterbrechung im Sinne dieses Vertrages beträgt maximal drei Monate. Wird dieser Zeitraum überschritten, wird der volle Betrag in Rechnung gestellt.

Reisekosten sind nicht zu erstatten, da die Beratung in Berlin stattfindet.

§ 2 Vertragsdauer und Konditionen

Es wird ein Beratungspaket von dreimal zwei Beratungseinheiten à 60 Minuten (bzw. sechs Zeitstunden) vereinbart. Diese werden in einem Zeitrahmen von maximal sechs Monaten abgeleistet.

Bei einem Stundensatz von XXX Euro liegt der Gesamtpreis bei XXX Euro zuzüglich der gesetzlichen Mehrwertsteuer. Zu zahlen ohne Abzug innerhalb von 14 Tagen nach Rechnungstellung. Die Rechnungstellung erfolgt nach erbrachter Leistung.

Weitere Beratungsleistungen werden individuell vereinbart und je nach Aufwand und Absprache berechnet.

§ 3 Inhalte der Beratung

Die folgenden Punkte können Teil der Beratung sein, die Auswahl und Schwerpunktlegung richtet sich dabei nach den Bedürfnissen und aktuellen Themenstellungen der Klientin:

- Ist-Analyse der Situation und Bestandsaufnahme der Entwicklungswünsche
- Potenzialanalyse
- Identifizierung des individuellen Erfolgs- und Leistungsprofils sowie der persönlichen Stärken
- Erstellung marktfähiger und aussagekräftiger Bewerbungsunterlagen
- Vorbereitung auf das Vorstellungsgespräch
- Onboarding-Coaching – Begleitung beim erfolgreichen Start in die neue Position
- … hier sollten Ihre Angebote stehen!

_____

Ort, Datum   Unterschrift Karriereberater

_____

Ort, Datum   Unterschrift Klient

I. Phase: Stärken und Kompetenzen

03

Biografische Rückschau: die Erfahrung des Klienten
nutzbar machen — 70

Kompetenzanalyse — 82

Biografische Rückschau: die Erfahrung des Klienten nutzbar machen

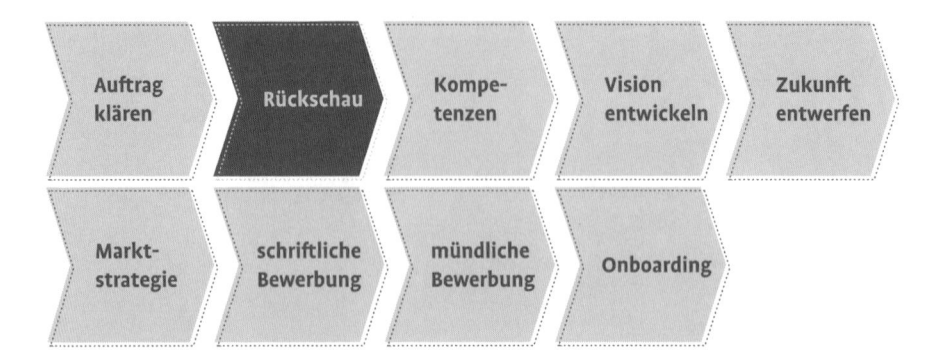

Auftrag klären → **Rückschau** → **Kompetenzen** → **Vision entwickeln** → **Zukunft entwerfen**

Marktstrategie → **schriftliche Bewerbung** → **mündliche Bewerbung** → **Onboarding**

Nun ist der Auftrag geklärt: Sie wissen, was der Klient will und welche Unterstützung er sich von Ihnen wünscht. Bevor die Reise in die Zukunft beginnt, empfiehlt sich zunächst ein Blick in die Vergangenheit. Mithilfe biografischer Methoden führen Sie Ihren Klienten strukturiert an wichtigen Stationen seines bisherigen Lebens vorbei und erfahren, welche Tätigkeiten, Situationen und Menschen er als angenehm oder unangenehm erlebt hat. Gemeinsam machen Sie sich auf die Suche nach roten Fäden, die Aufschluss darüber geben, was Ihren Klienten wirklich motiviert, wo seine Antreiber liegen, welche Themen er bevorzugt und welche Menschen ihm guttun. Dies werden Sie nutzen können, um Schlüsse für die Zukunft zu ziehen.

Einsatzbereiche

Die hier genannten Methoden sind dann die richtigen, wenn Sie

- Informationen über den Klienten sammeln möchten, die relevant für seinen weiteren Karriereweg sein können. Sie bringen Eckdaten seines bisherigen Lebens sowie Beweggründe und Motive für Entscheidungen in Erfahrung.
- Reflexionsprozesse beim Klienten anregen wollen. Die erfolgreiche Karriereberatung ist darauf angewiesen, dass Ihr Klient sich über seine Vorlieben, Stärken, Motive und Möglichkeiten klar wird. So intensiv und zielorientiert, wie Sie das Interview mit ihm führen, ist er möglicherweise noch nie befragt worden. Die Aufmerksamkeit, die er hierdurch auf seine berufliche Entwicklung

Biografische Rückschau:
die Erfahrung des Klienten nutzbar machen

lenken kann, und die Fragen, die Sie ihm stellen, können ein wichtiger Anstoß für ihn sein.
○ Ihren Eindruck vom Klienten für diesen nutzbar machen möchten. Später im Beratungsprozess, wenn Sie Ihren Klienten besser kennen, ist der erste Eindruck, den Sie von Ihm hatten, bereits verflogen. Halten Sie daher diesen ersten Eindruck fest, um ihn Ihrem Klienten gegebenenfalls als nützliches Feedback mitteilen zu können.

Überblick

	Methode	Ziel
1	Biografisches Interview	wichtige Informationen über Ihren Klienten erfassen
2	Hausaufgabe zur biografischen Selbstreflexion	erarbeiten, welche Problemlösungen und Handlungsweisen sich in der Vergangenheit bewährt haben und welche nicht

Es gibt verschiedene Methoden, um ein genaueres Bild davon zu bekommen, was Ihrem Klienten liegt und was nicht. Als Einstieg bietet sich ein Biografisches Interview an. Eine sehr aufschlussreiche Methode ist auch eine Reflexionsaufgabe, in der der Klient zwischen zwei Beratungssitzungen seine Vergangenheit Revue passieren lässt und anschließend analysiert, welche Aspekte er hinter sich lassen und welche er in Zukunft weiter ausbauen möchte.

In diesem ersten Beratungsschritt geht es nun genau darum, die Erfahrungen des Klienten in einer Weise fruchtbar zu machen, dass Sie und er daraus Informationen für die Zukunft gewinnen. Das Ziel ist es,

○ zu erfahren, was Ihrem Klienten liegt und was nicht, z. B. ob er gerne mit anderen kommuniziert, ob er sich immer über einsame Büroarbeit geärgert hat, ob er gerne Veranstaltungen organisiert und dafür auch schon größere Gruppen von Mitarbeitern eingebunden hat oder ob er telefonische Kaltakquise hasst.
○ gleichzeitig das Bewusstsein Ihres Klienten für genau diese Präferenzen zu schärfen und zu reflektieren, inwieweit diese Präferenzen Stärken anzeigen (vertiefende Übungen hierzu finden Sie im Kapitel »Stärken- und Kompetenzanalyse«).
○ die berufsrelevanten Wunschvorstellungen Ihres Klienten in Erfahrung zu bringen. Will er gefordert werden? Geld verdienen? Nur in einer bestimmten Stadt leben? Möchte er viel reisen oder lieber jeden Abend früh nach Hause

kommen, um bei seiner Familie zu sein? Möglichst selbstbestimmt arbeiten? Täglich in der Natur sein?

Durch diese biografische Arbeit können Sie einen roten Faden in der Lebensgeschichte entdecken, der als Anknüpfungspunkt für die weitere Zusammenarbeit dient. Dabei ist es hilfreich, nicht nur zu sammeln, welche Erfahrungen Ihr Klient gemacht hat, sondern auch in Erfahrung zu bringen, wie er diese Erfahrungen erlebt hat. Wenn der Klient von seinem beruflichen Lebenslauf oder anderen Erfahrungen berichtet, dann kommen darin zwar meist viele Bewertungen vor, doch diese werden nur selten systematisch nutzbar gemacht. Es ist nun an Ihnen, den Klienten dazu anzuleiten, bewusst zu sammeln, was er schon über seine Vorlieben, seine Fähigkeiten und Kenntnisse weiß.

Biografische Rückschau:
die Erfahrung des Klienten nutzbar machen

Biografisches Interview

Ziel	• Eindrücke über Ihren Klienten und Informationen über seinen (beruflichen) Werdegang sammeln
• Motivation und Beweggründe für den bisherigen Weg erfahren
• bereits vorhandenes Wissen über Stärken und Kompetenzen erfassen
• ein Gefühl für bisherige Wünsche, Träume und Visionen des Klienten bekommen
• Grundlage für Selbstreflexion beim Klienten schaffen
Vorteile	• Strukturiertes Vorgehen anhand eines Interviewleitfadens erleichtert die Beratung, und Sie stellen sicher, alle relevanten Themen zu erfassen.
• gute Möglichkeit, eine offene, verständnisvolle und ressourcenorientierte Atmosphäre zu schaffen
Was kann schiefgehen?	• Das Interview wird nur abgearbeitet und nicht mit Leben gefüllt – hören Sie daher aufmerksam hin, was der Klient »zwischen den Zeilen« mitteilt, und spiegeln Sie Ihrem Klienten, was Sie wahrnehmen (im Sinne des aktiven Zuhörens)
Und sonst?	• lässt sich sehr gut durch ein Fremdfeedback des Karriereberaters zum Abgleich von Selbst- und Fremdbild ergänzen
• Formulieren Sie immer wohlwollend, zeigen Sie aufrichtiges Interesse und Ihre wertschätzende Haltung gegenüber dem Klienten!
• Notieren Sie nicht nur die Aussagen Ihres Klienten, sondern auch Ihre persönlichen Eindrücke, damit Sie diese für Feedback nutzen können. Achten Sie auf die Art und Weise, wie Ihr Klient erzählt.
• Bitten Sie Ihren Klienten immer um Beispiele, die seine Aussagen untermauern.
Materialien	• Biografisches Interview

Arbeitsblatt für Berater: Biografisches Interview

Name

Datum

Was ist aus unserem letzten Gespräch noch zu klären? Gibt es noch offene Punkte? Gibt es neue Gedanken, die Sie einbringen wollen?

Bevor wir weiter über Ihre aktuelle Situation und Entwicklung sprechen, ist es wichtig, in die Vergangenheit zu schauen. Dies hilft dabei, zu verstehen, was Sie auf Ihrem bisherigen Weg erlebt haben, welche Entscheidungen Sie warum getroffen haben und welche Themen, Aufgaben und Menschen für Sie relevant waren. Wir gehen der Frage nach, wie Sie zu der/dem geworden sind, die/der Sie heute sind!

Wann haben Sie sich zum ersten Mal die Frage gestellt: »Was will ich werden?« Wie kam es zu diesem Gedanken? Wissen Sie noch, was damals Ihre Antwort war?

Schulzeit

Lassen Sie uns zurückgehen in Ihre Schulzeit – erzählen Sie doch mal! Wie ging es Ihnen damals?

Was hat Ihnen in der Schule besonders Spaß gemacht? Was hat Ihr Interesse geweckt (z. B. Schulfächer, AGs, Freunde, Lehrer, Freizeit)? Was hat Ihnen am wenigsten gefallen?

Biografische Rückschau:
die Erfahrung des Klienten nutzbar machen

Würden Sie sagen, dass Sie ein guter Schüler/eine gute Schülerin waren? Wenn Ja, woran machen Sie das fest, bzw. woran lag das? Wenn nein, woran machen Sie das fest bzw. woran lag es?

___

Welches waren Ihre Lieblingsfächer? Warum haben diese Ihnen Freude bereitet?

___

Welche Fächer mochten Sie gar nicht? Wie erklären Sie sich das?

___

Haben Sie Praktika/Ferienjobs gemacht? Wenn Ja, welche haben Ihnen besonders Spaß gemacht, und welche haben Ihnen weniger gefallen?

___

Erhielten Sie während Ihrer Schulzeit Auszeichnungen? Und wenn ja, welche und warum? Haben Sie sich aktiv in Ihrer Schule für etwas eingesetzt (Arbeitsgruppen, Projekte, Klassen- bzw. Schulsprecheramt)?

___

Hatten Sie bestimmte Hobbys, die Ihnen sehr viel Spaß gemacht haben? Was hat Ihnen daran besonders gefallen?

___

Was haben Ihre Eltern gemacht? Wie haben Sie deren Berufstätigkeit erlebt? Was haben Sie daran als positiv/negativ empfunden?

Wer waren Ihre (Berufs-)Vorbilder, und wie erlebten Sie diese?

Wussten Sie schon, was Sie später einmal beruflich machen möchten? Hatten Sie berufliche Pläne/Vorstellungen?

Was haben Sie unternommen, um Ihre beruflichen Pläne umzusetzen?

Studium/Ausbildung

Wie haben Sie die Zeit Ihres Studiums/Ihrer Ausbildung erlebt? Hat es Ihnen Spaß gemacht? Oder gab es Momente, in denen Sie am liebsten abbrechen wollten? Erzählen Sie!

Aus welchen Gründen haben Sie sich damals für dieses Studium/diese Ausbildung entschieden? Was war Ihre Absicht dahinter?

Biografische Rückschau:
die Erfahrung des Klienten nutzbar machen

Was genau hat Ihnen Freude bereitet, und was hat Ihnen weniger Spaß gemacht?

Haben Sie in dieser Zeit berufliche Erfahrungen gesammelt, z. B. über Praktika oder Nebenjobs? Haben Sie eine ehrenamtliche Tätigkeit ausgeübt? Was haben Sie dabei gelernt und über sich selbst erfahren?

Wussten Sie bereits während Ihrer Ausbildung/Ihres Studiums, was Sie danach machen wollen? Wenn ja, was? Wenn nein, was dachten Sie, wie es mit Ihnen weitergehen würde?

Haben Sie je daran gedacht, Ihr Studienfach/Ihren Ausbildungsgang zu wechseln? Welche Fächer hätten Sie noch bzw. eigentlich gerne studiert/gelernt? Was waren die Gründe?

Was passierte nach Ihrem Studium/Ihrer Ausbildung? Woran hatten Sie Interesse? Haben Sie danach einen Job gefunden? Und wie haben Sie Ihren ersten Job bekommen und gefunden?

Berufstätigkeit

Bitte beschreiben Sie Ihren beruflichen Werdegang in eigenen Worten!

Teil 03

I. Phase: Stärken und Kompetenzen

Wann waren Sie stolz auf Ihre Leistung? Und was waren Ihre größten Erfolge?

Wenn Sie Ihre bisher ausgeübten Tätigkeiten betrachten, was würden Sie als besonders positiv/negativ beschreiben? Was hat Sie besonders interessiert? Wann sind Sie gerne zur Arbeit gegangen und wann nicht?

Gibt es Tätigkeiten, die nicht in Ihrem Lebenslauf stehen, z. B. Elternzeiten, Pflege der Eltern, Ehrenämter, Vereinsarbeit?

Was würden Sie sagen: Welche Tätigkeiten, welche Berufe hätten auch gut oder sogar noch viel besser zu Ihnen gepasst? Warum genau?

Interessen und Fähigkeiten

Beschreiben Sie Ihr perfektes Wochenende oder den perfekten Urlaub!

Welche Interessen haben Sie?

Biografische Rückschau:
die Erfahrung des Klienten nutzbar machen

Mit welchen Themen und Inhalten haben Sie sich schon immer gerne beschäftigt?

Was tun Sie am liebsten und ohne dass jemand Sie dazu auffordern oder bitten muss? Wann vergessen Sie alles um sich herum und sind ganz versunken in das, was Sie tun?

Beschreiben Sie bitte eine Situation, in der Sie etwas besonders gut konnten bzw. können. Was geht Ihnen leicht von der Hand? Und wofür bekommen Sie von anderen Anerkennung?

Welche dieser Fähigkeiten würden Sie gerne beruflich einsetzen und nutzen? Welche davon haben Sie bereits eingesetzt?

Hausaufgabe zur biografischen Selbstreflexion

Ziel	• Sammlung biografischer Informationen
	• Selbstreflexion über eigene Vorlieben, Neigungen, Motive und Stärken: Was hat in der Vergangenheit funktioniert, was nicht? Was soll im neuen Job wieder so sein? Was anders? Was neu?
Vorteile	• Der Klient reflektiert seine berufliche Laufbahn tief gehend und gleichzeitig mit einer klaren Zukunftsorientierung.
Was kann schiefgehen?	• Der Klient unterschätzt den Nutzen dieser Übung und nimmt sich möglicherweise nicht genug Zeit dafür. Erklären Sie daher, warum dies ein wichtiger Baustein der Karriereberatung ist.
Und sonst?	• Sie können bei Bedarf weitere Fragen für die Hausaufgabe formulieren oder die Aufgabe an den jeweiligen Klienten anpassen.
	• Die Fragen können Sie Ihrem Klienten auch zwischen zwei Sitzungen per Mail zukommen lassen, um ihn so im Beratungsprozess zu halten.
Materialien	• Hausaufgabe zur biografischen Selbstreflexion

Biografische Rückschau:
die Erfahrung des Klienten nutzbar machen

Hausaufgabe für Klienten: Biografische Selbstreflexion

Diese Hausaufgabe soll Sie dabei unterstützen, Ihre bisherige berufliche Laufbahn zu analysieren und Erkenntnisse zu sammeln, die Ihnen bei Ihrer beruflichen Neuorientierung helfen. Bearbeiten Sie die Fragen in Ruhe und gerne auch in mehreren Schritten – Sie müssen nicht viel Text produzieren. Es geht vielmehr darum, sich die einzelnen Aspekte bewusst zu machen.

Beschäftigen Sie sich zunächst genauer mit den vergangenen Jahren, mit den beruflichen und privaten Erlebnissen. Lassen Sie wichtige Ereignisse, die Sie geprägt haben, Revue passieren; berücksichtigen Sie auch Freundschaften und Beziehungen, Interessen und Jobs, die Sie ausgeübt haben.

- Was waren wichtige Ereignisse in Ihrem Leben? Was hat Sie besonders geprägt? Erzählen Sie Ihre persönliche Geschichte! Lassen Sie sich ruhig Zeit damit.
- Im Nachgang können Sie noch aufschreiben:
    - Was hat Sie überrascht? Was hatten Sie schon fast wieder vergessen/verdrängt?
    - Welchen roten Faden gibt es in Ihrer Geschichte? Welche Themen, Menschentypen, Herausforderungen, Aufgaben wiederholen sich, wozu fühlen Sie sich hingezogen?

Anschließend geht es darum, Ihren derzeitigen oder letzten Job zu reflektieren und Bilanz zu ziehen:

- Was stört Sie an Ihrem derzeitigen Job, bzw. was hat Sie bei Ihrem letzten Job gestört? Was hat Ihnen nicht gutgetan? Schreiben Sie Ihre Überlegungen detailliert auf, und überlegen Sie vor allem, warum diese Dinge Sie gestört haben.
- Überlegen Sie, was Sie stattdessen möchten. Auch hier können Sie gerne ins Detail gehen, vielleicht beschreiben Sie auch einfach die eine oder andere Situation und wie Sie es gerne anders hätten.
- Natürlich soll der positive Teil auch seinen Raum finden. Daher sollen Sie jetzt an die guten Seiten Ihres Jobs denken: Was hat Ihnen Spaß und Freude gemacht? Was hat Sie begeistert? Was erleben Sie in Ihrer Arbeit als wichtig und sinnvoll? Und warum? Welche Aspekte davon sollen sich auch in Ihrem zukünftigen Job wiederfinden?

Wenn Sie alles aufgeschrieben haben, lassen Sie Ihre Notizen ruhig ein paar Tage ruhen und schauen dann noch einmal mit etwas Abstand darauf. Wie fühlt es sich an, all das aufgeschrieben zu sehen? Jetzt geht es außerdem darum, ein wenig konkreter zu werden bzw. Ideen für die nächste Beratung zu erarbeiten, denn ich werde Sie fragen:

Woran wollen Sie weiter mit mir arbeiten?
Und welche Schritte möchten Sie als Nächstes gehen?

Kompetenzanalyse

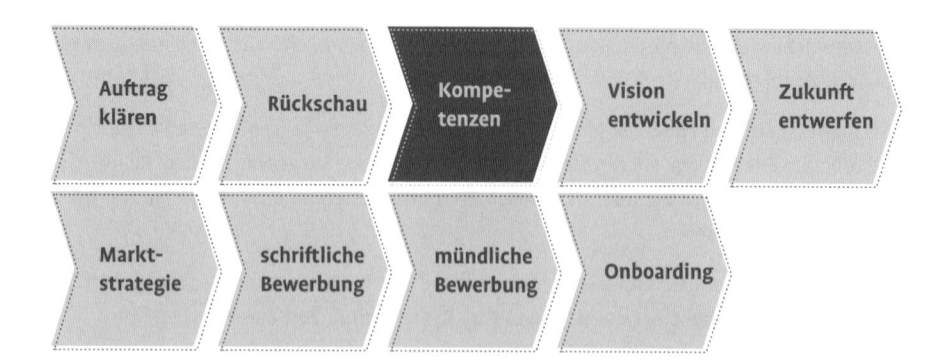

| Auftrag klären | Rückschau | **Kompetenzen** | Vision entwickeln | Zukunft entwerfen |
| Marktstrategie | schriftliche Bewerbung | mündliche Bewerbung | Onboarding | |

Die Analyse der Situation Ihres Klienten ist wichtige Grundlagenarbeit und schafft die Basis für Zielentwicklung, Entscheidungsfindung und Selbstvermarktung. Gemeinsam mit Ihrem Klienten arbeiten Sie seine Stärken und Präferenzen heraus.

Einsatzbereiche

Die hier genannten Methoden sind dann die richtigen, wenn Ihr Klient

- eine grundsätzliche Orientierung sucht, was der richtige Berufsweg für ihn sein könnte. Er fragt sich beispielsweise: »Was kann ich überhaupt? Was sind meine Stärken? In welche Richtung soll ich gehen?« Begriffe wie Potenzialanalyse und Begabungsprofil interessieren ihn besonders: Er will wissen, wo seine Fähigkeiten liegen, um die Richtung zu finden, in die er durchstarten kann. In dieser Situation sind vor allem Schüler, die sich für eine Ausbildung entscheiden, und Studenten, die den richtigen Berufseinstieg finden wollen, aber auch Menschen, die schon länger im Beruf sind, über die Jahre wenig Feedback bekommen haben und ehrliche Rückmeldung wünschen.
- sich weiterentwickeln will, aber noch nicht genau weiß, wie. Er hat schon Berufserfahrung und kann über Erfolge berichten, doch treibt ihn der Wille an, weitere Kompetenzen zu entwickeln und den nächsten Schritt auf seinem Karriereweg zu gehen. Hier kann es sich darum handeln, Stärken und Spezialisierungen zu erfassen oder auch diejenigen Schwächen zu identifizieren, die immer wieder die Weiterentwicklung blockieren.

- Probleme mit der Selbstvermarktung hat. Er könnte bereits einige erfolglose Bewerbungen geschrieben oder Absagen nach einem Bewerbungsgespräch bekommen haben. Die Frage, warum jemand ihn einstellen sollte, kann er jedoch nicht präzise beantworten. Möglicherweise ist ihm unklar, was er kann – in jedem Fall aber ist ihm die Vorstellung, sich schriftlich oder im direkten Gespräch anzupreisen, nicht ganz geheuer.

Überblick

	Methode	Ziel
1	Psychologische Tests	Neigungen und Kompetenzen erfassen
2	Kompetenzen-Interview	erfassen, was der Klient schon über sein Können weiß
3	Kernkompetenzen-Technik	Kompetenzen erfassen, die der Klient noch nicht als Stärke wahrgenommen hat
4	Befragung des Umfelds	das Wissen des Umfelds des Klienten umfassend nutzbar machen
5	Alleinstellungsmerkmal-Analyse	Kompetenzen erfassen, die den Klienten unverwechselbar auszeichnen
6	Kreative Techniken	bildliche Herangehensweise als Alternative oder neue Perspektive

Der Wunsch nach einer Außenperspektive als Grund für Karriereberatung

Die Frage, welche Kompetenzen und Stärken sie haben, gehört ausgesprochen oder unausgesprochen zu den zentralen Fragen, die Klienten überhaupt dazu führt, eine Karriereberatung in Anspruch zu nehmen. Viele formulieren ganz explizit den Wunsch nach einer Außenperspektive, um ein besseres Gefühl für sich selbst und damit natürlich auch für ihre ideale berufliche Zukunft zu bekommen. Dies gilt insbesondere für diejenigen, die noch am Anfang ihrer beruflichen Entwicklung stehen und auf der Suche nach einem ersten Ansatz sind. Klienten wünschen sich meist, in irgendeiner Form besser zu verstehen, »was für einer« sie sind und was sie wirklich gut können.

Grundsätzlich stehen hier verschiedene Möglichkeiten zur Verfügung, mit denen Sie die Fähigkeiten und Potenziale Ihres Klienten identifizieren können. Vor allem sind dies Tests und einige Tools. Aus beiden Bereichen werden wir Ihnen eine Auswahl der besten Instrumente vorstellen.

Eine wichtige Orientierung bei jeder Analyse der Kompetenzen und Potenziale eines Klienten erhalten Sie, indem Sie sehr genau darauf achten, was Ihrem Klienten leichtfällt. Gerade weil die Stärken eines Menschen meist in Tätigkeiten zum Ausdruck kommen, die ihm Spaß machen oder ihm leichtfallen, werden sie von ihm selbst schnell übersehen und selten ernst genommen. Die Rückmeldung des Karriereberaters kann dem Klienten in diesem Fall zu einem ganz neuen Blick verhelfen. Lassen Sie Ihren Klienten nicht in die Falle tappen, dass er nur diejenigen seiner Fähigkeiten wertschätzt, die ihn auch Anstrengung kosten – seine größten Kompetenzen sind wahrscheinlich jene, die er niemals mit dem Thema »Arbeit« in Verbindung bringen würde.

Im Coaching ist es häufig wichtig, dass der Coach seine eigene Meinung zurückstellt. Für Karriereberater dagegen gilt es, ihren persönlichen Eindruck als eine zusätzliche aufschlussreiche Informationsquelle für den Klienten zu verstehen. Wie er auf Sie wirkt, wirkt Ihr Klient möglicherweise auch auf andere. Stellen Sie ihm Ihren Eindruck zur Verfügung. Teilen Sie ihm mit, dass er z. B. dominanter wirkt, als er sich selbst wahrnimmt – und machen Sie Ihre Wahrnehmung an ganz konkreten Beobachtungen fest. Eine solche aufrichtige Rückmeldung ist für die meisten Klienten von großer Bedeutung, ein seltenes Geschenk und ein wichtiger Pflasterstein auf dem Weg der Veränderung.

Kompetenzanalyse und Versagensgefühle

Viele Klienten kommen in die Beratung, weil sie kein Gefühl für ihre Kompetenzen haben. In der Arbeit mit solchen Klienten muss es darum gehen, sowohl in der beruflichen als auch in der privaten Vergangenheit nach kleinen Schätzen, nach Juwelen der persönlichen Stärken zu suchen. Dabei ist es wichtig, diese nicht nur zu identifizieren, sondern vor allem den Klienten dazu zu führen, das Wissen um seine Stärken in sein Selbstbild zu integrieren und den Glauben an die eigenen Fähigkeiten zu stärken.

Aufgabe des Karriereberaters ist hier also nicht nur die Identifikation von Stärken. Vielmehr soll er gleichzeitig seinen Klienten, der angesichts seiner aktuellen Arbeitssituation möglicherweise eine Opferhaltung eingenommen hat, zurück zu einer ressourcenbewussten Haltung führen. Hierbei helfen dem Berater eine wertschätzende Haltung und ein anerkennender Blick auf die Dinge, die der Klient schon in seinem Leben bewältigt hat. Wecken und verstärken Sie als Karriereberater positive Gefühle und Erinnerungen, und verwenden Sie wohlwollende und anerkennende Formulierungen.

Kompetenzanalyse

Kernkompetenzen-Technik als zentrale Methode

Einige Klienten suggerieren, dass sie eine solche Arbeit bezüglich ihrer Kompetenzen nicht brauchen. Dennoch kann es wichtig sein, hier einen Fokus zu setzen: Die Erfahrung zeigt, dass auch »alte Hasen« davon profitieren, noch einmal gezielt ihre Stärken und Kompetenzen zu formulieren und sich selbst dabei zu hinterfragen. Die Basistechnik dafür ist die Kernkompetenzen-Übung. Andere Tools sind zur ersten Erfassung bereits bestehenden Wissens (Interview), zur tiefer gehenden Bearbeitung (Befragung des Umfeldes, Alleinstellungsmerkmal-Analyse) oder zur Veränderung der Perspektive (Befragung des Umfeldes, Alleinstellungsmerkmal-Analyse, kreative Techniken) geeignet.

Bevor wir auf diese Tools eingehen, möchten wir kurz eine andere Methode vorstellen: den Einsatz psychologischer Tests in der Beratung. Sie helfen vor allem bei der Zielbestimmung und Kompetenzanalyse, geben dem Klienten darüber hinaus aber auch eine differenzierte und fundierte Rückmeldung, die für die weitere Arbeit eine wertvolle Grundlage bilden kann.

Psychologische Tests

1 Karriereanker
2 MBTI und GPOP
3 Explorix und AIST-R
4 Leistungsmotivationsinventar LMI
5 NEO-Fünf-Faktoren-Inventar und NEO-Persönlichkeits-Inventar

Der Karriereanker kann von allen Beratern und Coaches ohne vorherige Schulung angewendet werden. Für die anderen Tests sind Zertifizierungen notwendig, die nach Teilnahme an einem Kurs ausgestellt werden. Auch Absolventen eines Psychologiestudiums können diese Tests anwenden.

Psychologische Tests – sollten Karriereberater sie einsetzen?

Psychologische Tests werden häufig von Unternehmen eingesetzt, um Bewerber auf Herz und Nieren zu prüfen. Das ist kein Problem, wenn es um die Leistungsfähigkeit von Bewerbern geht. So erlaubt die berühmte Postkorbübung, bei der es um die Geschwindigkeit geht, mit der ein Mensch Informationen in Briefen bzw. E-Mails erkennt und sinnvoll einordnet, hilfreiche Vorhersagen darüber, wie gut jemand mit der Informationsflut im Unternehmen umgehen wird.

Problematischer wird es bei Persönlichkeitstests. Was darf der Arbeitgeber von einem Bewerber wissen wollen? Greift er in die Privatsphäre ein, wenn er Informationen über den Charakter eines Bewerbers erhebt? Viele Psychologen (und natürlich auch viele Bewerber) lehnen solche Tests bei der Bewerbung ab. Dies liegt nicht nur daran, dass hier persönliche Informationen erfasst werden, sondern auch daran, dass die Ergebnisse solcher Tests sehr einfach zu beeinflussen sind, indem der Bewerber die vom Arbeitgeber erwünschten Antworten gibt.

Verwendet man psychologische Tests hingegen in der Karriereberatung, können sie eine große Hilfe dabei sein, zu bestimmen, was für den Klienten wichtig ist und welche Art von Beschäftigung ihm entspricht. Es ist wichtig, den Klienten explizit und ausführlich auf den Zweck dieser Verwendung hinzuweisen. Es geht darum, ein Arbeitsumfeld zu definieren, das ihn glücklicher macht, nicht darum, ihm auf Basis der erhobenen Daten den Weg dorthin zu versperren, wo er eigentlich hinwill. Es ist wichtig, dass Ihr Klient weiß, dass Offenheit seinem Berater gegenüber für ihn nur hilfreich sein kann. Was hier als relevantes Thema auftaucht, kann bearbeitet werden. So kann ein Testergebnis, das gegen einen Berufswunsch spricht, zum Überdenken anregen, vor allem aber kann daraus ein Plan entwickelt werden, der Ihren Klienten dem Beruf näher bringt, den er wirklich ergreifen will. In keinem Falle können die Ergebnisse ihm also schaden. Nur wenn Ihr Klient offen für ein solches Vorgehen ist, wenn er also die Testfragen nach bestem Wissen und Gewissen beantwortet, können die Ergebnisse wichtige Informationen liefern. Sollte der Klient statt ehrlicher Antworten solche geben, die er für sozial erwünscht hält, wird das Verfahren für ihn und seine Fragestellung wenig Aufschluss bieten.

Anders als bei der Personalauswahl steht also bei der Verwendung von Tests in der Karriereberatung das Ziel im Vordergrund, möglichst viele Informationen, auch sehr persönliche, zu berücksichtigen, um den richtigen Weg für den Klienten zu skizzieren. Auch für den Klienten ergibt sich eine vollkommen andere Situation: Er offenbart sich seinem Berater, damit sich dieser für ihn starkmachen, nicht damit er den Klienten annehmen oder ablehnen kann.

Der Vorteil von Tests in der Beratung

Für den Einsatz von Tests spricht, dass Sie über die Selbstaussagen des Klienten nicht nur sehr schnell einen Eindruck von ihm bekommen, sondern Ihrem Klienten vor allem ein sehr gezieltes und differenziertes Feedback anbieten können. Immer wieder erfahren wir in unseren Beratungen, wie hilfreich dies für den Klienten ist. Auf der Suche nach der eigenen beruflichen Bestimmung ist es essenziell, sich selbst besser zu verstehen. Häufig geht während der Ausbildung und der berufli-

Kompetenzanalyse

chen Entwicklung die Anknüpfung an das verloren, was Ihren Klienten anfänglich zu seiner Berufswahl motiviert hat. Das wiederzufinden, was ihn ausmacht, was ihn antreibt und wofür er Leidenschaft empfindet, ist ein zentrales Anliegen der Karriereberatung. Tests helfen hier, schnell zu diesen Fragen vorzudringen.

Kurz gesagt: Tests helfen dabei, eine Grundlage für intensive und tief gehende Gespräche zu schaffen, in denen es Ihnen gelingt, sehr schnell wesentliche Punkte zu identifizieren und anzusprechen. Gemeinsam mit Ihrem Klienten können Sie den Testwerten je nach Kontext eine individuelle Bedeutung verleihen.

Tests können Persönlichkeitseigenschaften, allgemeine und berufliche Motive, Interessen, Arbeitsstile und Ähnliches in den Fokus nehmen. Im Umgang mit Klienten zeigt sich immer wieder, wie hoch ihre Akzeptanz ist. Häufig sind Klienten aufgeregt, wenn es darangeht, ihre Testergebnisse zu erfahren. Diese Art der Rückmeldung empfinden sie als Bereicherung, weil sie neue Erkenntnisse über sich gewinnen. Viele Klienten berichten, dass sie selten so genau »gesehen« worden sind. Dies gibt auch dem Klienten die Möglichkeit, sich selbst genauer wahrzunehmen.

Warum Tests?

Die Art und Weise, wie Tests durchgeführt werden, unterstreicht den Expertenstatus des Karriereberaters. Er gibt oder schickt dem Klienten Unterlagen, dessen Antworten werden dann im Büro des Beraters ausgewertet, gehen aus der Sicht des Klienten sozusagen durch eine Blackbox, indem der Berater aus ein paar Aussagen des Klienten eine »Wahrheit« über ihn ableitet. Diese Konstellation führt dazu, dass der Testauswertung ein besonderer Status, eine eigene Autorität zukommt. Für den Berater gilt es nun, damit richtig umzugehen.

Der Karriereberater sollte sich immer bewusst sein, dass die Testauswertung an sich schon Autorität verleiht. Was Karriereberater in diesem Zusammenhang sagen, wiegt daher umso mehr. Auch wenn Sie finden, dass der Test nur begrenzt aussagefähig ist – behalten Sie im Auge, wie der Klient mit dem Ergebnis umgeht. Er spricht der Auswertung möglicherweise mehr Gewicht und Wahrheitsanspruch zu als Sie, der Sie in einem Test unter Umständen lediglich einen möglichen Weg zu neuen Anregungen sehen. Wegen der großen subjektiven Bedeutung von Testergebnissen für Klienten tragen Karriereberater hier eine große Verantwortung. Wird dies berücksichtigt, eröffnen Tests die Möglichkeit zu einem Dialog, in dem der Karriereberater den Klienten und auch der Klient sich selbst besser kennenlernen kann.

Es gilt also: kein Test ohne Auswertungsgespräch! Nur wenn der Klient die Ergebnisse im Gespräch mit dem Berater validiert, bekommen Tests Aussagekraft und können einen Mehrwert liefern. Durch den Test erhalten Sie zusätzliche Informationen, vor allem aber ermöglicht Ihnen ein Test, Dinge anzusprechen, die ohne solches Input möglicherweise tabu gewesen wären.

Einige Worte zur Auswertung

Auch ein Abgleich der Testergebnisse, also der Selbsteinschätzung des Klienten mit der Wahrnehmung des Karriereberaters, ist aufschlussreich. Übereinstimmungen und Differenzen bieten viel Gesprächsstoff. Möglich ist dies nur, wenn Testergebnisse den subjektiven Eindruck des Karriereberaters nicht ersetzen, sondern mit diesem verglichen werden. Große Differenzen zwischen Selbst- und Fremdbild können unter Umständen zum Misserfolg des Klienten bei der Jobsuche führen. Aufgabe des Karriereberaters ist es in diesem Fall, den Klienten auf diese Widersprüche hinzuweisen und mit ihm an einem konsistenten Selbstbild zu arbeiten: Gibt es Dinge an ihm selbst, mit denen sich Ihr Klient noch anfreunden muss? Steht er vielleicht kurz davor, Entscheidungen für sein Leben zu treffen und sich klarer zu positionieren? Gibt es gute Gründe, warum bestimmte Rückmeldungen nicht oder nur ungern gehört werden? Gibt es darüber hinaus vielleicht sogar Einschätzungen anderer, von denen Ihr Klient gar nichts weiß? Dies kann beispielsweise erkundet werden, indem der Klient sich von Dritten ein Fremdbild erstellen lässt, das seine Selbstwahrnehmung ergänzt.

Eine andere interessante Wirkung von Tests in der Beratung ist, dass viele Klienten bereits die Bearbeitung der verschiedenen Fragebögen als hilfreich empfinden. Die hierdurch angeleitete Selbstreflexion führt möglicherweise zu einer Sensibilisierung für die Wahrnehmung eigener Motive und kann damit unter Umständen dazu beitragen, dass sich Denk- und Verhaltensweisen des Klienten ändern.

Die Aussagekraft eines psychologischen Tests steht und fällt mit der Qualität seiner Testgütekriterien sowie mit deren professioneller Handhabung. Bei der Auswertung der von Ihren Klienten ausgefüllten Tests ist zu bedenken, dass die Antworten von momentanen, unüblichen Ausschlägen geprägt sein können. Die aktuelle Selbsteinschätzung des Klienten kann tendenziell beeinflusst sein von einer niedergeschlagenen Stimmung aufgrund einer schwierigen beruflichen Lage, von Verunsicherung, Selbstüberschätzung oder auch von dem Versuch einer positiven Selbstdarstellung. Der Karriereberater sollte dem Klienten daher zu Beginn des Auswertungsgesprächs erklären, dass Testergebnisse immer im Gespräch validiert, in den Kontext eingeordnet und selbstbewusst hinterfragt werden müssen!

Die Auswahl

Die hier besprochenen Tests haben sich in unserer Erfahrung als hilfreich für die Arbeit mit Klienten erwiesen. Die Entscheidung für einen oder mehrere Tests bei der Beratung eines Klienten sollte immer davon geleitet sein, was Karriereberater und Klient erfahren wollen und wozu sie den Test verwenden. Manche Berater arbeiten mit einer breiten Palette an Tests, die sie mit jedem Klienten am Anfang der Beratungsphase durchführen, andere binden nur gelegentlich einzelne Tests ein, um bestimmte Themen in den Fokus zu rücken. Die im Folgenden dargestellten Tests können einzeln oder – je nach Maßgabe der individuellen Beratungssituation – auch in Kombination verwendet werden.

Karriereanker – Welche Bedürfnisse und Motive sind entscheidungsrelevant?

Ziel	• in Erfahrung bringen, was einen befriedigenden Beruf oder eine Karriere für Ihren Klienten ausmacht – z. B. Sicherheit, Selbstständigkeit, eine Spezialistenaufgabe.
Vorteile	• Der Test ist kurz und leicht durchführbar. • Er verlangt keine Zertifizierung und kann nach zügiger Einarbeitung verwendet werden.
Was kann schiefgehen?	• Wenn die vorgegebenen Auswertungsformulierungen zu stark im Vordergrund stehen und die Ergebnisse nicht so präsentiert werden, dass der Klient selbstbestimmt und kreativ an sie anknüpfen kann, hat der Test eine eher blockierende als produktive Wirkung. • Die Testergebnisse können überbewertet und für »die Wahrheit« gehalten werden – sie sind hilfreicher, wenn sie als Grundlage für eine gemeinsame Diskussion genutzt werden.
Und sonst?	• Der Test eignet sich hervorragend als Hausaufgabe.
Materialien	• Ein Testfragebogen, der nicht in diesem Buch enthalten ist, sondern im (Buch-)Handel erworben werden muss. • Literatur: Schein 1998, 2006a, 2006b und 2006c

Was ist der Karriereanker?

Der Karriereanker-Test ist ein Klassiker in der Beratung von Menschen, die auf der Suche nach einer beruflichen Orientierung sind, die ihren Neigungen optimal entspricht. Der Begriff Karriereanker geht zurück auf den Autor Edgar H. Schein. In seinem Buch »Career Anchors« entwickelte er schon in den 60er-Jahren ein Koordinatensystem, mit dem beschrieben werden kann, welchen Stellenwert und welche Ziele Menschen dem Beruf in ihrem Leben zuordnen: Es geht darum, was genau Menschen in ihrem Berufsleben verwirklichen wollen, z. B. selbstständig etwas schaffen, eine sichere und beständige Anstellung haben, etwas tun, mit dem sie sich voll und ganz identifizieren.

Bei diesem Test steht die Frage im Vordergrund, welche ganz persönlichen Werte, besonderen Fähigkeiten und individuellen Neigungen Menschen bei ihren beruflichen Entscheidungen berücksichtigen sollten. Der Karriereanker kann außerdem Auskunft darüber geben, wie jemand motiviert werden kann oder welcher

Führungsstil einer Person liegt. Es geht sozusagen um eine Vogelperspektive auf das Leben Ihres Klienten. Wenn dieser sein Leben von weit oben in der Übersicht betrachtet: Welchen Stellenwert, welche Funktion will er dann bestimmten Aspekten seines Berufslebens beimessen? Was möchte er im und durch den Beruf verwirklichen? In welcher Beziehung soll sein Beruf zu seinem Privatleben stehen?

Schein unterscheidet acht Orientierungen – die sogenannten »Karriereanker« – in der Einstellung zum Beruf. Jede dieser Orientierungen steht dabei für eine wichtige Funktion des Berufs. Für die meisten Menschen ist jede dieser Funktionen interessant, aber nur wenige sind herausragend wichtig und somit auch entscheidungsrelevant. Zufrieden mit seinem Arbeitsleben ist nach diesem Test jeder, der alle ihm wichtigen Funktionen bei beruflichen Entscheidungen berücksichtigt und sich gleichzeitig nicht in Verpflichtungen begibt, die ihm nicht liegen. Kann dagegen ein Mensch seinen persönlichen Karriereanker beruflich nicht realisieren, so wird er immer wieder das Gefühl haben, seinen Platz noch nicht gefunden zu haben.

Die acht Karriereanker sind:

1. technische/funktionale Kompetenz
2. Befähigung zum General Management (also zu emotionaler und intellektueller Führungs-, Steuerungs- und Entscheidungskompetenz)
3. Selbstständigkeit/Unabhängigkeit
4. Sicherheit/Beständigkeit
5. unternehmerische Kreativität
6. Dienst oder Hingabe für eine Idee oder Sache
7. totale Herausforderung
8. Lebensstilintegration

Der Test enthält 40 Selbstaussagen. Der Klient schätzt auf einer Skala von 1 bis 6 ein, wie sehr die einzelnen Aussagen auf ihn zutreffen. Dann sucht er sich diejenigen Aussagen heraus, an die er die höchsten Punktzahlen vergeben hat, abschließend hat er die Aufgabe, aus dieser Gruppe die drei für ihn zutreffendsten Aussagen zu markieren. Der Auswertende wird diese markierten Aussagen noch einmal besonders gewichten, sodass sie bei der Verteilung der Karriereanker einen größeren Einfluss haben.

Im Folgenden werden die einzelnen Karriereanker kurz erläutert:

Technische/funktionale Kompetenz Für eine Person mit dieser Präferenz ist es besonders wichtig, sich einem Thema voll und ganz zu widmen, sich zu spezialisieren und Experte für ein bestimmtes Fachgebiet oder einen Aufgabenbereich zu sein. Eine solche Person identifiziert sich mit ihrer Tätigkeit, liebt fachliche Herausforderungen, denen sie sich mit ihren Fähigkeiten stellen kann, und will eine Aufgabe bestmöglich lösen oder sogar besser als andere ausführen.

Neigung zum General Management Für Personen mit diesem Grundmotiv sind Themen wie Führen, Gestalten und Entscheiden sowie die Übernahme von Verantwortung wichtig. Es motiviert sie, wenn der Erfolg oder Misserfolg einer Organisation von ihrer persönlichen Leistung mitbestimmt wird. Sie empfinden eine Spezialisierung auf ein bestimmtes Thema meist als eine Einengung und bevorzugen es, sich mit mehreren Organisationsbereichen und Themenstellungen auseinanderzusetzen. Meist verfolgen sie das Ziel, beruflich voranzukommen und Führungsaufgaben zu übernehmen. Menschen, die eine hohe Ausprägung auf dieser Skala haben, benötigen eine hohe analytische, soziale und emotionale Intelligenz, um erfolgreich zu werden.

Selbstständigkeit/Unabhängigkeit/Autonomie Personen mit einer hohen Ausprägung auf diesem Anker haben ein Grundbedürfnis, nach ihren eigenen Regeln, Vorgaben und Bewertungsmaßstäben zu arbeiten. Ihnen fällt es oft schwer, sich in gegebene Strukturen einzufügen, starre Hierarchien und Vorgaben sind für sie unangenehm und demotivierend. Sie lieben ihre Unabhängigkeit, Freiheit und Selbstständigkeit und sind bereit, dafür hart zu arbeiten bzw. sich immer weiter fortzubilden, um höhere Positionen mit mehr Gestaltungsfreiräumen zu erreichen.

Sicherheit/Beständigkeit Menschen mit einem zentralen Sicherheitsbedürfnis suchen vor allem Stabilität und Kontinuität in ihrem Leben. Das Gefühl, die Dinge im Griff zu haben, Entwicklungen vorhersehen zu können und sich in verlässlichen, sicheren Strukturen zu wissen, ist für sie von großer Bedeutung. Transparenz und Beständigkeit, eine sichere Anstellung und ein sich z. B. nach Betriebszugehörigkeit richtender Lohn sind für Menschen mit diesem Anker attraktiv. Meist vermeiden sie Risiken und unvorhersehbare Entwicklungswege in ihrem Berufsleben.

Unternehmerische Kreativität Personen mit diesem Karriereanker haben Unternehmergeist und sind stark daran interessiert, ihre eigenen Geschäftsideen umzusetzen. Sie favorisieren es, selbstbestimmt zu arbeiten bzw. ein eigenes Unternehmen zu gründen und zu führen. Im Vordergrund steht meist die Entwicklung neuer Strukturen, Produkte oder Dienstleistungen, die Anklang am Markt finden und zu wirtschaftlichem Erfolg führen. Wohlstand ist für diese Personen ein Zeichen von Erfolg.

Dienst oder Hingabe für eine Idee oder Sache Menschen mit diesem Anker streben die Verwirklichung sinnstiftender Werte an. Diese zu realisieren motiviert sie weitaus stärker als die Weiterentwicklung eigener Fähigkeiten oder eine bestimmte Tätigkeit. In ihrem Denken und Fühlen ist der Wunsch tief verankert, zu einer besseren Welt beizutragen. Oft werden sie durch die Frage angetrieben, wie sie anderen Menschen helfen, eine wertvolle Aufgabe übernehmen oder ihre zentralen Werte in ihrer Arbeit verwirklichen können.

Totale Herausforderung Menschen mit dem höchsten Wert im Bereich »totale Herausforderung« suchen fortlaufend Stimulation, Wettbewerb und scheinbar unlösbare Problemstellungen, die sie angehen können. Sie lieben Hindernisse und große Herausforderungen und wollen sich immer wieder beweisen. Wenn eine Tätigkeit zu wenig fordernd ist und die Möglichkeit zur Selbstbehauptung und Leistungsüberprüfung fehlt, werden Menschen, die eine totale Herausforderung brauchen, schnell gelangweilt sein und sich auf die Suche nach neuen, schwierigeren Aufgaben machen.

Lebensstilintegration Personen mit diesem Anker haben ein besonderes Augenmerk darauf, ihr privates Leben und ihren Beruf in Einklang zu bringen. Statt die beiden Bereiche jeweils für sich zu leben, versuchen sie eher, sie zu vereinen oder zu integrieren. Oft steht hier die Vereinbarkeit von persönlichen Bedürfnissen und Interessen (einschließlich denen des Familien- und Freundeskreises) mit der eigenen Karriere im Vordergrund. Meist sind die wichtigsten Kriterien für Zufriedenheit ein hohes Maß an Flexibilität, Gestaltungsfreiheit und der respektvolle Umgang einer Organisation mit den Wünschen und Bedürfnissen des Einzelnen. Um zufrieden zu sein, reicht ihnen beruflicher Erfolg nicht aus.

In der Regel zeigt jeder Mensch auf einem Karriereanker eine besonders hohe Ausprägung. Zeichnet sich jedoch kein spezieller Karriereanker klar ab, kann dies daran liegen, dass der Betreffende noch nicht genügend Lebenserfahrung hat, um die entsprechenden Prioritäten entwickelt zu haben.

Sollte ein Klient ein solches Ergebnis aufweisen, ist es wichtig, mit ihm über die Klärung seiner Prioritäten zu sprechen und ihn darin zu unterstützen. Dafür empfiehlt sich die eingehende Erläuterung und Differenzierung der Karriereanker, an die sich eine gemeinsame Auseinandersetzung anhand konkreter Beispiele anschließen kann (die Testautoren schlagen vor, realistische Entscheidungsszenarien zu konstruieren und im Gespräch zu verfolgen, wie und mit welcher Begründung sich der Klient zwischen zwei Jobs entscheidet, von denen der eine z. B. Sicherheit verspricht, während der andere mehr Gestaltungsfreiräume bietet).

Wozu sind die Ergebnisse hilfreich?

Wenn Ihr Klient auf der Suche nach dem Job ist, der ihn glücklich macht, dann kann schon die Bearbeitung des Tests für ihn zu einer Klärung beitragen. Die Fragen, die er im Test beantwortet, ermöglichen ihm eine Auseinandersetzung damit, was er sich von seinem Beruf verspricht: z. B. das Gefühl, etwas organisatorisch vorangebracht zu haben, das Bewusstsein, für sein außerordentliches Fachwissen geschätzt und gefragt zu sein, oder auch die Motivation, aus eigener Kraft etwas in der Welt zu verändern.

Der Test und die durch ihn angestoßene Selbstreflexion des Klienten bieten dem Karriereberater eine gute Möglichkeit, mit dem Klienten darüber zu diskutieren, was er in seinem Beruf verwirklichen will. Viele Klienten sind durch ihre Testergebnisse sehr berührt und fühlen sich verstanden. In der Beratung geht es nun darum, zu erarbeiten, was die Ergebnisse ganz konkret für sie bedeuten, welche Handlungsmöglichkeiten sich ergeben und wie diese umzusetzen sind.

Ist bei einem Klienten mehr als ein Karriereanker deutlich ausgeprägt, was in der Praxis häufig vorkommt, gilt auch hier, mit ihm zu diskutieren, was das für seine beruflichen Entscheidungen bedeutet. Wenn z. B. eine hohe Ausprägung bei der unternehmerischen Kreativität und bei der Lebensstilintegration vorliegt, kann dies auf ein Dilemma hinweisen. Gerade für Unternehmer ist es häufig schwierig, sich nach dem privaten Lebensstil zu richten. Anhand solcher Ergebnisse hat der Karriereberater die Möglichkeit, Widersprüche und konfligierende Bedürfnisse zum Thema zu machen. Mithilfe dieses (und anderer) Tests werden mögliche Problemherde aufgedeckt und wird der Klient zum Nachdenken angeregt. Ist mehr als ein Anker stark ausgeprägt, so können Sie mit Ihrem Klienten Fragen nachgehen wie: Was ist mir am wichtigsten? Welche Probleme werden mich begleiten, wenn ich mich nicht entscheide? Was ist der Preis, wenn ich mich für oder gegen etwas entscheide? Wie sähe eine Berücksichtigung beider Aspekte konkret aus?

Kompetenzanalyse

Myers-Briggs-Typenindikator (MBTI) und Golden Profiler of Personality (GPOP)* – Welche Präferenzen hat Ihr Klient?

Ziel	• erfassen, welche Art von Arbeit laut der jungschen Typologie Ihrem Klienten entspricht • herausfinden, welche Präferenzen der Klient in Bezug auf Wahrnehmung und Entscheidung hat • Entwicklungspotenziale entdecken
Vorteile	• Die Testergebnisse sind ein guter Ausgangspunkt für die Selbstreflexion, für die Zieldefinition und die Bestimmung von Entwicklungszielen. Sie ermöglichen es insbesondere Klienten, die berufliche Rückschläge erfahren haben, ihre Schwächen als die Kehrseite von Stärken zu begreifen und umgekehrt.
Was kann schiefgehen?	• Der Klient kann sich auf den Typ festgelegt fühlen, der ihm durch das Persönlichkeitsprofil zugewiesen ist. Dies können Sie vermeiden, indem Sie ihm die Typologie genau erläutern. Sie sollten außerdem die Auswertung mit dem Klienten durcharbeiten und ihm die Gelegenheit geben, das Ergebnis anzunehmen bzw. abzulehnen.
Und sonst?	• Um diese Tests durchzuführen, müssen Sie entweder einen Studienabschluss in Psychologie haben oder einen Kurs zur Verwendung dieses Tests belegen und sich zertifizieren lassen. • Dieses Buch kann Ihnen nur eine Orientierung darüber geben, ob Sie diesen Test verwenden wollen. Um wirklich ergiebig damit zu arbeiten, müssen Sie sich fundiert in die Testverwendung einarbeiten. Die dafür notwendigen Seminare zu besuchen ist sehr zu empfehlen, um die Typologie qualifiziert anwenden zu können und das Konzept sowie die Testkonstruktion zu verstehen. • Für jede Verwendung dieses Tests sind Lizenzgebühren zu zahlen.
Materialien	• Die Tests sind in einer Computer- und in einer Hardcopy-Fassung über OPP Ltd. bzw. über die Hogrefe AG zu beziehen. • Der MBTI findet sich unter www.opp.eu.com. • Der GPOP findet sich unter www.testzentrale.de.

Die Durchführung dieser Tests setzt eine Zertifizierung oder einen Studienabschluss in Psychologie voraus.

Die beiden Persönlichkeitsprofile MBTI und GPOP gehören in der beruflichen Beratung zu den gebräuchlichsten Typologien. Beide wurden auf der Grundlage des jungschen Persönlichkeitsmodells entwickelt. Anhand der Typologie werden Präferenzen in Richtung Wahrnehmung und Entscheidung identifiziert, beispielsweise Präferenzen für das Arbeiten innerhalb eines Teams. Die Profile sind dabei weder ein Bewertungs- noch ein Personalauswahlinstrument. Es geht vielmehr darum, sich seiner Stärken bewusst zu werden und Entwicklungsfelder als Ressource zu nutzen.

In der Auswertung geben die Persönlichkeitsprofile Aufschluss über vier voneinander unabhängige Dimensionen, die jeweils zwei gegensätzliche Ausprägungen kennen. Diese Grunddimensionen sind:

a) die Lenkung der Aufmerksamkeit (Extraversion vs. Introversion)
b) die Art der Wahrnehmung (Sinneswahrnehmung vs. Intuition)
c) die Art der Entscheidung (analytisches vs. werteorientiertes Entscheiden)
d) der Kontakt mit der Außenwelt (Struktur- vs. Wahrnehmungsorientierung)

Im Unterschied zum MBTI hat der GPOP noch eine fünfte Dimension: die Stress-Skala. Sie stellt dar, wo der Klient zwischen den beiden Polen Anspannung und Gelassenheit gerade steht.

Das Modell geht davon aus, dass Menschen beide Ausprägungen der vier Grunddimensionen in sich vereinen und jeweils in einer gewissen Intensität erleben und ausleben. Jeder Mensch weist in diesem Sinne z. B. ein gewisses Maß an Introversion und an Extraversion auf. Je nachdem, welche dieser Seiten stärker ausgeprägt ist, wird der Persönlichkeit diese Ausprägung zugeordnet. So ergeben sich aus den Kombinationen der Ausprägungen insgesamt 16 Persönlichkeitstypen.

Man mag einwenden, dass 16 Typen für eine umfassende Beschreibung von Persönlichkeit nicht ausreichen. Dass der Test dennoch eine so große Verbreitung und Beliebtheit erreicht hat, liegt wahrscheinlich daran, dass die Ergebnisse gerade im Zusammenhang der beruflichen Beratung hoch sozial valide sind, dass sich also die meisten Klienten in der Einordnung wiederfinden und aus den daraus ableitbaren Anregungen interessante Ideen ziehen können.

Aufschluss bieten die Typologien vor allem bei folgenden Fragen: Beschäftigt sich ein Mensch gerne mit der Bearbeitung konkreter Fragestellungen oder größerer Zusammenhänge? Organisiert er lieber genau oder bevorzugt er mehr Freiheiten? Widmet er sich lieber alleine seinen Aufgaben oder motiviert er gerne andere? Gerade weil es eine übersichtliche Anzahl von Typen gibt, ist es möglich, diese mit bestimmten Berufsgruppen und Funktionen in Organisationen in Verbindung zu bringen.

Kompetenzanalyse

Im Allgemeinen wird die Zuordnung zu einem Typus für Ihren Klienten keine Überraschung sein. Im Test geht es vielmehr darum, sich persönlicher Gewichtungen bewusst zu werden und sich selbst in der Abgrenzung von anderen genauer zu verstehen.

Die jungschen Typen sind auch hervorragend dazu geeignet, wertschätzend die eigene Herangehensweise an Arbeit zu reflektieren. Gerade wenn es ihnen beruflich nicht so gut geht, wünschen sich viele Menschen, anders zu sein. Dieser Test kann ein wunderbarer Weg sein, sich mit den eigenen Stärken auseinanderzusetzen und gleichzeitig die dazugehörigen Schattenseiten anzuerkennen.

Explorix und AIST-R* – Welche konkreten Berufe kommen infrage?

Ziel	• konkrete Berufsvorschläge erarbeiten • Interessen und Beschäftigungspräferenzen sammeln, auswerten und nutzbar machen
Vorteile	• Mithilfe dieser Tests können Sie Ihrem Klienten konkrete Vorschläge für Berufe unterbreiten! • Sie haben mit dem Ergebnis gleichzeitig Präferenzen an der Hand, die Sie mit Ihrem Klienten weiterdiskutieren können. Die Ergebnisse liefern Hinweise, welche Themen er berücksichtigen sollte, um den für ihn optimalen Beruf zu finden.
Was kann schiefgehen?	• Der Berater hält sich sklavisch an die Berufsempfehlungen des Tests, anstatt sich (und den Klienten) von den Interessenschwerpunkten und Berufsfeldern zu weiteren und neuen Ideen inspirieren zu lassen. Der Test kann keinen Anspruch auf vollständige Katalogisierung der Berufswelt erheben, vor allem die neuen Berufe sind hier nicht abgebildet – an dieser Stelle sind Abstraktionsvermögen und Kreativität gefragt!
Und sonst?	• Um diese Tests durchzuführen, müssen Sie entweder einen Studienabschluss in Psychologie haben oder einen Kurs zur Verwendung dieser Tests belegen und sich zertifizieren lassen. • Dieses Buch kann Ihnen nur eine Orientierung darüber geben, ob Sie diese Tests verwenden wollen. Um wirklich ergiebig mit ihnen zu arbeiten, müssen Sie sich fundiert in die Testverwendung einarbeiten. • Für jede Verwendung dieser Tests sind Lizenzgebühren zu zahlen.
Materialien	• Die Tests sind nicht Teil dieses Buches. Sie sind in einer Computer- und in einer Hardcopy-Fassung verfügbar (www.testzentrale.de). Die Auswertung erfolgt entweder durch den Computer oder von Hand mithilfe von Schablonen.

Die Durchführung dieser Tests setzt eine Zertifizierung oder einen Studienabschluss in Psychologie voraus.

Explorix ist ein Fragebogen, der vor allem in der Beratung junger Menschen, die auf der Suche nach der richtigen Ausbildung sind, Anwendung findet. Er wird unter anderem von der Bundesagentur für Arbeit in den Berufsinformationszentren

Kompetenzanalyse

eingesetzt und eignet sich für die Ausbildungs- und Laufbahnplanung von Lehrlingen, Fachschülern und Gymnasiasten. Der Test kann auch für die Beratung von Erwachsenen herangezogen werden, wobei er durch die große Breite (von Handwerk bis Wissenschaft) für Erwachsene zu unspezifisch sein könnte. AIST-R ist ein kürzerer Test, der auf derselben Grundlage basiert. Beide Tests nutzen eine Typisierung von Arbeitsumfeldern, -arten und -themen. Es werden hierbei sechs Typen unterschieden:

Typ R »realistic«: handwerklich-technische Orientierung
Wer eine hohe Ausprägung von »R« aufweist, hat wahrscheinlich Freude daran, mit seinen Händen zu arbeiten. Es geht hier auch um die Freude an der Arbeit mit Dingen (im Gegensatz zur Arbeit mit Menschen, aber kombinierbar mit ihr).

Typ I »investigative«: untersuchende und forschende Orientierung
Menschen, die hier eine hohe Ausprägung haben, gehen den Dingen gerne auf den Grund, mögen geistige und naturwissenschaftliche Fragestellungen, sind fasziniert von Wissenschaft und Forschung.

Typ A »artistic«: künstlerische Orientierung, Vorliebe für künstlerischen Ausdruck und für den Umgang mit Sprache
Diese Orientierung manifestiert sich nicht unbedingt in der Ausübung freier Kunst (wie Malerei und andere), sondern verweist vor allem auf eine große Affinität zur Ästhetik.

Typ S »social«: soziale Orientierung, Vorliebe für erziehende und pflegende Tätigkeiten, Bildung/Schule, Beratung, Gesundheitswesen
Wer sagt, er wolle gern mit Menschen arbeiten, hat wahrscheinlich eine recht hohe Ausprägung in diesem Bereich.

Typ E »enterprising«: unternehmerische Orientierung, Vorliebe für Organisation, Führung, Verkauf
Es geht hier sowohl um wirtschaftliches Denken als auch um das Schaffen von Strukturen. Auch der Bereich des Politischen und die Führung von Mitarbeitern gehören zu diesem Typ.

Typ C »conventional«: ordnende und verwaltende Orientierung, Vorliebe für ordentliche, genaue und gut organisierte Arbeit, Büro- oder Verwaltungsberufe
Neben administrativen Aufgaben sind auch juristische Berufe, etwa Anwalt oder Notargehilfe, von Interesse für Menschen mit dieser Orientierung.

Das individuelle Ergebnis setzt sich aus den drei Typen zusammen, die der Proband am meisten bevorzugt. Es ergibt sich ein dreistelliger persönlicher Buchstabencode (der nach dem Autor benannte »Holland-Code«), der die Reihenfolge der Präferenzen wiedergibt und damit die Persönlichkeit widerspiegelt. Das Ergebnis »IAS« steht zum Beispiel dafür, dass der Klient am liebsten forschend, wissenschaftlich, geistig arbeitet, dass seine zweite wichtige Präferenz die künstlerische Neigung ist und dass er drittens gerne mit Menschen zusammenarbeitet. Laut Manual des AIST Holland Code passen folgende Berufe zu diesem Profil: Biologe, Botaniker, Religionswissenschaftler und Romanist.

Leistungsmotivationsinventar (LMI) – Was treibt Ihren Klienten an?*

Ziel	• herausfinden, was Ihren Klienten motiviert. Möchte er in seiner Arbeit aufgehen? Sucht er den Wettbewerb? Möchte er führen? Mit diesem Test bekommen Sie schnell einen differenzierten Überblick.
Vorteile	• objektivierter, schneller und differenzierter Zugang zur Motivation Ihres Klienten
Was kann schiefgehen?	• Das Verfahren wurde vorwiegend für Gruppen aus dem kaufmännischen und wirtschaftswissenschaftlichen Bereich entwickelt. Es kann daher für andere Gruppen zu einseitig sein.
Und sonst?	• Um diese Tests durchzuführen, müssen Sie entweder einen Studienabschluss in Psychologie haben oder einen Kurs zur Verwendung dieses Tests belegen und sich zertifizieren lassen. • Dieses Buch kann Ihnen nur eine Orientierung darüber geben, ob Sie diesen Test verwenden wollen. Um wirklich ergiebig damit zu arbeiten, müssen Sie sich fundiert in die Testverwendung einarbeiten. • Für jede Verwendung dieses Tests sind Lizenzgebühren zu zahlen.
Materialien	• Die Tests sind nicht Teil dieses Buches. Sie sind aber in einer Computer- und in einer Hardcopy-Fassung verfügbar (www.testzentrale.de). Die Auswertung erfolgt entweder durch den Computer oder von Hand mithilfe von Schablonen.

Die Durchführung dieses Tests setzt eine Zertifizierung oder einen Studienabschluss in Psychologie voraus.

Breit angelegte Erfassung nicht nur beruflicher Motive

Auf der Suche nach der idealen Stelle für einen Menschen ist die Betrachtung der Dinge, die ihn motivieren, von großer Bedeutung. Wer sich gerne dem Wettbewerb stellt, mag in helfenden Berufen weniger gut aufgehoben sein. Die Motive, die Ihren Klienten antreiben, sollten auch in seiner zukünftigen Stelle relevant sein, damit er sich dort optimal gefordert fühlt: Ein Mensch, der durch meditative Flow-Erfahrungen motiviert wird, sollte einen Arbeitsplatz haben, der ihm die Verwirklichung ermöglicht.

Eine Möglichkeit zur Erfassung dessen, was Ihren Klienten motiviert, ist das Leistungsmotivationsinventar. Das Inventar nutzt 14 Skalen zur Messung der berufsrelevanten Motivation. Diese werden vier verschiedenen Gruppen zugeordnet:

1. Motivation
2. Arbeitsverhalten
3. soziale Kompetenzen
4. psychische Konstitution

Das Leistungsmotivationsinventar enthält Dimensionen aus verschiedenen Theorien und erlaubt dadurch einen sehr umfassenden Überblick. Ein besonderer Schwerpunkt liegt auf den berufsrelevanten Aspekten der Motivation. Der Test unterscheidet 17 Dimensionen oder Leistungsorientierungen, die mit jeweils zehn Items gemessen werden: Beharrlichkeit, Dominanz, Engagement, Erfolgszuversicht, Flexibilität, Flow, Furchtlosigkeit, Internalität, kompensatorische Anstrengung, Leistungsstolz, Lernbereitschaft, Schwierigkeitspräferenz, Selbstständigkeit, Selbstkontrolle, Statusorientierung, Wettbewerbsorientierung und Zielsetzung.

Die gemessenen Motive werden in ihrer Ausprägung beurteilt und sind – anders als bei den zuvor besprochenen Tests – tatsächlich wertbehaftet: Motivation oder soziale Kompetenzen sieht jeder Arbeitgeber gerne in starker Ausprägung. Dabei ist zu beachten, dass die Erfassung über Selbstaussagen erfolgt, die recht anfällig für Stimmungen sind. Kommt Ihr Klient beispielsweise gerade verunsichert über einen Konflikt bezüglich seiner Führungsrolle in die Beratung, dann leidet möglicherweise auch die Einschätzung der eigenen Führungsmotivation. Auch sind sozial erwünschte Antworten nicht selten. Nutzen Sie daher den Test als Grundlage für den Austausch mit Ihrem Klienten, und klären Sie im Einzelnen, was genau hinter den jeweiligen Ergebnissen für Erfahrungen und konkrete Erlebnisse stehen.

NEO-FFI und NEO-PI-R*

Ziel	• Analyse der Persönlichkeit des Klienten • Analyse von fünf Grundeigenschaften (NEO-FFI) bzw. fünf Grundeigenschaften einschließlich sechs Unterkategorien (NEO-PI-R) • schneller und differenzierter Zugang zu Ihrem Klienten
Vorteile	• umfassende und detaillierte Persönlichkeitsbeschreibung • große Bandbreite, Möglichkeit der Fremdbeurteilung
Was kann schiefgehen?	• Ihr Klient kann die Ergebnisse verfälschen, wenn er nicht intuitiv antwortet, sondern so, wie er es für sozial erwünscht hält. Weisen Sie ihn daher im Vorfeld darauf hin, dass es hier keine guten oder schlechten Ergebnisse gibt.
Und sonst?	• Um diese Tests durchzuführen, müssen Sie entweder einen Studienabschluss in Psychologie haben oder einen Kurs zur Verwendung dieses Tests belegen und sich zertifizieren lassen. • Die Verwendung des Tests erfordert eine fundierte Einarbeitung. • Für jede Verwendung dieses Tests sind Lizenzgebühren zu zahlen.
Materialien	• Die Tests sind nicht Teil dieses Buches. Sie sind in einer Computer- und in einer Hardcopy-Fassung verfügbar (www.testzentrale.de). Die Auswertung erfolgt entweder durch den Computer oder von Hand mithilfe von Schablonen.

Die Durchführung dieser Tests setzt eine Zertifizierung oder einen Studienabschluss in Psychologie voraus.

Zu den international gebräuchlichsten Methoden der Persönlichkeitsbeschreibung gehört das auf Paul T. Costa und Robert R. McCrae zurückgehende Fünf-Faktoren-Modell der Persönlichkeit. Die Persönlichkeit eines Menschen wird demnach durch fünf Hauptdimensionen beschrieben, die bei jedem unterschiedlich stark ausgeprägt sind:

1. Neurotizismus (auch: emotionale Stabilität vs. Labilität, beschreibt Unterschiede in der Wahrnehmung negativer Emotionen)
2. Extraversion (vs. Introversion, die Neigung zu außen- bzw. innengerichteter Aktivität und sozialem Verhalten)
3. Offenheit für Erfahrungen (Ausmaß an Interesse für neue Erlebnisse, Erfahrungen, Eindrücke und Ideen)

4. Verträglichkeit (Vertrauen und verständnisvolles Eingehen vs. Misstrauen und antagonistisches Verhalten)
5. Gewissenhaftigkeit (Perfektionismus vs. Nachlässigkeit)

Die Testbezeichnungen leiten sich von den ersten drei Eigenschaften ab (NEO) und unterscheiden sich im Umfang der Erfassung. Im kürzeren NEO-FFI (=Fünf-Faktoren-Inventar) werden die fünf Dimensionen global erfasst, im NEO-PI-R (=Personality Inventory – Revised) werden sie noch in jeweils sechs Unterkategorien aufgeteilt.

Diese beiden Tests sind nicht speziell für den beruflichen Rahmen konzipiert. Dennoch können die durch sie erfassten persönlichen Tendenzen eine wichtige Rolle in der Beratung spielen. Wir sind der Meinung, dass es eine wichtige Aufgabe des Beraters ist, mit dem Klienten zu erkunden, welche Persönlichkeitsmerkmale ihn auszeichnen und in welcher Weise diese Raum in seiner beruflichen Aufgabe finden sollen. Denn diese Persönlichkeitsmerkmale beeinflussen, welche Tätigkeiten und Arbeitssituationen dem Klienten entgegenkommen und welche nicht.

Im Allgemeinen kostet es Menschen große Kraft, sich gegen ihre Veranlagung zu verhalten. Ein Mensch, der sehr introvertiert ist, wird es auf Dauer als anstrengend empfinden, immer wieder in neuen sozialen Situationen zu arbeiten. Daher ist die genaue Betrachtung der Persönlichkeit so wichtig in der beruflichen Beratung: Hier lässt sich ablesen, was einen Menschen Kraft kostet und was ihm leicht von der Hand geht. So sollte, wer nicht ordnungsliebend ist, nicht unbedingt Steuerberater werden – oder zumindest dafür sorgen, dass er mit jemandem zusammenarbeitet, bei dem dieses Merkmal stark ausgeprägt ist. Wer ein hohes Maß an Verträglichkeit und Vertrauen in seinem Verhalten zeigt, müsste sich sehr verbiegen, um in einem Umfeld zu arbeiten, das ein hohes Maß an Manipulation und Mikropolitik verlangt.

Im Wissen um seine Persönlichkeitsmerkmale kann der Klient Entscheidungen darüber fällen, welchen Herausforderungen er sich stellen will. Auch kann er entscheiden, welche persönliche Entwicklung er anstreben sollte, wenn er seine Zukunft in einem Bereich sieht, der seinem Profil auf den ersten Blick nicht entspricht.

Obwohl die Ergebnisse in diesen Tests (die auf den Selbstaussagen Ihrer Klienten beruhen) immer ein wenig stimmungsanfällig sind, passiert es doch selten, dass sich im Laufe der Zeit große Veränderungen ergeben. Die erfassten Persönlichkeitseigenschaften sind relativ stabil. Wer z. B. extrovertiert ist, wird es von der grundsätzlichen Ausprägung her wahrscheinlich auch bleiben, das Ausmaß der Dimension kann sich jedoch im Laufe der Zeit durchaus ändern.

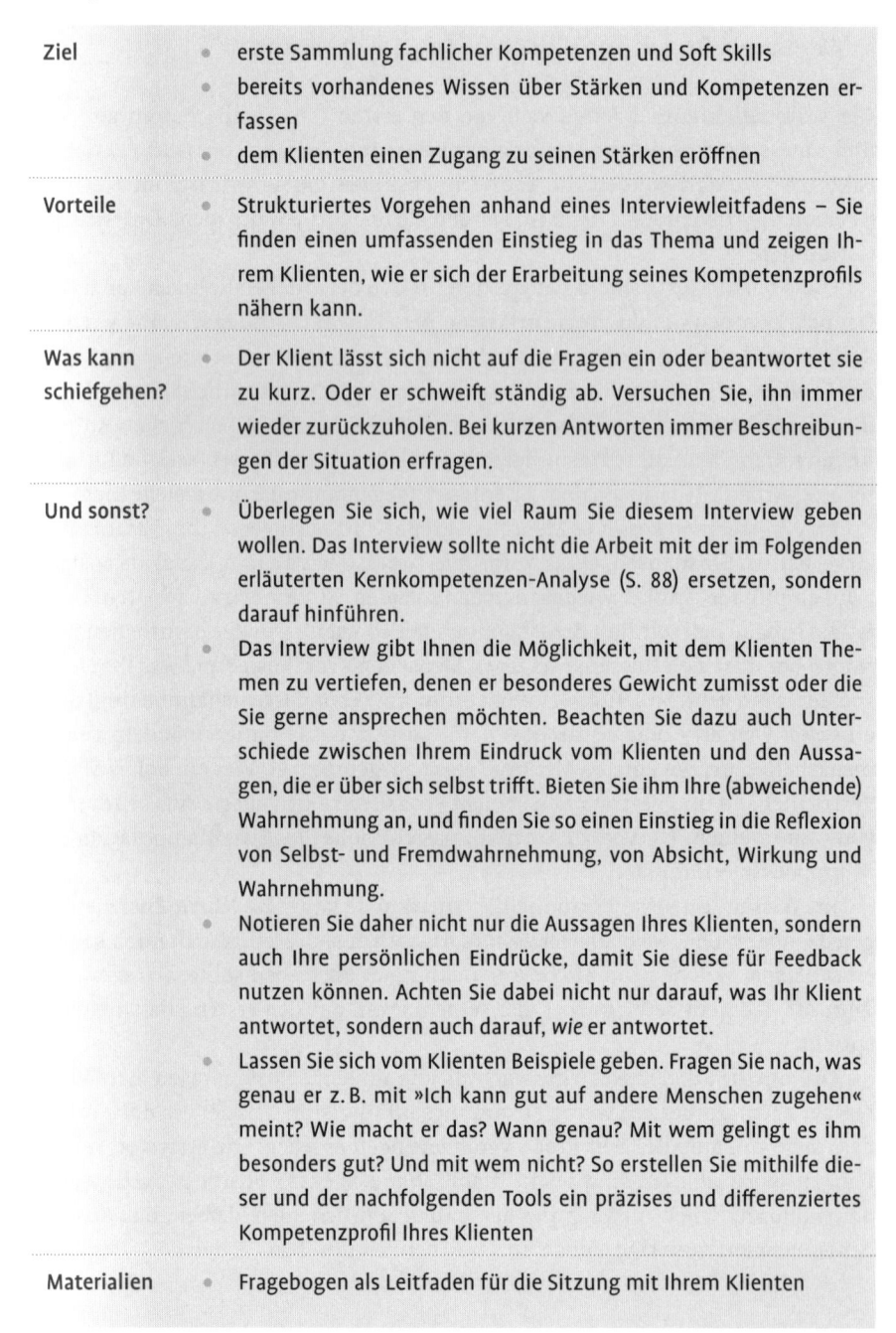

Kompetenzen-Interview

Ziel	- erste Sammlung fachlicher Kompetenzen und Soft Skills
- bereits vorhandenes Wissen über Stärken und Kompetenzen erfassen
- dem Klienten einen Zugang zu seinen Stärken eröffnen
Vorteile	- Strukturiertes Vorgehen anhand eines Interviewleitfadens – Sie finden einen umfassenden Einstieg in das Thema und zeigen Ihrem Klienten, wie er sich der Erarbeitung seines Kompetenzprofils nähern kann.
Was kann schiefgehen?	- Der Klient lässt sich nicht auf die Fragen ein oder beantwortet sie zu kurz. Oder er schweift ständig ab. Versuchen Sie, ihn immer wieder zurückzuholen. Bei kurzen Antworten immer Beschreibungen der Situation erfragen.
Und sonst?	- Überlegen Sie sich, wie viel Raum Sie diesem Interview geben wollen. Das Interview sollte nicht die Arbeit mit der im Folgenden erläuterten Kernkompetenzen-Analyse (S. 88) ersetzen, sondern darauf hinführen.
- Das Interview gibt Ihnen die Möglichkeit, mit dem Klienten Themen zu vertiefen, denen er besonderes Gewicht zumisst oder die Sie gerne ansprechen möchten. Beachten Sie dazu auch Unterschiede zwischen Ihrem Eindruck vom Klienten und den Aussagen, die er über sich selbst trifft. Bieten Sie ihm Ihre (abweichende) Wahrnehmung an, und finden Sie so einen Einstieg in die Reflexion von Selbst- und Fremdwahrnehmung, von Absicht, Wirkung und Wahrnehmung.
- Notieren Sie daher nicht nur die Aussagen Ihres Klienten, sondern auch Ihre persönlichen Eindrücke, damit Sie diese für Feedback nutzen können. Achten Sie dabei nicht nur darauf, was Ihr Klient antwortet, sondern auch darauf, *wie* er antwortet.
- Lassen Sie sich vom Klienten Beispiele geben. Fragen Sie nach, was genau er z. B. mit »Ich kann gut auf andere Menschen zugehen« meint? Wie macht er das? Wann genau? Mit wem gelingt es ihm besonders gut? Und mit wem nicht? So erstellen Sie mithilfe dieser und der nachfolgenden Tools ein präzises und differenziertes Kompetenzprofil Ihres Klienten
Materialien	- Fragebogen als Leitfaden für die Sitzung mit Ihrem Klienten

Kompetenzanalyse

Arbeitsblatt für Berater: Kompetenzen-Interview

Beruf

Beschreiben Sie Ihre tägliche Arbeit.

Welche Aufgaben fallen Ihnen besonders leicht?

Welche Aufgaben machen Sie lieber als alle anderen? Beschreiben Sie bitte genau die Rahmenbedingungen (Situation, Zeit, Ort, Personen).

Bei welchen Aufgaben vergessen Sie alles um sich herum? Wann haben Sie das Gefühl, vollkommen in Ihrer Tätigkeit aufzugehen?

Welchen Beitrag leisten Sie aus Ihrer Sicht für den Erfolg des Unternehmens? Warum braucht ein Unternehmen genau Sie?

Bei welchen Aufgaben haben Sie dagegen das Gefühl, dass sie nie enden werden? Bei welchen Tätigkeiten fühlen Sie sich energielos und schlapp?

Welche Aufgaben fallen Ihnen besonders schwer? Wann haben Sie das Gefühl, keinen oder nur einen eingeschränkten Zugang zu Ihren Ressourcen zu haben? Beschreiben Sie bitte genau die Rahmenbedingungen (Situation, Zeit, Ort, Personen).

Können Sie ein Problem beschreiben, das Sie in den letzten Monaten hatten? Wie haben Sie es gelöst?

Beschreiben Sie eine Konfliktsituation mit einem Kollegen bzw. die Zusammenarbeit mit einem Kollegen, den Sie nicht mochten/mögen. Wie gehen Sie damit um/sind Sie damit umgegangen?

Wo sehen Ihre Kollegen Ihre größten Stärken? Woran genau machen sie das fest?

Kompetenzanalyse

Was würde Ihr Vorgesetzter sagen? Wo sieht er Ihre größten Stärken, und wie kommt er zu dieser Einschätzung?

Welche Stärken würden Ihre Projektpartner, Kunden, Lieferanten nennen? Und warum?

Wenn Sie an Ihre Traumbeschäftigung denken, wie würde Ihre Zusammenarbeit mit Ihren Kollegen aussehen? Was verstehen Sie unter guter Zusammenarbeit?

Beschreiben Sie, wie Sie mit Veränderungen umgegangen sind, z. B. mit dem Wechsel in ein neues Team oder mit wechselnden beruflichen Anforderungen.

Welches Problem können Sie perfekt lösen? Mit welcher Fragestellung sollte man sich am besten an Sie wenden?

Was war bisher Ihr größter beruflicher Erfolg? Worauf waren/sind Sie besonders stolz?

Wofür sind Sie gelobt worden oder werden Sie oft gelobt?

Was meinen Sie: Wovon bzw. was sollten Sie in nächster Zeit noch mehr zeigen? Welche persönlichen Entwicklungsmöglichkeiten sehen Sie bei sich?

Alltag/Privatleben

Wie sieht ein typischer Tag in Ihrem Leben aus? Was machen Sie gerne, und was mögen Sie weniger?

Welche Dinge und Aufgaben gehen Ihnen besonders leicht von der Hand?

Kompetenzanalyse

Womit würden Sie sich in Ihrer Freizeit gerne mehr beschäftigen? Was tun Sie, um das zu erreichen?

Wenn ich Ihre beste Freundin/Ihren besten Freund fragen würde, was Sie am besten können, was würde sie/er sagen?

Und was finden andere Menschen an Ihnen gut? Welche positiven Rückmeldungen bekommen Sie von anderen?

Würden Sie das bestätigen? Warum? Fehlt noch etwas?

Kernkompetenzen-Analyse

Ziel	- Kompetenzen umfassend identifizieren (Situationen finden, in denen der Klient Herausforderungen erfolgreich bestanden hat; analysieren, welche Kompetenzen ihm diesen Erfolg ermöglicht haben) - Stärken herausarbeiten, die dem Klienten nicht bewusst sind - Wahrnehmung eigener Stärken schulen
Vorteile	- Ein strukturiertes Vorgehen erleichtert dem Klienten, über seine Stärken zu sprechen. - Der Fokus liegt nicht nur auf den persönlichen Eigenschaften, sondern auf deren Bezug zu Problemlösungen – ein wichtiger Perspektivwechsel in der Jobsuche.
Was kann schiefgehen?	- Einige Klienten tun sich schwer, Herausforderungen zu identifizieren, die sie bewältigt haben. Unterstützen Sie Ihren Klienten dabei, indem Sie ihm aufzeigen, welche Probleme er schon gelöst hat, ohne sich dessen vielleicht bewusst gewesen zu sein (dazu können z. B. gehören: Präsentationen halten, Ideen und Konzepte entwickeln, jemanden überzeugen, Konflikte schlichten, Lösungen finden, etwas zu einem guten Ende bringen). - Da ausschließlich selbst Wahrnehmung betrachtet wird, kann es zu einer falschen Darstellung aufgrund einer falschen Selbstwahrnehmung kommen.
Und sonst?	- eignet sich sowohl für das gemeinsame Durcharbeiten in der Sitzung am Flipchart als auch (zusätzlich) als Hausaufgabe - Es kann auch sinnvoll sein, dass Ihr Klient den Fragebogen mithilfe von Menschen ausfüllt, die ihn (beruflich) gut kennen.
Materialien	- Leitfaden für Ihre Sitzung mit dem Klienten - Fragebogen, den Sie Ihrem Klienten mitgeben oder zusenden können

Kompetenzanalyse

Kernkompetenzen-Analyse

- Erläutern Sie Ihrem Klienten, was Sie hier erarbeiten wollen: seine Erfolgsgeschichten. Es geht um Erlebnisse, in denen Ihr Klient eine Herausforderung erfolgreich gemeistert hat. Durchlaufen Sie mit ihm zu jeder gemeisterten Herausforderung die unten aufgeführten fünf Schritte.
- Erarbeiten Sie in dieser Sitzung erste Erfolgsgeschichten, sodass der Klient ein Gefühl für die Herangehensweise bekommt. Als Hausaufgabe sind mindestens weitere zehn Herausforderungen zu bearbeiten (s. Arbeitsblatt). Achten Sie darauf, dass genug Kompetenzen abgeleitet werden.
- Fotografieren Sie im Anschluss an die Sitzung Ihre Flipcharts, und schicken Sie die Fotos Ihrem Klienten.

Erarbeiten Sie mit Ihrem Klienten seine persönlichen Erfolgsgeschichten. Dabei können Sie sich an den folgenden Fragen orientieren. Visualisieren Sie die Antworten am Flipchart:

1. **Herausforderung:** Mit welcher Herausforderung waren Sie konfrontiert, z. B. in Ihrem letzten Job oder in Ihrer Rolle als Führungskraft? In welcher problematischen Situation waren Sie? (Fordern Sie Ihren Klienten dazu auf, es ruhig ein bisschen dramatisch zu schildern!)
2. **Handlung:** Welche Handlung haben *Sie* persönlich daraufhin ausgeführt oder veranlasst? (Achten Sie darauf, dass Ihr Klient in der Ich-Form erzählt – es kommt auf *seinen* Anteil an, nicht auf den des Teams, der Kollegen oder des Chefs!)
3. **Ergebnis:** Welche quantitativen und qualitativen Ergebnisse haben Sie dadurch erzielt? Seien Sie so konkret wie möglich!
4. **Abgeleitete Schlüsselqualifikationen, Stärken und Kompetenzen:** Welches Wissen, welche Fähigkeiten und Persönlichkeitsmerkmale haben Sie eingesetzt, um diese Resultate zu erzielen? Welche Rückmeldungen gab es hierzu aus dem Umfeld? Was wissen Sie durch diese Erfahrung über Ihre Kompetenzen, Talente und Stärken?
5. **Nutzen:** Welchen Nutzen kann Ihr zukünftiger Arbeitgeber daraus ziehen? Bei welchen Aufgaben, Projekten und Zielen können Sie diese für einen Arbeitgeber gewinnbringend einsetzen?

Runden Sie die Übung damit ab, dass Sie den Klienten bitten, seine Erfolgsgeschichte noch einmal zu erzählen, diesmal aber nur in einem Satz. Dies schult ihn, selbstbewusst über seine Kompetenzen zu sprechen und sich dabei gleichzeitig kurzzufassen und das Wesentliche auf den Punkt zu bringen.

Die Erfolgsgeschichten des Klienten werden Ihnen im Laufe der Beratung immer wieder begegnen. Zur Entwicklung der beruflichen Zielsetzung werden Sie wiederholt darüber sprechen, was Ihr Klient besonders gut kann und welche seiner Fähigkeiten er auf welche Art und Weise in einen neuen Job einbringen möchte. Auch für die Vorbereitung auf

Vorstellungsgespräche sind die erarbeiteten Geschichten wichtig. Hier geht es darum, die persönlichen Kompetenzen anhand von Beispielen glaubhaft und nachvollziehbar auf den Punkt zu bringen.

In der Beratungssitzung machen Sie mit dieser Übung den Auftakt zum Thema Stärken und Kompetenzen und erarbeiten erste Erfolgsgeschichten gemeinsam. Das nachfolgende Arbeitsblatt bearbeitet der Klient bis zum nächsten Termin. Die Blickrichtung bleibt auf die eigenen Vorzüge gerichtet. Das Erkennen persönlicher Stärken fällt so über die Zeit immer leichter.

Für einen Gesamtüberblick der Schlüsselqualifikationen sammeln Sie die abgeleiteten Kompetenzen auf einem Flipchart. Einige Kompetenzen werden dabei immer wieder auftauchen. Markieren Sie Mehrfachnennungen – so wird deutlich, welche Stärken Ihren Klienten im Kern auszeichnen.

Arbeitsblatt für Klienten: Kernkompetenzen-Analyse

Mit der Kernkompetenzen-Analyse identifizieren Sie Herausforderungen, vor denen Sie einmal standen, die Handlungen, die Sie ausgeführt haben, um diese Herausforderungen zu meistern, und die Ergebnisse, die Sie damit erzielt haben.

Bitte erarbeiten Sie Ihre Erfolgsgeschichten entlang den verschiedenen Stationen Ihres Berufslebens bzw. Ihres bisherigen Lebens, und leiten Sie daraus Ihre Kernkompetenzen ab! Berücksichtigen Sie dabei bitte sowohl Situationen aus Ihrem Beruf als auch aus Ihrem Privatleben.

Diese Übung wird Ihnen dabei helfen, ein gutes Gefühl für Ihre Stärken zu bekommen. Sie werden sehen, dass sich viele dieser Erfahrungen immer wieder auf einige ganz konkrete Schlüsselqualifikationen – also Ihre Stärken – zurückführen lassen. Verwenden Sie für jede Erfolgsgeschichte ein eigenes Arbeitsblatt.

(1) **Herausforderung:** Welches Problem sind Sie angegangen? Vor welcher Herausforderung standen Sie?

Denken Sie daran: Probleme sollten dramatisch klingen!

Kompetenzanalyse

(2) **Handlung:** Was haben Sie ganz konkret getan oder veranlasst?

In der Ich-Form schreiben – es geht darum, was *Sie* getan haben!

(3) **Ergebnis:** Welche quantitativen und qualitativen Ergebnisse haben Sie erzielt?

Stellen Sie die Ergebnisse so konkret wie möglich dar (%, €).

(4) **Abgeleitete Schlüsselqualifikationen, Stärken und Kompetenzen:** Welches Wissen, welche Fähigkeiten und Persönlichkeitsmerkmale haben Sie eingesetzt, um diese Resultate zu erzielen? Welche Ihrer Eigenschaften haben Ihnen dabei geholfen, das Problem auf genau diese Art und Weise zu lösen? Welche Rückmeldungen gab es hierzu aus dem Umfeld?

(5) **Nutzen:** Wie können diese Fähigkeiten in der Arbeitswelt helfen? Welche Aufgaben lassen sich durch sie gut lösen? Was ist der konkrete Nutzen für Ihren zukünftigen Arbeitgeber?

Welche fünf Kernkompetenzen tauchen immer wieder in Ihren Geschichten auf?

1.
2.
3.
4.
5.

Befragung des Umfelds

Neben der Selbstreflexion Ihres Klienten gibt es noch eine weitere große Ressource: sein Umfeld und das Fremdfeedback, das es bereitstellen kann. Geben Sie Ihrem Klienten dazu den Auftrag, seine Umgebung zu seinen Stärken und Fähigkeiten (und auch zu seinen Schwächen und Grenzen) zu befragen. Feedbackpartner können Familienangehörige, Kollegen oder Freunde sein. Das Fremdfeedback bietet eine gute Möglichkeit, Ihrem Klienten zu helfen, seine Stärken und Kompetenzen zu identifizieren. Natürlich ist das Urteil anderer über Ihren Klienten nur ein Ausschnitt der »Wirklichkeit« – dennoch zeigt sich immer wieder, dass eine Auseinandersetzung mit den Anregungen seines wohlwollenden Umfelds hilfreiche Impulse liefern kann. Wenn es etwa unsicheren Klienten schwerfällt, ihre Stärken zu sehen, kann ein Fremdfeedback die Wahrnehmung der eigenen Fähigkeiten verändern. In anderen Fällen kann ein Klient auf vollkommen neue, auch kritische Ideen kommen, weil durch das Fremdfeedback auffällt, dass bestimmte Themen immer wieder auftauchen. So mag ein Klient von anderen als hochdominant beschrieben werden, ohne dies selbst an sich wahrgenommen zu haben. Für Sie als Karriereberater gilt es dann, diese Bilder zu hinterfragen, zu verstärken und zu prüfen, ob es Anknüpfungspunkte im Leben Ihres Klienten gibt: Kennt er z. B. die beschriebenen Stärken aus seinem Leben? Hier gilt es, die Selbstwahrnehmung des Klienten zu befördern und ihn dazu anzuleiten, seine Rolle nicht nur innerhalb von Arbeitsprozessen, sondern auch in der Zusammenarbeit mit anderen genauer zu verstehen.

Eine bildliche Darstellung, welche wertvollen Ergebnisse eine solche Befragung ermöglicht, können Sie Ihrem Klienten mit dem Johari-Fenster (nach Joseph Luft und Harry Ingham) anbieten. Dieses zeigt, dass der Selbst- und der Fremdwahrnehmung eines Menschen sehr unterschiedliche Informationen zugänglich sind.

Dinge können (a) einem Menschen über sich selbst bekannt sein bzw. (b) über sich selbst nicht bekannt sein und (c) anderen über diesen Menschen bekannt sein bzw. (d) nicht über ihn bekannt sein. Aus diesen Möglichkeiten ergeben sich vier verschiedene Kombinationen aus Selbst- und Fremdwahrnehmung: die öffentliche Person (a+c), das Geheimnis eines Menschen (a+d), dessen blinder Fleck (b+c) und das gänzlich Unbekannte (b+d). Deutlich wird, dass es immer auch eine Perspektive auf den Menschen gibt, die nur durch Fremdwahrnehmung zugänglich ist – sein »blinder Fleck«. Ziel eines an seiner Entwicklung interessierten Menschen sollte demnach die Verkleinerung seines blinden Flecks sein, was eine aufrichtige Rückmeldung aus dem Umfeld erfordert. Die Wirkung eines Fremdfeedbacks kann durch das Johari-Fenster verdeutlicht werden und so dabei helfen, die

Kompetenzanalyse

Hemmschwelle des Klienten zu senken, wenn es darum geht, andere aktiv um Rückmeldung zu bitten.

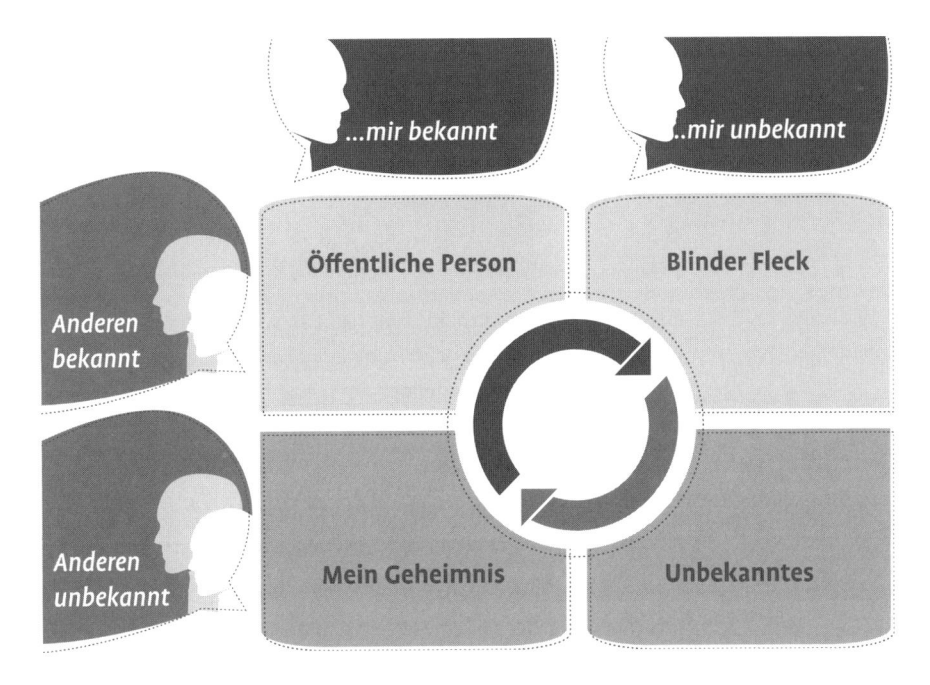

Abb. 2: Das Johari-Fenster

Das Fremdfeedback bietet sich im Rahmen der Kompetenzsammlung an, wenn der Klient schon lange kein Feedback mehr erhalten hat und selbst gar nicht so genau weiß, was ihn eigentlich auszeichnet. Diese Außensicht kann den Klienten dabei unterstützten, selbst zu reflektieren, wo seine Stärken und Fähigkeiten liegen. Ihr Klient kann durch ein Fremdfeedback nicht nur überprüfen, ob die Kompetenzen, von denen er weiß, gesehen werden, sondern auch erfahren, welche Stärken andere in ihm sehen, von denen er bisher vielleicht nicht wusste.

Fremdfeedback

Ziel	- Kompetenzen identifizieren, die sich Ihr Klient noch nicht bewusst gemacht hat
- das Bewusstsein für die eigenen Stärken bei Ihrem Klienten schärfen
Vorteile	- Die Außenperspektive bietet dem Klienten einen weiteren Zugang zu seinen Erfolgen und Stärken.
- Durch Fremdfeedback kann das eigene Selbstbild differenziert, präzisiert, bestätigt oder gegebenenfalls korrigiert werden.
Was kann schiefgehen?	- Die Befragung des Umfelds zielt nicht so sehr auf die Aspekte ab, die für die berufliche Orientierung des Klienten relevant sind. Der Karriereberater sollte daher den Vorschlag für eine E-Mail und das Muster für einen Auswertungsfragebogen (beide unten) an den Beratungsbedarf anpassen.
Und sonst?	- Planen Sie gemeinsam mit Ihrem Klienten, von welchen Menschen in seinem Umfeld ein Feedback besonders aufschlussreich wäre.
Materialien	- Vorschlag für eine E-Mail, mit der Ihr Klient anhand offener Fragen Informationen bei seinem Umfeld einholen kann
- Anleitung zur Auswertung des Fremdfeedbacks

Kompetenzanalyse

Arbeitsblatt für Klienten: Offenes Fremdfeedback (E-Mail-Vorlage)

Wenn Sie sich jetzt verstärkt Ihren Fähigkeiten und besonderen Kompetenzen widmen, ist es sinnvoll, hierzu auch Fremdeinschätzungen einzuholen. Dafür bitte ich Sie, Menschen aus Ihrem Umfeld – egal ob beruflich oder privat – um eine Einschätzung zu bitten. Sie wissen am besten, wer sich dafür eignet. Idealerweise achten Sie bei der Auswahl auf eine ausgewogene Mischung der Feedbackgeber (Mann/Frau, kennt Sie aus der Ferne/aus der Nähe, beruflicher/privater Kontakt).

Fragen Sie, was die Person an Ihnen besonders gut findet, was sie für Ihre Stärken, Fähigkeiten, positiven Eigenschaften und Talente hält. Was zeichnet Sie aus? Vielen ist es angenehmer, wenn sie sich dafür ein paar Tage Zeit nehmen und Ihnen die Fragen per E-Mail beantworten können.

Die E-Mail könnte folgenden Wortlaut haben:

> Lieber/Liebe …
>
> Heute wende ich mich mit einer besonderen Bitte an Dich/Sie. Ich möchte Dich/Sie um eine persönliche Einschätzung meiner Stärken und Schwächen bitten. Du würdest/Sie würden mir dadurch bei meiner beruflichen Neuorientierung helfen und mir bewusst machen, wie ich von Menschen, die mich kennen, wahrgenommen werde.
>
> Bitte sei/seien Sie ganz offen und ehrlich. Auf diese Weise kann ich mich am besten mit der Wirkung auseinandersetzen, die ich auf andere habe, und meine blinden Flecken etwas ausleuchten.
>
> Deine/Ihre Rückmeldung zu folgenden Fragen ist für mich besonders wichtig:
>
> - Was sind aus Deiner/Ihrer Sicht meine größten Stärken?
> - Was zeichnet mich besonders aus?
> - Welche meiner Stärken sind mir nicht bewusst?
> - Bei welchen Projekten, bei der Lösung welcher Probleme würdest Du/würden Sie als Erstes an mich denken?
> - Was sollte ich ausprobieren, was ich bisher noch nicht probiert habe?
> - Wovon sollte ich Deiner/Ihrer Meinung nach die Finger lassen?
> - Was kann ich nicht? Was sollte ich noch lernen?
> - Wovon bzw. was sollte ich in nächster Zeit noch mehr zeigen?
>
> Es wäre schön, wenn Du/Sie mir in ein paar Tagen Deine/Ihre Antworten auf diese Fragen zuleiten könntest/könnten.
>
> Für Deine/Ihre Mühe danke ich Dir/Ihnen im Voraus.

Arbeitsblatt für Berater: Auswertung des Fremdfeedbacks

Wie gehen Sie als Berater mit den Ergebnissen um?

Sammeln und sortieren Sie die einzelnen Antworten – am besten auf einem Flipchart:

- Welche Antworten kommen häufig vor? Welche kommen ab und zu vor?
- Was kommt selten oder nur einmal vor (z. B. eine einzige Rückmeldung mit: fachlich herausragend)?
- Woran machen die Feedbackgeber ihre Wahrnehmung wohl fest?
- Gibt es erkennbare Unterschiede in der Wahrnehmung? Haben z. B. berufliche Kontakte ein anderes Bild als private Kontakte, Männer ein anderes Bild als Frauen?

Gehen Sie die einzelnen Punkte durch:

- Kennt Ihr Klient das aus seiner persönlichen Wahrnehmung? (Wichtig: Hier sind sowohl positive Rückmeldungen als auch kritische Stimmen aufzunehmen!)
- Nimmt er die zurückgemeldeten Stärken selbst auch als Stärken wahr? Kann er stolz darauf sein? Hält er das für eine Selbstverständlichkeit? Sieht er, dass er sich dadurch von anderen Menschen unterscheidet?
- Sind ihm die zurückgemeldeten Schwächen bekannt? Nimmt auch er sie als solche wahr? Wie möchte er zukünftig mit ihnen umgehen?
- Erfährt er durch die Rückmeldung Neues über sich? Wenn ja, wie erklärt er sich, dass andere etwas sehen können, was er (noch) nicht sieht?
- Was muss sich ändern, damit Ihr Klient auch in Zukunft mehr Bewusstheit über sich erlangen kann, und welche Auswirkungen könnte das nach sich ziehen?

Prüfen Sie, wie das mit seinen beruflichen Aufgaben zusammenpasst:

- Führt das, was andere wahrnehmen, dazu, dass er immer wieder bestimmte Rollen übernimmt (z. B. Organisation, Problemanlaufstelle, Fachspezialist)?
- Welche Probleme entstehen daraus? (Fühlt er sich z. B. immer verantwortlich, möchte er nicht immer die Problemanlaufstelle sein, kommt er häufiger in Konflikte mit anderen?)
- Nutzt Ihr Klient die zurückgemeldeten Stärken bei seiner aktuellen beruflichen Aufgabe?
- Gibt es Anteile, denen er mehr Raum geben könnte? Liegen Talente brach?
- Grenzen Sie Aufgabenbereiche ein, die zu Ihrem Klienten passen könnten.

Will Ihr Klient das?

- Möchte Ihr Klient die Wirkung erzeugen, die er zurückgemeldet bekommen hat?
- Was machen die Feedbacks mit ihm?
- Gibt es erste Impulse, etwas zu verändern? Oder fühlt er sich bestärkt und empfindet eine hohe Übereinstimmung zwischen Selbst- und Fremdwahrnehmung?

Alleinstellungsmerkmal-Analyse

Bei Klienten, die schon eine Karriere in einem bestimmten Fach oder Umfeld gemacht haben, kann die Suche nach Alleinstellungsmerkmalen gegenüber Mitbewerbern sinnvoll sein. Diese Methode dient dazu, das Profil des Klienten zu schärfen und ihn gegenüber ähnlichen Kandidaten abzuheben.

Ziel	eine Beschreibung der Kompetenzen Ihres Klienten, die sich nicht nur auf ihn selbst, sondern auch auf seine persönliche »Marktsituation« bezieht, also eine Abgrenzung von potenziellen Mitbewerbern einschließt
Vorteile	Eine gelungene Selbstvermarktung ist das A und O bei der Bewerbung – Ihr Klient wird sich präsentieren und verkaufen müssen. Mithilfe dieser Methode bringen Sie auf den Punkt, welche Merkmale ihn besonders auszeichnen, von anderen unterscheiden und somit nach vorne gestellt werden sollten.
Was kann schiefgehen?	Manchen Klienten erscheinen ihre Fähigkeiten nicht nennenswert, aber durch Abgrenzung von anderen können sie präzisieren, was sie in konkreten Situationen besser gemacht haben.
Und sonst?	eignet sich sowohl für die Bearbeitung in der Sitzung als auch als Hausaufgabe
Materialien	Fragebogen als Anleitung für die Sitzung mit Ihrem Klienten oder als Hausaufgabe

Arbeitsblatt für Berater: Alleinstellungsmerkmal-Analyse

Was macht einen typischen .... (Berufsbezeichnung) aus? Wenn der Klient z. B. Informatiker ist: Was macht einen typischen Informatiker aus?

Mal angenommen, Sie müssten den perfekten .... (Berufsbezeichnung) einstellen. Worauf würden Sie achten, was wäre Ihnen wichtig, und woran genau würden Sie erkennen, dass Sie genau den richtigen gefunden haben?

Welche dieser Punkte erfüllen Sie? Beschreiben Sie genau, woran Sie das festmachen?

Unterscheidet sich Ihr Verhalten oder Ihr Denken von dem Ihrer Kollegen und Mitbewerber?

Was sind Ihre Stärken als .... (Berufsbezeichnung)?

Kompetenzanalyse

Welche dieser Stärken ist die wichtigste und relevanteste für Ihren (zukünftigen) Arbeitgeber?

Wie können Sie mit Ihren Stärken ein Unternehmen bereichern?

Welche Erwartungen werden vom zukünftigen Arbeitgeber an Sie gestellt? In welcher Weise erfüllen (oder gar übertreffen) Sie diese Erwartungen?

Beispielsituationen: Gibt es eine Situation, in der Sie anders als andere Menschen Ihres Faches reagiert haben?

Kurzfassung: Stellen Sie kurz und prägnant sich und Ihre Stärken sowie Ihr Angebot dem Arbeitgeber vor.

II. Phase: Wollen und Motivation

04

Visionsarbeit und Entwicklung einer beruflichen Zielsetzung	124
Die Zukunft entwerfen	140

Visionsarbeit und Entwicklung einer beruflichen Zielsetzung

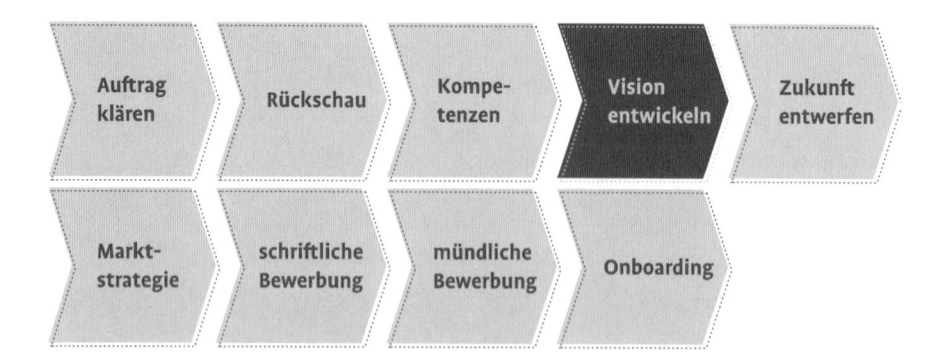

[Auftrag klären] [Rückschau] [Kompetenzen] [**Vision entwickeln**] [Zukunft entwerfen]
[Marktstrategie] [schriftliche Bewerbung] [mündliche Bewerbung] [Onboarding]

Wohin nun mit all der Selbsterkenntnis? Jetzt geht es darum, zu träumen! Und das stellt sich häufig als schwieriger dar als gedacht. Mutige Wünsche zu entwickeln will unterstützt sein!

Einsatzbereiche

Die hier genannten Methoden sind dann die richtigen,

- wenn Ihr Klient zwar mit Ihnen erarbeitet hat, was er weiß und kann und was ihm wichtig ist, aber noch keine Vorstellung davon hat, was das für seine weitere Entwicklung bedeuten könnte. In dieser Situation helfen die hier vorgestellten Tools, mit dem Klienten zu erarbeiten, wie die Stelle, auf die er sich bewerben könnte, konkret aussehen müsste. Mit den hier gezeigten Methoden finden Sie von diesen einzelnen, noch unverbundenen Informationen zu einer Zielvorstellung, die zu ihrem Klienten passt und die ihn motiviert, die weitere Arbeit an der Verwirklichung seiner Wünsche auf sich zu nehmen.
- wenn Ihr Klient mutlos ist. Häufig werden Klienten durch eine erfolglose Suche nach einer für sie passenden Stelle in ihrer Motivation und ihrem Antrieb geschwächt. Mit den hier vorgestellten Methoden lässt sich in solchen Fällen ein schrittweiser Neuanfang entwickeln. Dabei wird in der Regel auch neue Motivation geweckt: Einem niedergeschlagenen Klienten hilft es, sich wieder daran zu erinnern, was ihn eigentlich motiviert – möglicherweise fällt ihm etwas auf, was er auf dem bisherigen Weg vernachlässigt hat.

Visionsarbeit und Entwicklung
einer beruflichen Zielsetzung

Überblick

	Methode	Ziel
1	Visionscollage	Bewusstmachung der eigenen Vision, durch Arbeit am Computer oder Collage von Zeitschriftenausschnitten
2	Fotoreise	Identifikation und Sammlung inspirierender Bilder als relevanter Ausgangspunkte für die eigene Vision
3	Imagination zum exzellenten Beruf	kurze Imaginationsübung
4	Der 90. Geburtstag	spielerisch das ideale Leben aus der fiktiven Rückschau entwickeln
5	Fantasie-/ Zukunftsreise	geleitete Meditation als Zugang zur eigenen Vision

Sie haben mit Ihrem Klienten seine Geschichte und sein Profil erarbeitet – doch was ist mit seinen Wünschen und Träumen? Hier geht es noch nicht darum, konkret umsetzbare Ziele zu benennen. Zunächst soll nur gesammelt werden, was Ihren Klienten inspiriert, woraus er Kraft gewinnt und was oder wovon er gerne mehr in seinem Alltag haben möchte. Auch kann es darum gehen, was er im Laufe seines Lebens unbedingt noch erleben möchte.

Sie haben schon ein wenig Zeit mit Ihrem Klienten verbracht und können das aufgebaute Vertrauen nutzen, um ihn nun aus der Reserve zu locken: Was sind seine kühnsten Träume? Hier berühren Sie die inneren Bilder, die Ihren Klienten motivieren und aus denen er die Kraft schöpft, die er braucht, um die Durststrecke bis zur Erreichung seiner Ziele durchzuhalten. Diese inneren Bilder sind ein wichtiger Motivationsvorrat. Denn wenn Ihr Klient sich auf den Weg macht, seine Vision umzusetzen, kommen sicherlich noch entmutigende Erlebnisse auf ihn zu. Daher gilt es, die Energie, die Ideen und die inneren Bilder zu sammeln, die Ihren Klienten auch in schwierigen Phasen antreiben und ihn Rückschläge besser ertragen lassen.

Häufig ist es nicht so leicht, mit Klienten gemeinsam zu träumen. Gerade wer in Sorge um die nächste Stelle ist, lässt sich durch aktuelle Themen und Ängste ablenken. Schaffen Sie einen Raum, in dem Ihr Klient sich für einen Moment ganz dieser Visionsfindung widmen kann, in dem Sorgen, Alltagslasten und Zweifel draußen bleiben.

Andere Klienten haben viel Spaß am Träumen und werden eine Vielzahl an Bildern und Einfällen hervorbringen. In diesen Fällen sollte der Karriereberater das

Traummaterial sammeln, ohne auf eine Schwerpunktlegung zu drängen. Denn Visionen dürfen groß und gierig sein – um Entscheidungen und realistische Beschränkungen geht es erst hinterher. Aus positiven Bildern und großen Wünschen kann der Klient Kraft schöpfen, um auf ein Ziel auch dann hinzuarbeiten, wenn sich der Weg dorthin als steinig erweist. Hier hat Ihr Klient die Chance, sich aus seinem Alltagstrott zu befreien und auch solchen Ideen nachzugehen, die gemeinhin als unrealistisch abgetan werden. Oft finden sich hier wichtige Impulse.

Vielleicht sind nicht viele Assoziationen Ihres Klienten als konkrete Ziele geeignet. Doch in vielem lässt sich sicherlich eine hilfreiche Information finden. Daher sollte der Karriereberater die Interessen hinter den Visionen erkunden: Was genau lässt den Klienten davon träumen, z. B. Schauspieler zu werden? Ist ihm Ruhm wichtig? Schönheit? Ist er inspiriert von dem Film, den er gestern gesehen hat, und was hat er dort bewundert?

Die meisten Menschen, die in die Karriereberatung kommen, sind es nicht gewohnt, so ungezügelt zu träumen und zu denken. Diese Auseinandersetzung mit Träumen wirkt oft nach, und der Klient kann entdecken, was ihn inspiriert, woraus er Kraft schöpft und worauf er hinarbeiten will.

Visionsarbeit und Entwicklung
einer beruflichen Zielsetzung

Visionscollage

Ziel	• die inneren Bilder Ihres Klienten erschließen • eine Zukunftsperspektive gewinnen
Vorteile	• Den meisten Klienten macht diese Aufgabe Spaß – Bilder sammeln und kleben oder zusammenkopieren hat etwas Spielerisches. • Vor allem aber geht es hier um die Themen, die Ihrem Klienten am meisten bedeuten und die ihn inspirieren. Die Bearbeitung dieser Aufgabe wird von den meisten Klienten schon fast als »rauschhaft« erlebt.
Was kann schiefgehen?	• Der Klient hat Schwierigkeiten, sich auf diese Übung einzulassen. Liegen ihm kreative Ansätze nicht, so wird es ihm vielleicht schwerfallen, sich von einer Collage inspirieren zu lassen.
Und sonst?	• Der Klient kann eine solche Collage in Form eines Moodboards (eine visuelle Darstellung von Ideen; kommt ursprünglich aus der Kommunikations- und Werbewelt) entweder als E-Mail oder Datei erstellen (z. B. von Webseiten zusammenkopieren) oder eine Collage aus Zeitschriften und Fotos anfertigen. Bei der Arbeit am Computer können auch noch Musik oder Filmausschnitte verwendet werden.
Materialien	• Anleitung für Ihren Klienten • Wenn Sie die Übung vor Ort machen wollen, brauchen Sie Schere, Klebstoff und jede Menge Zeitschriften für die Collage.

II. Phase: Wollen und Motivation

Arbeitsblatt für Berater: Visionscollage/Moodboard

Werber und Kommunikationsexperten entwickeln Moodboards, um eine Idee, Vision oder Marke zu kommunizieren. Darin werden Stimmungen, Gefühle, Assoziationen und der »Geschmack« der Idee transportiert.

Erstellen Sie bitte ein Moodboard, in dem sich die Dinge/Ideen/Aktivitäten/Themen/Empfindungen wiederfinden, die Ihnen Freude machen, die Ihnen wichtig sind und die Ihre Zukunft repräsentieren. Eine solche Collage können Sie mit Bildern, Schere und Klebstoff erstellen. Der Computer bietet auch eine klebstofffreie Methode: Kopieren Sie Bilder aus Ihrem eigenen Fundus oder aus dem Internet in eine E-Mail oder in ein Dokument.

Am besten funktioniert eine Collage, wenn Sie ohne viel Überlegung anfangen und spontan ein paar Bilder zusammensuchen. Nach einer Weile schauen Sie noch einmal auf Ihre Collage: Fehlt etwas? So wächst Ihre Collage über die Zeit und kann reifen.

Bitten Sie Ihren Klienten, sein Zukunftsmoodboard zur nächsten Sitzung mitzubringen. Lassen Sie sich den Prozess der Erstellung beschreiben. Wie ist Ihr Klient vorgegangen? Wie kam es zu der Bilderauswahl? Welche Assoziationen, Empfindungen, Stimmungen verbindet er damit? Welche Geschichte erzählt die Collage? Beschreiben Sie auch, was Sie sehen. Wozu lädt Sie das Bild ein? Welche Assoziationen, Eindrücke und Gefühle entstehen bei Ihnen? Halten Sie die Gedanken fest, die durch die Erstellung und Betrachtung der Collage entstehen. Im späteren Verlauf der Beratung werden Sie darauf zurückgreifen.

Visionsarbeit und Entwicklung
einer beruflichen Zielsetzung

Fotoreise

Ziel	- den Klienten dazu anregen, bewusst zu reflektieren, was ihn inspiriert
- Ideensammlung
Vorteile	- Die Außenperspektive bietet dem Klienten einen weiteren Zugang zu seinen Erfolgen und Stärken.
- Durch Fremdfeedback kann das eigene Selbstbild differenziert, präzisiert, bestätigt oder gegebenenfalls korrigiert werden.
Was kann schiefgehen?	- Der Klient hat Schwierigkeiten, sich auf diese Übung einzulassen. Liegen ihm kreative Ansätze nicht, so wird es ihm vielleicht schwerfallen, sich von der Kamera leiten und von den Fotos inspirieren zu lassen.
Und sonst?	- Eine einfache Möglichkeit besteht darin, Ihrem Klienten eine Wegwerfkamera mitzugeben.
- Klienten können auch ihre Handykamera oder eine Digitalkamera benutzen.
Materialien	- Anleitung als Hausaufgabe

Arbeitsblatt für Klienten: Fotoreise

Bitte nehmen Sie sich in den nächsten Tagen immer wieder etwas Zeit, um einen Blick in Ihre Zukunft zu werfen. Setzen Sie sich in ein Café, ins Museum, auf eine Parkbank, fahren Sie mit der S-Bahn in eine ganz andere Richtung ... und lassen Sie Ihre Gedanken schweifen. Wie sieht für Sie ein idealer Tag aus? Womit möchten Sie Ihre Zeit verbringen? Womit können Sie sich stundenlang beschäftigen und dabei alles vergessen? Wobei fangen Ihre Augen an zu leuchten, wenn Sie davon erzählen? Mit welchen Menschen umgeben Sie sich gerne? Was sind das für Menschen, die Ihnen guttun und Sie bereichern?

Träumen Sie bildhaft, wie Sie morgens aufstehen (z. B. in Ihrem Wunschhaus mit Ihrem Wunschpartner an Ihrer Seite), zur Arbeit gehen oder fahren (z. B. mit dem Fahrrad, wie Sie es sich aus gesundheitlichen Gründen zum Ziel gesetzt haben, oder mit Ihrem Wunschauto), Ihre Arbeit erledigen (z. B. gut organisiert und ohne Zeitdruck), wieder nach Hause zurückkehren (z. B. um Ihrem Hobby nachzugehen oder sich im Kreis der Familie zu treffen) oder sich in einem anderen Bereich engagieren (z. B. im Sportverein, in einer politischen oder gemeinnützigen Organisation), wie Sie zu Bett gehen und Ihren Tag abschließen.

Halten Sie mit Ihrer Kamera die Bilder fest, die Sie inspirieren, die Ihnen etwas über sich und Ihre Zukunft sagen.

Die Fotoreise regt Klienten zunächst dazu an, sich ihren Wünschen durch Bilder und Assoziationen zu nähern. Dies ist für viele Menschen einfacher, als Wunschvorstellungen im Gespräch oder schriftlich zu äußern. Denn in der sprachlichen Kommunikation mit anderen werden häufig Kontroll- und Zensurmechanismen wirksam, die all das ausblenden, was unrealistisch oder unvernünftig erscheint. Die Fotoreise soll den inneren Zensor umgehen und dabei helfen, zunächst bildlich Wünsche auszudrücken, die für den Klienten wichtig sind und von denen eine starke Motivation ausgeht.

Der Karriereberater lässt den Klienten zunächst über die Bilder erzählen und stellt Fragen, die ihre subjektive Bedeutung für den Klienten stärker hervortreten lassen, aber von ihm noch keine analytische Antwort erfordern: Was fühlen Sie, wenn Sie dieses Bild sehen? Hätten Sie auch ein Bild von einem anderen Haus, Auto oder einer anderen Straße machen können? Was gefällt Ihnen daran so gut?

In einem nächsten Schritt kann der Berater den Klienten fragen, was dieser während der gesamten Übung – also auch während der Fotoaufnahmen – als wichtig für sich empfunden hat. Welche Vorstellungen übten eine besonders starke emotionale Wirkung auf ihn aus? Die Bilder, Antworten und Erzählungen des Klienten können die Grundlage einer weiteren Gesprächsphase bilden, in der er seine Wünsche und Prioritäten explizit benennt und gegebenenfalls ihre Bedeutung für seine Lebens- und Karriereplanung reflektiert.

Visionsarbeit und Entwicklung
einer beruflichen Zielsetzung

Imagination zum exzellenten Beruf

Ziel	• die Intuition des Klienten durch innere Bilder sprechen lassen
Vorteile	• Sie können über die inneren Bilder, die im Unbewussten gespeichert sind, Zugang zur Intuition und zum inneren Wissen des Klienten finden. • Sie können anschließend einzelne Bilder und Begriffe aufgreifen und den Klienten dazu frei assoziieren lassen, damit er auf Ideen kommt, die normalerweise von seinem inneren Zensor ausgefiltert werden. • Dabei können Sie Mimik und Gestik beobachten und feststellen (bzw. auch rückmelden), wann er begeistert ist (leuchtende Augen, wenn Sie mit ihm nach der Imagination über das Erlebte reden, sind ein wichtiges Indiz).
Was kann schiefgehen?	• Manche Klienten haben Schwierigkeiten, sich auf innere Bilder einzulassen und darüber zu sprechen. Der Karriereberater sollte eine vertrauensvolle Beziehung zum Klienten hergestellt haben, bevor diese Übung gemacht wird. • Wenn ein Klient sich überhaupt nicht auf die Übung einlassen will oder während der Imagination völlig blockiert ist, sollte die Übung ausgelassen bzw. abgebrochen werden.
Und sonst?	• Üben Sie die Imagination vorher mit einer »Versuchsperson«. • Notieren Sie die Bilder und Begriffe. Sie sind ein wertvolles Material für die weitere Arbeit.
Materialien	• Anleitung für die Sitzung mit Ihrem Klienten

Arbeitsblatt für Berater: Anleitung zur Imagination

Sorgen Sie dafür, dass Sie nicht gestört werden.

Schaffen Sie eine entspannte Atmosphäre.

Der Klient sitzt auf einem bequemen Stuhl, am besten mit Armlehnen.

Erläutern Sie kurz das weitere Vorgehen

»Heute geht es darum, Zugang zu Ihrer Intuition und zu Ihrem tiefen inneren Wissen zu erhalten. Denn im Grunde weiß jeder von uns im Inneren, was gut für ihn ist. Zugang zu diesem inneren Wissen können Sie über die inneren Bilder bekommen, die sich von selbst einstellen, wenn Sie sich entspannen und die Bilder einfach kommen lassen. Bitte sagen Sie jeweils, was Sie sehen oder was Ihnen spontan einfällt. Ich werde alles notieren, und wir können dann später darüber sprechen. Es geht um Bilder und Begriffe, die sich Ihnen zum Thema ›Mein exzellenter Beruf‹ zeigen.« (Es geht nicht um einen idealen Beruf, sondern nur um einen für den Klienten besonders geeigneten.)

Entspannung

(Sprechen Sie mit langsamer und ruhiger Stimme)

> »Setzen Sie sich bequem hin.
> Schließen Sie die Augen, und kommen Sie zur Ruhe. (Pause)
> Achten Sie auf Ihren Atem, wie er ganz ruhig fließt –
> ein- (Pause) und ausatmen. (Pause)
> Und bei jedem Ausatmen fließen die Gedanken von Ihnen ab. (Pause)
> Sie spüren jetzt, wie Ihr Atem den ganzen Körper durchströmt, (Pause)
> bis in alle Zellen Ihres Körpers, (Pause)
> von den Füßen (Pause) über die Knie bis zum Gesäß (Pause),
> dann langsam die Wirbelsäule hinauf (Pause),
> bis zum Kopf, der ganz frei ist. (Pause)
> Und jetzt, wenn Sie mögen, (langsam sprechen) strecken Sie Ihre inneren Arme nach oben aus, sodass sie ein V bilden, und lassen Sie alle Bilder und Begriffe hineinfallen, die sich einstellen zum Thema: ›Mein exzellenter Beruf‹. (Pause)
> Und sagen Sie mir bitte alles, was Sie an Bildern sehen
> und was Ihnen an Begriffen einfällt.«

Visionsarbeit und Entwicklung
einer beruflichen Zielsetzung

Die Übung sollte beendet werden, wenn keine Bilder und Begriffe mehr genannt werden. Die Imagination dauert etwa fünf, maximal zehn Minuten. Dazu können Sie sagen: »Lassen Sie sich noch einen Augenblick Zeit, die letzten Bilder anzuschauen, und kommen Sie dann, wenn Sie mögen, wieder hierher zurück, und öffnen Sie die Augen.«

Nachbesprechung

Wie haben Sie sich während der Imagination gefühlt?
Was war für Sie besonders eindrucksvoll?
Was haben diese Bilder/Begriffe für eine Ausstrahlung?
Wie wirkte das auf Sie?
Was war für Sie überraschend oder neu?

Jetzt kann der Berater einzelne Bilder und Begriffe aufgreifen und den Klienten fragen, was ihm noch dazu einfällt (freie, unzensierte Assoziation). Daraus kann ein Gespräch entstehen über das, was den Klienten im Inneren bewegt, wo er letztlich hinmöchte. Wichtig ist, die Bilder als zentrale Botschaften der Intuition anzusehen und nicht als verrückt oder utopisch abzuwerten. Die Bilder und Begriffe können, zum Beispiel am Flipchart, geordnet und in Verbindung mit anderen Erkenntnissen zu den Stärken und Kompetenzen gesetzt werden.

Der 90. Geburtstag

Ziel	- die Vorstellungskraft Ihres Klienten anregen - ein Bild für die Zukunft finden, das Ihrem Klienten Kraft gibt, die schwierige Umsetzungsphase zu bestehen
Vorteile	- Im (antizipierten) Lebensrückblick werden Wünsche und Vorstellungen von einem gelungenen Leben aktiviert. Dem Klienten wird bewusst, wie er auf sein Leben zurückblicken möchte und dass er für sein Leben verantwortlich ist.
Was kann schiefgehen?	- Manchen Klienten fällt es schwer, sich ihren Lebensrückblick vorzustellen. Der Karriereberater sollte sie ermutigen, sich den 90. Geburtstag möglichst konkret vorzustellen.
Und sonst?	- eignet sich auch als Hausaufgabe
Materialien	- Fragebogen für die Beratungssitzung - Der Fragebogen kann dem Klienten auch als Hausaufgabe ausgehändigt werden.

Visionsarbeit und Entwicklung
einer beruflichen Zielsetzung

Arbeitsblatt für Berater/Hausaufgabe für Klienten: Der 90. Geburtstag

Stellen Sie sich vor, Sie feiern Ihren 90. Geburtstag. Jemand hält eine Rede, in der Sie und Ihr Leben gelobt werden. Schreiben Sie diese Rede! Ein paar Fragen finden Sie als Anleitung auf diesem Arbeitsblatt:

Was, möchten Sie, soll über Sie gesagt werden? (Beruf, Familie und soziale Kontakte, Interessen und Hobbys, soziales Engagement)

Welchen Stellenwert haben diese verschiedenen Bereiche im Lebensrückblick?

Welche Eigenschaften, Haltungen und Lebensleistungen sollten besonders gewürdigt werden?

Gibt es Höhepunkte, die erwähnt werden sollten?

Welche Verluste, Versäumnisse, Fehler und Grenzerfahrungen sollten zumindest angedeutet werden, damit ein komplettes Bild entsteht?

Wer hält die Rede? Was bedeutet Ihnen das?

Wer ist anwesend und hört zu? Mit welchem Gefühl blicken Sie in die Runde?

Welche Erkenntnisse ziehen Sie aus Ihrem Lebensrückblick?

Visionsarbeit und Entwicklung
einer beruflichen Zielsetzung

Fantasie-/Zukunftsreise

Ziel	• die Vorstellungskraft des Klienten anregen • ein Bild für die Zukunft finden, das Ihrem Klienten Kraft gibt, die schwierige Umsetzungsphase zu bestehen
Vorteile	• Die Vorstellungskraft und die inneren Bilder des Klienten werden aktiviert. Im Unterschied zur Imagination werden bei der Fantasiereise die einzelnen Situationen vorgegeben, es geht um den Bereich zwischen Intuition und Vorstellung/Fantasie.
Was kann schiefgehen?	• Sich auf eine Fantasiereise einzulassen setzt Vertrauen voraus. Achten Sie darauf, dass Ihr Klient sich mit diesem Setting wirklich wohlfühlt. Laden Sie ihn zu einem Experiment ein, und lassen Sie ihm freie Wahl, sich auch dagegen zu entscheiden. • Der Karriereberater sollte die Fantasiereise vorher mit einem Freiwilligen üben. Es ist wichtig, den Pausenbedarf zu erkennen, um dem Klienten Zeit zu geben, sich in Vorstellungen einzufinden. • Der Karriereberater sollte im Zweifelsfall eher langsamer als schneller sprechen und eher mehr als weniger Pausen machen.
Und sonst?	• Sorgen Sie für Ruhe, eine angenehme Atmosphäre und ein ungestörtes Setting.
Materialien	• Text zur Durchführung einer geleiteten Fantasiereise mit dem Klienten • Alles, was zu einer entspannten Position beiträgt, ist willkommen. Haben Sie z. B. eine Wolldecke oder ein Kissen, um es Ihrem Klienten bequem zu machen? • ein Flipchart, auf dem Sie die Eindrücke festhalten können, die Ihr Klient gesammelt hat

Arbeitsblatt für Berater: Fantasiereise

Rechnen Sie genug Zeit ein, wenn Sie Ihren Klienten zu einer Fantasiereise anleiten wollen! Denken Sie daran, ruhig und langsam zu sprechen. Geben Sie dem Klienten genug Zeit, seine inneren Bilder zu entwickeln!

»Machen Sie es sich jetzt so bequem und gemütlich wie möglich. Schließen Sie Ihre Augen und kommen Sie mit mir in die Welt der Fantasie.
Sie werden jetzt ganz ruhig.
Sie atmen jetzt ein paarmal tief ein und aus.
Sie hören jetzt nur noch auf meine Stimme. Alles andere wird unwichtig.
Alle anderen Geräusche werden unwichtig – Sie hören nur noch auf meine Stimme.
Sie sind völlig ruhig und entspannt.
Lassen Sie Ihre Gedanken fließen.
Ich möchte Sie jetzt zu einer Reise in eine wünschenswerte und schöne Zukunft einladen.
Sie stehen auf einer grünen Wiese.
Schauen Sie sich um.
Was sehen Sie?
In einiger Entfernung bemerken Sie eine Tür.
Sie sind neugierig und gehen langsam auf die Tür zu.
Sie stehen jetzt vor der Tür.
Sie sehen ein Schild an der Tür.
Auf der Tür steht: Meine berufliche Zukunft.
Jetzt öffnen Sie langsam die Tür und sehen einen lichtdurchfluteten, warmen Nebel, in den Sie hineintreten und der Sie in die Zukunft trägt.
Sie finden sich wieder im Jahr 2023. In zehn Jahren von heute.
Alles ist irgendwie vertraut und doch neu und anders.
Schauen Sie sich jetzt in dieser Welt um. In der Welt von 2023.
Stellen Sie sich vor, Sie sind jetzt auf dem Weg zur Arbeit.
Sie fühlen sich sehr wohl und freuen sich auf den vor Ihnen liegenden Tag.
Stellen Sie sich vor, wie Sie Ihren Arbeitsplatz erreichen.
Was sehen Sie?
Was umgibt Sie? Was sehen Sie, wenn Sie sich umschauen?
Welche Gegenstände sind dort?
Was sehen Sie von Ihrem Arbeitsplatz aus?
Ist noch jemand bei Ihnen, oder sind Sie allein?
Was für Menschen sind bei Ihnen? Mit wem arbeiten Sie zusammen?
Für wen oder was verrichten Sie Ihre Arbeit?
Wie treten Sie mit diesen Menschen in Kontakt?
Worüber sprechen Sie?

Visionsarbeit und Entwicklung
einer beruflichen Zielsetzung

> Wie ist die Atmosphäre? Wie fühlen Sie sich?
> Stellen Sie sich den Ablauf eines Tages vor! Was machen Sie den ganzen Tag?
> Mit was beschäftigen Sie sich?
> Welche konkreten Tätigkeiten sind zu erledigen?
> Was macht den Tag für Sie besonders?
> Was gefällt Ihnen an Ihrem Arbeitsplatz?
> Schauen Sie sich noch ein wenig um. Sammeln Sie die Eindrücke! Nehmen Sie die Eindrücke jetzt gedanklich auf Ihre Reise mit zurück in den warmen Lichtnebel, der Sie wieder zu der Tür auf der Wiese trägt! Spüren Sie langsam wieder den Boden unter Ihren Füßen, nehmen Sie Ihren Atem, die Geräusche und Ihre Umgebung wieder mehr wahr. Bewegen Sie langsam Ihre Finger und Zehen. Wenn Sie mögen, recken und strecken Sie sich und atmen mehrmals tief ein und aus.
> Wenn Sie dann im Hier und Heute in diesem Raum wieder angelangt sind, öffnen Sie die Augen, und seien Sie wieder ganz hier!«

Lassen Sie Ihren Klienten in eigenem Tempo erzählen, was er in seiner Zukunftswelt gesehen und gefühlt hat. Einiges mag neu und überraschend sein, anderes beglückend oder verwirrend. Unterstützen Sie ihn dabei, die Erfahrung zu formulieren, und halten Sie wichtige Stichpunkte fest.

Die Zukunft entwerfen

| Auftrag klären | Rückschau | Kompetenzen | Vision entwickeln | **Zukunft entwerfen** |

| Marktstrategie | schriftliche Bewerbung | mündliche Bewerbung | Onboarding |

Ihr Klient hat nun eine breite Auseinandersetzung mit seinen Erfahrungen und Fähigkeiten hinter sich. Nun gilt es für ihn, das gesammelte Material zu durchdenken, Entscheidungskriterien zu definieren, Schwerpunkte zu legen und die passende Position zu finden. Zu welchem Ziel sagt Ihr Klient Ja? Und was muss er tun, um es zu erreichen? Es geht bei den folgenden Tools um die Entscheidung für ein Ziel und die Entwicklung eines Plans zur Zielerreichung.

Einsatzbereiche

Die hier genannten Methoden sind dann die richtigen, wenn Ihr Klient

- aus der Menge der Informationen, die Sie gemeinsam zusammengetragen haben, Ideen für seine berufliche Zukunft ableiten möchte – wenn es also gilt zu entscheiden, welchen beruflichen Weg er gehen möchte. Welche Werte, Bedürfnisse, Interessen sollen im Vordergrund stehen, und welche Entscheidungen getroffen werden? Welches pragmatische Zukunftsmodell kann daraus abgeleitet werden?
- unfokussiert ist – häufig werden Klienten durch eine erfolglose Suche nach einer für sie passenden Stelle wahllos in dem, was sie beruflich anstreben. Dies schwächt sie meist in ihrer Motivation und in ihrem Antrieb. Mit den hier genannten Methoden sind eine Selbstklärung und konkrete Ausrichtung auf ein wünschenswertes Ziel möglich.
- einen Arbeitsplan braucht – oder Sie ihm einen anbieten wollen, um das weitere Vorgehen zu strukturieren. Aus getroffenen Entscheidungen sind also zu-

Die Zukunft entwerfen

nächst ein grober Ablauf, später auf dieser Grundlage auch monatliche, wöchentliche oder tägliche Arbeitspläne zu entwickeln, an denen sich der Klient orientieren kann. Diese können hilfreich sein, um Ihre gemeinsame Arbeit zu strukturieren.
- sich vor einer konkreten Entscheidung unsicher fühlt, z. B. nicht weiß, ob er eine bestimmte Karriereoption verfolgen soll oder nicht.

Überblick

	Methode	Ziel
1	Werteklärung	• Entscheidungskriterien entwickeln: Was ist im Leben Ihres Klienten wichtig und nicht verhandelbar? • Analyse der für einen Job wichtigen Werte
2	Rollenklärung	Wie stellt sich Ihr Klient seine ideale berufliche Rolle vor, und wie verhält sich diese zu anderen Rollen, die er in seinem Leben einnimmt?
3	Themenklärung	Woran hat der Klient leidenschaftliches Interesse?
4	Eckdatenklärung	Welche Rahmenbedingungen zeichnen seine Zielposition aus?
5	Persönliche SWOT-Analyse	Marktposition entwerfen und Entwicklungsmöglichkeiten erkennen
6	Karriere-Balanced-Scorecard	umfassende Planung und Koordination verschiedener Lebensbereiche
7	Plan zur Zielerreichung	eine Vision oder ein Ziel in konkrete Handlungsschritte überführen
8	SMARTe Zielformulierung	Ziele so setzen, dass Fortschritte erlebbar werden
9	Tetralemma	Handlungsalternativen erkunden und bewerten, neue Alternativen schaffen, Denkbarrieren überwinden
10	Pro und kontra mit Bauchgefühl	Entscheidungen kognitiv und emotional vorbereiten

11	Gewichtete Entscheidung	Folgen einer Entscheidung systematisch erfassen
12	Unterhaltung zwischen Varianten meiner Zukunft	negative Erwartungen, die sich an eine Entscheidung knüpfen, benennen und ausräumen
13	Disney-Strategie	Entscheidungen umfassend durchdenken, Alternative finden
14	Münze werfen – Das Schicksal entscheidet!	intuitive Entscheidung provozieren

Sie haben erarbeitet, welche Erfahrungen Ihren Klienten auszeichnen, was er weiß, was er kann und was er sich wünscht. Träume und Visionen bieten nun den Horizont, vor dem kraftvolle, attraktive und machbare Zielsetzungen entwickelt werden können. Manche Klienten wissen bereits jetzt, was sie wollen – dann wird es hier vor allem darum gehen, eine Zeitleiste zu entwickeln, Meilensteine festzulegen und sich auf einen Arbeitsplan zu einigen.

Für andere ist es noch schwer, sich festzulegen. Sie brauchen weitere Klärungshilfe, um herauszufinden, was der richtige Weg für sie ist. Einige Klienten kommen immer wieder an diese Stelle zurück, gerade wenn es im Bewerbungsprozess Rückschläge gibt, die sie an ihren Visionen und Zielen zweifeln lassen.

Hier müssen Kriterien definiert werden, die Ihr Klient in seinem Privat- und Berufsleben verwirklichen möchte. Es geht um die Frage: Was ist Ihnen wirklich wichtig? Welche Entscheidungen sind daraus abzuleiten?

Wir empfehlen Ihnen für diesen Schritt vier verschiedene Klärungsansätze: die Klärung der Werte, der Rollen, der Themen und der Eckdaten, die hinsichtlich der neuen Tätigkeit gegeben sein müssen. Alle diese Schritte bereiten Entscheidungen vor und begleiten sie.

Die Zukunft
entwerfen

Werteklärung

Ziel	• Klärung von persönlichen Werten und Prioritäten
Vorteile	• Der Klient wird angehalten, sich der für ihn wichtigen persönlichen Werte bewusst zu werden und in einer Bilanz gegenüberzustellen, welche Werte er in seinem bisherigen Leben verwirklicht hat und welche darauf warten, gelebt zu werden.
Was kann schiefgehen?	• Für manche Klienten ist es ungewohnt, so grundsätzlich auf ihr bisheriges und künftiges Leben zu blicken. Der Karriereberater sollte sensibel und wertschätzend mit der sehr persönlichen Wertebilanz umgehen.
Und sonst?	• Die Wertebilanz ist eine anspruchsvolle Methode, die alle Lebensbereiche mit einbezieht. Sie hat eine hohe Orientierungsfunktion für künftige Entscheidungen und einen hohen Aussagewert.
Materialien	• Anleitung für die Wertebilanz (als Hausaufgabe oder als Teil der Beratung) • Anleitung zur Analyse der für einen Job wichtigen Werte

Wertvorstellungen leiten unser Denken und Handeln. Sich seiner Werte bewusst zu sein gibt dem Leben eine Richtschnur und Klarheit, wenn Entscheidungen anstehen. Im Einklang mit seinen Werten zu sein schafft ein Gefühl von Sinnerfüllung – und dennoch setzen wir uns selten explizit mit ihnen auseinander.

Eine Werteklärung im Rahmen der Beratung schafft ein Fundament und bringt eine Ordnung in das, was für den Klienten wirklich von Bedeutung ist. Über Werte zu sprechen macht deutlich, dass neben beruflichem Erfolg und Leistungsfähigkeit für Ihren Klienten vielleicht noch andere Belange wie zum Beispiel Liebe, Freundschaft, Nachhaltigkeit und Fairness gleichermaßen wichtig sind.

Die Werteklärung erfolgt in zwei Schritten:

- in einer persönlichen Wertebilanz, bei der es nicht um Haben oder Sein, sondern um Sein und Sollen geht,
- in einer Analyse der für einen konkreten Job wichtigen Werte.

Persönliche Wertebilanz

Werte sind (nach Viktor Frankl) allgemeine Leitlinien des persönlichen Handelns. Es geht also nicht um starre Dogmen, überkommene Normen oder das, was sozial erwünscht ist, sondern um die ganz persönlichen Werte, deren Verwirklichung dem Einzelnen Sinn vermittelt. Wie spüren diese Werte in der Regel intuitiv, durch unser individuelles Wertegewissen.

Dazu gehören:

- **schöpferische Werte** Sie entstehen, wenn durch eigene Tätigkeit etwas Wertvolles entsteht, sei es im Beruf, durch künstlerische oder wissenschaftliche Tätigkeit oder auch durch das Großziehen eines Kindes. Entscheidend ist nicht, *was* ein Mensch schafft, sondern *wie* er es schafft – so, wie vielleicht nur er es schaffen kann.

- **Erlebniswerte** Sie werden verwirklicht, wenn der Mensch die Welt in der Schönheit der Natur, der Kunst oder in anderen Bereichen erlebt und dadurch innerlich bereichert wird. Der höchste Erlebniswert ist die Liebe. Zu den Erlebniswerten gehört auch soziales Engagement für einzelne oder für die Gemeinschaft, was die meisten Menschen als äußerst sinnvoll erleben.

- **Einstellungswerte** Hier geht es um eine angemessene Einstellung zu schicksalhaftem Leid (Krankheit, Tod, Trennung) und zu anderen existenziellen Gegebenheiten, die der Einzelne nicht beeinflussen kann. Es kommt auf die Haltung zu einem unabänderlichen Schicksal an. Wer sein Schicksal auf sich nimmt, es als seine Aufgabe ansieht, kann daran reifen und wachsen, ja er kann zum Vorbild für andere werden.

Die Zukunft
entwerfen

Arbeitsblatt für Klienten: Wertebilanz

Stellen Sie für sich eine Wertebilanz auf, die dem folgenden Schema entspricht. Achten Sie bei Ihrer Stellungnahme darauf, inwieweit Sie die drei Wertekategorien verwirklicht haben. Nehmen Sie sich dafür Zeit, und beschränken Sie sich auf die für Sie in Ihrem Leben wesentlichen Werte.

Gelebtes Leben (Sein)		Zu lebendes Leben (Sollen)
Ist	Stellungnahme zum Ist	Soll
Welche wesentlichen Werte habe ich bisher verwirklicht?	Meine Bewertung: Gelungenes Misslungenes Versäumtes	Welche Werte warten darauf, gelebt zu werden (unter Berücksichtigung der Gestaltungsmöglichkeiten und Lebensmotive)?

Arbeitsblatt für Berater: Wertebilanz

Die Wertebilanz ist vor allem ein Beitrag zur Selbsterkenntnis: Wer bin ich, wie kann ich noch werden? Aus der Auswertung können sich wichtige Hinweise für eine grundlegende Neuorientierung des gesamten Lebens ergeben, insbesondere für das Verhältnis von Beruf und Privatleben.

Bei der Aufstellung und Auswertung der Wertebilanz können Sie Ihren Klienten unterstützen. Helfen Sie Ihrem Klienten herauszufinden, welche Werte für ihn von Bedeutung sind und wie sie sich zueinander verhalten.

- Ergänzen Sie die Wertebilanz Ihres Klienten.

  Wenn Ihrem Klienten nichts einfällt:
  Erfahrungsgemäß ist es hilfreich, den Dingen nachzuspüren, die Ihnen an Ihrem Klienten schon aufgefallen sind. Ist er auf den Rat seiner Freunde hin in die Beratung gekommen? Versucht er einen Ausgleich zwischen Familie und Beruf zu finden? Dann könnten Freundschaft und Familie schon die gesuchten Werte sein! Engagiert er sich für eine Organisation oder Partei? Was bewegt ihn daran? Der Wunsch, das gesellschaftliche Leben aktiv mitzugestalten? Der Kampf für Menschenrechte? Oder ist er immer wieder auf der Suche nach neuen sportlichen Herausforderungen? Folgen Sie der Spur der Dinge, für die sich Ihr Klient in seinem Alltag immer wieder entscheidet! Wir nutzen bei unserer Arbeit bewusst keinen Wertekatalog, der zur Inspiration ein-

zelne Werte präsentiert. Zum einen ist es gar nicht möglich, eine vollständige Liste zu erstellen, zum anderen wollen wir auch gar nicht den Rahmen schaffen, aus dem heraus der individuelle Wertekatalog zu sehr in eine sozial erwünschte Richtung gezogen wird.

- Unterscheiden Sie echte Werte von Zweckwerten, die eine dienende Funktion haben. Geld ist zum Beispiel ein Zweckwert. Wenn Geld als Wert genannt wird, hilft die Frage weiter: Wofür ist das gut? Die Antwort kann lauten: Geld vermittelt mir Eigenständigkeit, Sicherheit oder ermöglicht soziale Wohltaten. Dadurch kommen echte Werte in den Blick, die dem Klienten Orientierung und Motivation geben.
- Lassen Sie Ihren Klienten zu jedem Wert erläuternde Wortketten bilden (z. B. Freiheit – Zeit für mich – Zeit fürs Reisen). Die Idee dabei ist, den Wert genauer zu verstehen. Freiheit könnte auch vollkommen anders verstanden werden (z. B. sich nicht nach den Vorstellungen anderer richten müssen, eigenen Vorstellungen folgen).
- Priorisieren Sie! Welche dieser Werte sind die wichtigsten für Sie? Stellen Sie sich vor, diese Werte geraten in Konflikt. Welcher Wert ist für Sie dann ausschlaggebend? Entscheiden Sie sich für den Wert mit der höchsten Sinnerfüllung.

Bei der Auswertung der Wertebilanz kann sich zeigen, dass Ihr Klient eine pyramidal geordnete Wertordnung hat, d. h. es gibt einen Leitwert (zum Beispiel Selbstverwirklichung im Beruf), von dem die anderen Werte abhängig oder dem sie nachgeordnet sind. Hier besteht eine besondere Krisenanfälligkeit. Wenn der Leitwert wegbricht, gibt es keine anderen Werte, die dem Leben des Klienten Sinn geben können. Deshalb führt ein parallel geordnetes Wertsystem mit etwa gleich wichtigen Werten aus allen drei Wertkategorien zu einer größeren Sinnerfüllung und Krisenresistenz. Mit einem reichen Wertsystem lässt sich selbst Arbeitslosigkeit besser ertragen.

Die Zukunft
entwerfen

Analyse der für einen Job wichtigen Werte

Wenn es bereits um die Entscheidung für oder gegen eine konkrete Stelle geht, ist es hilfreich, die für diese Position maßgebenden Werte mit den persönlichen Werten des Klienten zu vergleichen.

Ziel	herausfinden, ob die neue Stelle zu den Werten Ihres Klienten passt
Vorteile	Entscheidungen können fundiert getroffen werden
Was kann schiefgehen?	Nach zu hoher Passung suchen: Hier ist nicht die optimale Passung gefragt, sondern es gilt herauszufinden, ob Ihr Klient sich mit der Vision des Unternehmens oder mit den relevanten Werten einer potenziellen Stelle identifizieren kann.
Und sonst?	Diese Übung ist auch unabhängig von konkreten Entscheidungssituationen hilfreich.
Materialien	Fragen zur Klärung der Wertepassung und zum Umgang mit Wertekonflikten

Arbeitsblatt für Berater: Fragen zur Klärung der Wertepassung und zum Umgang mit Wertekonflikten

1. Analysieren Sie die Werte, die für das Unternehmen/für die Stelle von Bedeutung sind.
   - Was wissen Sie über die Werte des Unternehmens (z. B. von der Homepage)? Was wissen Sie über die Branche, was haben Sie in der Kommunikation mit dem Unternehmen bemerkt?
   - Gibt es einen Unterschied zwischen verkündeten und gelebten Werten?
   - Welche Werte hängen mit der konkreten Stelle zusammen?
2. Priorisieren Sie, und wählen Sie die fünf wichtigsten Werte aus!
3. Vergleichen Sie diese Werte mit Ihren persönlichen Werten!
   - Was fällt Ihnen auf?
   - Passen diese Werte zusammen? Wo gibt es Überschneidungen, wo könnte Konfliktpotenzial liegen?
   - Was erfahren Sie daraus über die Stelle?
   - Was erfahren Sie daraus über sich?

Bei der Beantwortung und Auswertung dieser Fragen kann ein Konflikt zwischen dem Wertesystem des Klienten und den oft nur implizit erkennbaren Werten der Stelle deutlich werden. Ein typischer Wertekonflikt dieser Art ist der zwischen dem Wunsch, qualitativ hochwertige und ethisch verantwortliche Arbeit zu leisten, und den Erwartungen des Arbeitgebers, die Gewinn- und Renditeziele zu erreichen. Solche Konflikte treten häufiger auf bei Journalisten, Werbeleuten und Ärzten.

Wie kann der Klient mit solchen Konflikten umgehen? Er sollte nach bestem Wissen und Gewissen entscheiden. Dies kann bedeuten, dass eine Stelle für den Klienten nicht in Betracht kommt, wenn ein ständiger Konflikt mit eigenen wichtigen Werten zu erwarten und seine moralische Identität dadurch gefährdet ist (Kriterium: Kann der Klient noch stolz in den Spiegel schauen?). Manche Jobwechsel beruhen auf derartigen Konflikten.

Wenn der Klient sich für die Stelle entschieden hat, berufliche und persönliche Werte jedoch in Konflikt geraten, was häufiger vorkommt, kann er versuchen, die Gegensätze zu integrieren. Das kann zum Beispiel bedeuten, dass er entweder seine eigenen Wertvorstellungen (zum Beispiel im Umgang mit Mitarbeitern) in seiner beruflichen Arbeit verwirklicht und dabei Konflikte mit seinem Vorgesetzten in Kauf nimmt. Oder aber er sucht sich ein Wirkungsfeld, das es ihm erlaubt, die beruflichen und persönlichen Wertvorstellungen miteinander zu verbinden.

Die Zukunft
entwerfen

Rollenklärung

Ziel	• Rollenerfahrung des Klienten im privaten und beruflichen Umfeld identifizieren • Konfliktsituationen erkennen und bearbeiten, Rollenverständnis gestalten • Work-Life-Balance-Beratung
Vorteile	• Dieser Ansatz eignet sich zur Analyse privater und beruflicher Rollen.
Was kann schiefgehen?	• Sich als Träger verschiedener Rollen zu begreifen ist für viele angesichts des geltenden Authentizitätsideals ungewohnt und mag ihnen sogar falsch erscheinen. Nehmen Sie sich ausreichend Zeit für die Erläuterung des Rollenkonzepts und seiner Bedeutung im Rahmen der Karriereplanung.
Und sonst?	• Die Rollenklärung kann als Hausaufgabe fortgeführt werden. • Die Übung besteht insgesamt aus drei Teilen. Der erste Teil berührt private Rollen (Fragen 1–3). Der zweite Teil (Fragen 1–8) leitet dazu an, die berufliche Rolle zu analysieren und dabei potenzielle Konflikte zu erkennen (Intrarollenkonflikte). Der dritte Teil (Fragen 9–16) behandelt Konflikte zwischen der beruflichen Rolle und anderen Rollen. • Die im dritten Teil gestellten Fragen eignen sich auch dazu, Interrollenkonflikte in Hinblick auf das Selbstverständnis des Klienten durchzuspielen und den Transfer von Verhaltensmustern zwischen Rollen zu thematisieren.
Materialien	• Fragebogen zur Rollenklärung im privaten Bereich • Fragebogen zur Rollenklärung im beruflichen Bereich • Der Klient kann die Rollenpartner auch auf Karteikarten (DIN A6 oder größer) beschreiben. Die Karteikarten können dann mit Klebestreifen auf einem Flipchart oder Whiteboard um einen zentralen Kreis mit der Berufs- oder Stellenbezeichnung angeordnet werden. • Auch die verschiedenen privaten Rollen des Klienten können auf Karteikarten geschrieben werden. Zusammen mit einer Karteikarte für die berufliche Rolle können sie auf einem Flipchart oder Whiteboard um einen zentralen Kreis mit der Bezeichnung »Ich« angeordnet werden.

Welche Rollen möchte Ihr Klient einnehmen? Um entscheidungsfähig zu sein, ist auch eine Klärung wünschenswerter Rollen wichtig. Zunächst geht es darum, den Klienten zu ermutigen, sich seiner unterschiedlichen sozialen Rollen bewusst zu werden. Neben seiner Rolle als Vater/Mutter oder Sohn/Tochter muss er auch im Berufsleben mehrere Rollenerwartungen erfüllen. Er positioniert sich gegenüber seinem Chef anders als im Team. Er kann Kollege, Untergebener und Vorgesetzter in einer Person sein. Das Beratungsziel bei der Rollenklärung sollte sein, in einem ersten Schritt ein Bewusstsein für diese Rollenvielfalt zu schaffen. Denn viele Konflikte im Berufsalltag sind eigentlich Rollenkonflikte.

Ebenso kann diese Analyse der Definition einer idealen Stelle dienen: Wie sieht die berufliche Rolle aus, die Ihr Klient bereit ist einzunehmen? Möchte er gerne das Herz der Gruppe sein oder ihr Anführer? Möchte er Menschen leiten oder ein allein arbeitender Experte sein? Was lernt er aus den anderen Rollen, die er in seinem Leben innehat? Wie soll sich seine berufliche Rolle von den anderen unterscheiden?

Arbeitsblatt für Berater / Hausaufgabe für Klienten: »Meine sozialen Rollen«

Was sind die wichtigsten sozialen Rollen in meinem aktuellen Privatleben?

Bitte wählen Sie aus Ihren Stichworten eine Rolle aus, und analysieren Sie diese unter folgenden Fragestellungen:

a) Welche spezifischen Anforderungen und Belohnungen sind mit dieser Rolle verknüpft? (Status)

b) Welche konkreten Aktivitäten/Tätigkeiten gehen mit dieser Rolle einher? (Aufgaben)

Die Zukunft
entwerfen

c) Auf welche Personen bezieht sich diese Rolle? Wer sind die wichtigsten Rollenpartner?

Welche Erwartungen haben die unterschiedlichen Rollenpartner an mich als Rolleninhaber der Rolle X? Inwieweit sind diese Erwartungen deckungsgleich, unterschiedlich oder widersprüchlich? (Intrarollenkonflikt)

Wie gehe ich damit um?

Mit welchen Anforderungen/Erwartungen/Belastungen aus meinen anderen sozialen Rollen kollidieren die Anforderungen/Erwartungen/Belastungen der Rolle X? (Interrollenkonflikt)

Wie gehe ich damit um?

Arbeitsblatt für Berater/Hausaufgabe für Klienten: »Meine beruflichen Rollen«

Analysieren Sie nun Ihre beruflichen Rollen.

Welche spezifischen Anforderungen und Belohnungen sind mit den beruflichen Rollen verknüpft? Was müssen Sie leisten, und was bekommen Sie dafür? (Status)

Welche konkreten Aktivitäten/Tätigkeiten gehen mit diesen Rollen einher? (Aufgaben)

Auf welche Personen oder Gruppen beziehen sich diese beruflichen Rollen? Wer sind die wichtigsten Rollenpartner (typische Personen oder Gruppen sind z. B. Vorgesetzte, Kunden, Kollegen)?

II. Phase:
Wollen und Motivation

Versetzen Sie sich nun in die verschiedenen Rollenpartner Ihrer beruflichen Rolle. Welche Interessen, Prioritäten und Anrechte haben diese Personen oder Gruppen?

a) Person/Gruppe:

   Erwartungen:

b) Person/Gruppe:

   Erwartungen:

c) Person/Gruppe:

   Erwartungen:

d) Person/Gruppe:

   Erwartungen:

e) Person/Gruppe:

   Erwartungen:

Die Zukunft
entwerfen

f) Person/Gruppe:

   Erwartungen:

g) Ich selbst
Was sollte Ihrer Meinung nach jemand in diesem Beruf leisten? Und wozu sollte Ihnen dieser Beruf verhelfen? Was sind also Ihre Erwartungen?

   Erwartungen:

Setzen Sie die Ansprüche der verschiedenen Personen und Gruppen sowie Ihre eigenen Erwartungen in ein Verhältnis zueinander. Welche Ansprüche der verschiedenen Rollenpartner stehen in einem (potenziellen) Konflikt zueinander? Die Ansprüche welcher Personen oder Gruppen sind identisch?

   Erwartungen:

Fassen Sie die möglichen Konflikte, die sich aus den unterschiedlichen Rollenerwartungen ergeben, kurz zusammen. Welche Schwierigkeiten können daraus für den Rolleninhaber entstehen?

Richten Sie Ihr Augenmerk jetzt wieder auf die einzelnen Erwartungen, die an den Rolleninhaber gestellt werden. Beantworten Sie die folgenden Fragen:

Welche Rollenerwartungen kann ich leicht erfüllen? Bei welchen fällt es mir eher schwer, sie zu erfüllen?

Auf welche Fähigkeiten/Kenntnisse/Erfahrungen kann ich bei der Bewältigung der Anforderungen zurückgreifen? Was hilft mir und unterstützt mich?

Welche meiner grundlegenden Werte, Einstellungen, Überzeugungen und Ziele helfen mir dabei, den Anforderungen gerecht zu werden?

Welche grundlegenden Werte und Einstellungen stehen mir dabei eher im Weg bzw. erschweren die Erfüllung der an mich und meine Rolle gestellten Anforderungen?

Gliedern Sie nun Ihre verschiedenen beruflichen Rollen auf (z. B. Mitarbeiter, Chef). Überlegen Sie außerdem, welche weiteren Rollen Sie in Ihrem Leben einnehmen (in der Familie, im Verein, im Freundeskreis).
Schreiben Sie diese Rollen kurz auf, und halten Sie in Stichworten fest, welche Funktionen Sie in diesen Rollen wahrnehmen. Dabei reicht eine grobe Charakterisierung aus.

Die Zukunft
entwerfen

Rolle: _____

_____
_____

Rolle: _____

_____
_____

Rolle: _____

_____
_____

Rolle: _____

_____
_____

Rolle: _____

_____
_____

Wenn der Platz nicht ausreicht, können Sie für weitere Rollen zusätzliche Blätter benutzen.

Gibt es mögliche Konflikte, die zwischen diesen Rollen auftreten können? Häufig handelt es sich um Zeitkonflikte, es sind aber auch andere Konflikte möglich.

_____
_____

Wie kann man mit solchen Konflikten umgehen? Müssen Kompromisse eingegangen werden (von wem und von wem nicht)? Gibt es Lösungen für solche Konflikte?

Welche Rollen sind Ihrer beruflichen Rolle ähnlich? In welchen Rollen werden ähnliche Erwartungen an Sie gestellt?

Welche Rollen unterscheiden sich stark von Ihrer beruflichen Rolle? In welchen Rollen werden gänzlich andere Erwartungen an Sie gestellt?

Auf welche Erfahrungen und Verhaltensweisen aus privaten Rollen können Sie in Ihrer beruflichen Rolle zurückgreifen?

Gibt es Verhaltensweisen aus privaten Rollen, die in Ihrer beruflichen Rolle nicht angebracht oder schädlich wären?

Gibt es eine Rolle, die Sie zurzeit nicht innehaben, die Sie aber gerne ausfüllen möchten?

Die Zukunft
entwerfen

Themenklärung

Ziel	• Interessen und Leidenschaften des Klienten identifizieren
Vorteile	• Sie können beobachten, bei welchen Themen und Fragestellungen Ihr Klient leuchtende Augen bekommt – eine gute Gelegenheit dafür, auf ganz andere Ideen zu kommen.
Was kann schiefgehen?	• Der Klient lässt sich auf die Fragen nicht ein, weil ihm die Fragestellung zu weit von seiner Realität entfernt erscheint.
Und sonst?	• Über Themen zu sprechen, die ihm am Herzen liegen, kann ganz neue Energien beim Klienten freisetzen. Achten Sie besonders auf seine Körpersprache.
Materialien	• Fragebogen für die Sitzung mit Ihrem Klienten

Wir alle haben Themen und Inhalte, mit denen wir uns gerne beschäftigen. Für viele Menschen ist es ein Luxus, ihre Interessen auch beruflich behandeln zu können. Die meisten haben die Erfahrung gemacht, dass Leidenschaften ins Privatleben gehören, der Job dagegen zum Geldverdienen und nicht zur Freude da ist. Holen Sie also weit aus, sammeln Sie zunächst alles, was zum Interessenfeld Ihres Klienten gehört. Heben Sie Trennungen nach Lebensbereichen auf, und gehen Sie all dem nach, was Ihren Klienten fasziniert, begeistert und interessiert. Noch ist nicht der Zeitpunkt zu fragen, ob man davon auch leben kann – vielmehr ist wichtig zu erfahren, was die ureigene Antriebsfeder Ihres Klienten ist. Hier können wahre Schätze verborgen liegen, die der beruflichen Orientierung zugutekommen.

Arbeitsblatt für Berater/Hausaufgabe für Klienten: Themenklärung

Mit welchen Themen beschäftigen Sie sich gerne?

In welchem Rahmen beschäftigen Sie sich gerne mit ihnen?

Gibt es in Ihrem beruflichen Umfeld Themen, die Sie lieber bearbeiten als andere?

Bei welchen Tätigkeiten und Themen vergessen Sie alles um sich herum? Wann erleben Sie sich so fokussiert, dass Sie voll und ganz in Ihrer Aufgabe aufgehen?

Was erregt bei Ihnen sofort Aufmerksamkeit und Interesse? Wo geht Ihre Aufmerksamkeit hin? Welchen Gesprächen folgen Sie am liebsten, welche Bücher lesen Sie gerne, welche Artikel als Erstes?

Um welche Dinge muss man Sie nicht bitten? Um welche Aufgaben würden Sie sich reißen? Was wäre ein echter Verlust, wenn man es Ihnen nehmen würde?

Wenn Sie ein Buch schreiben müssten, was wäre der Titel, wovon würde es handeln?

Eckdatenklärung

Ziel	• Entscheidungen auf kognitiver Ebene vorbereiten
Vorteile	• Sie helfen Ihrem Klienten, die für ihn wichtigen Faktoren zu benennen, die gegeben sein müssen, damit er sich in seinem Arbeitsleben wohl und wertgeschätzt fühlt. Sie können anhand der gewünschten Eckdaten außerdem die Frage bearbeiten, unter welchen Bedingungen welche Kompromisse denkbar sind. Mithilfe eines Meilensteinplans können zunächst Idealszenarien und gleichzeitig Termine festgelegt werden, zu denen der laufende Prozess evaluiert wird. Die Rahmenbedingungen müssen unter Umständen neu verhandelt werden.
Was kann schiefgehen?	• Diese Methode stellt wichtige Informationen zur Entscheidungsfindung bereit, deckt aber nur die analytische Herangehensweise ab. Entscheidungen sollten jedoch immer auch mit einer Methode überprüft werden, die zusätzlich das »Bauchgefühl« des Klienten anspricht.
Und sonst?	• Halten Sie die Ergebnisse optisch gut aufbereitet fest. Für spätere Entscheidungen werden sie eine hervorragende Grundlage sein.
Materialien	• Fragebogen als Anleitung für die Sitzung mit Ihrem Klienten

Um zufrieden und wirksam im Beruf arbeiten zu können, müssen bestimmte Rahmenbedingungen und Eckdaten stimmen. Erarbeiten Sie mit Ihrem Klienten, welche Faktoren gegeben sein müssen und welche lediglich von Vorteil sind. Schaffen Sie Klarheit hinsichtlich Mobilität, Arbeitsbedingungen und Gehaltserwartungen. Legen Sie auch fest, welche dieser Aspekte unter welchen Bedingungen neu verhandelt werden können (z. B. könnte das Wunschgehalt oder die Zielregion überdacht werden, wenn sich der Klient drei Monate lang ohne Erfolg beworben hat).

Arbeitsblatt für Berater / Hausaufgabe für Klienten: Klärung der Eckdaten

Welche Aufgaben und Positionen kommen für Sie infrage?

Welche Unternehmen/Branchen kommen für Sie infrage? Welche Unternehmensgröße passt zu Ihnen?

Wie wichtig sind Ihnen Weiterbildung und Aufstieg?

Welche Gehaltsvorstellungen haben Sie? Wie wichtig sind für Sie variable Gehaltsbestandteile bzw. eine leistungsorientierte Vergütung?

Welche Standorte kommen für Sie infrage? Wie mobil sind Sie? Wie hoch ist Ihre Reisebereitschaft?

Was für eine Arbeitszeit wünschen Sie sich bzw. nehmen Sie in Kauf?

Wie sieht für Sie eine stimmige Balance zwischen Berufs- und Privatleben aus? Was ist für Sie diesbezüglich wichtig, was unverzichtbar?

Die Zukunft
entwerfen

Welche Aspekte sind für Sie hinsichtlich Führungsstil und Betriebsklima entscheidend?

Welche Erwartungen haben Sie an Ihre zukünftigen Vorgesetzten und späteren Kollegen?

Welche weiteren Kriterien sind für Sie bei der Entscheidung für eine Stelle wichtig? (Betriebliche Altersversorgung, betriebliches Freizeitangebot …)

Schaffen Sie nun einen Überblick: Markieren Sie die genannten Kriterien mithilfe zweier verschiedenfarbiger Stifte. Welche sind absolute Musts, welche sind lediglich »nice to have«?

Zusammengefasst: Welche drei Kriterien sind für Sie so bedeutend, dass ein Job nur dann für Sie infrage kommt, wenn diese erfüllt sind?

1.

2.

3.

Persönliche SWOT-Analyse

Die SWOT-Analyse ist eine Managementtechnik, die Stärken, Schwächen, Chancen und Risiken eines Unternehmens identifizieren soll. Sie dient als Basis für die Entwicklung einer Strategie und zieht dabei sowohl die spezifischen Eigenschaften des Unternehmens (Stärken und Schwächen) wie auch die äußeren Umweltbedingungen (Chancen und Risiken) in Betracht. Die Bezeichnung kommt aus dem Englischen und steht für **s**trengths, **w**eaknesses, **o**pportunities, **t**hreats (= SWOT).

Auch für die Entwicklung einer persönlichen Strategie auf dem Arbeitsmarkt kann die SWOT-Analyse ein sehr hilfreicher Schritt sein. Hier gilt es nicht nur herauszuarbeiten, welche Stärken in den Vordergrund zu rücken und welche Schwächen abzumildern sind. Vielmehr geht es auch darum, die Chancen und Risiken in den Blick zu nehmen und die persönliche Strategie daran anzupassen.

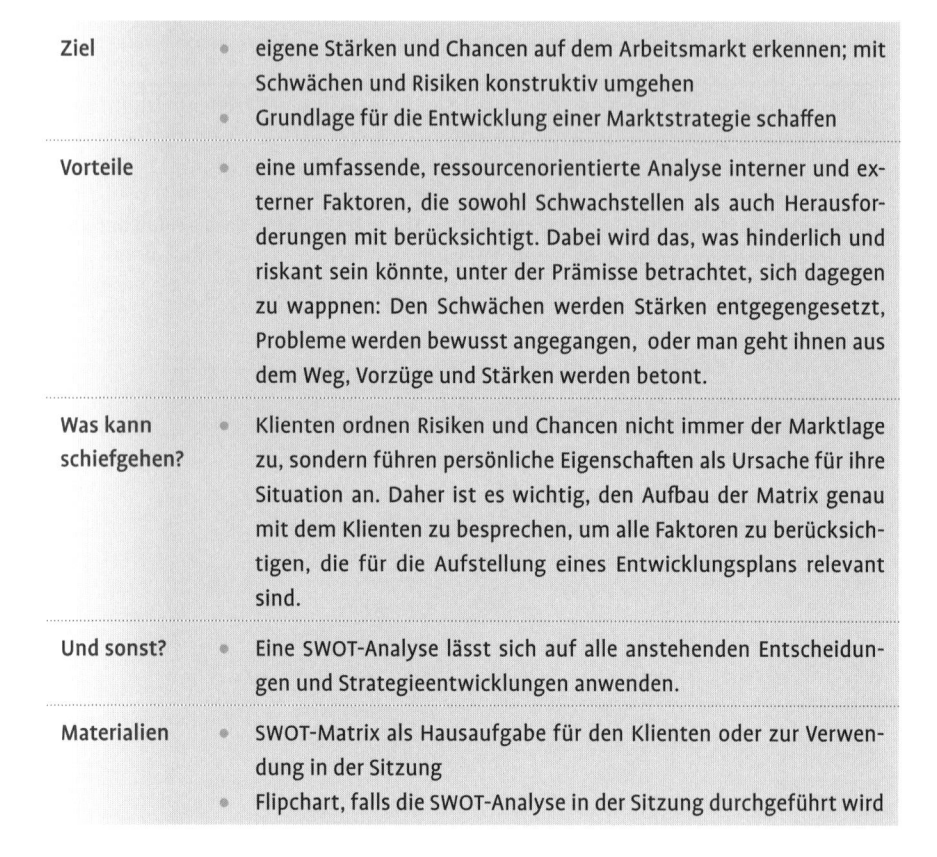

Ziel	• eigene Stärken und Chancen auf dem Arbeitsmarkt erkennen; mit Schwächen und Risiken konstruktiv umgehen • Grundlage für die Entwicklung einer Marktstrategie schaffen
Vorteile	• eine umfassende, ressourcenorientierte Analyse interner und externer Faktoren, die sowohl Schwachstellen als auch Herausforderungen mit berücksichtigt. Dabei wird das, was hinderlich und riskant sein könnte, unter der Prämisse betrachtet, sich dagegen zu wappnen: Den Schwächen werden Stärken entgegengesetzt, Probleme werden bewusst angegangen, oder man geht ihnen aus dem Weg, Vorzüge und Stärken werden betont.
Was kann schiefgehen?	• Klienten ordnen Risiken und Chancen nicht immer der Marktlage zu, sondern führen persönliche Eigenschaften als Ursache für ihre Situation an. Daher ist es wichtig, den Aufbau der Matrix genau mit dem Klienten zu besprechen, um alle Faktoren zu berücksichtigen, die für die Aufstellung eines Entwicklungsplans relevant sind.
Und sonst?	• Eine SWOT-Analyse lässt sich auf alle anstehenden Entscheidungen und Strategieentwicklungen anwenden.
Materialien	• SWOT-Matrix als Hausaufgabe für den Klienten oder zur Verwendung in der Sitzung • Flipchart, falls die SWOT-Analyse in der Sitzung durchgeführt wird

Die Zukunft
entwerfen

Arbeitsblatt für Berater: SWOT-Matrix

Beginnen Sie die SWOT-Analyse am besten mit der Erfassung der Stärken und Schwächen. Dazu gehören persönliche Eigenschaften Ihres Klienten, wie beispielsweise Gewissenhaftigkeit als Stärke und Schüchternheit als Schwäche, aber auch fachliche Stärken und Schwächen, etwa hervorragende IT-Kenntnisse als Stärke oder Unerfahrenheit in der Projektarbeit als Schwäche.

Danach soll Ihr Klient die Risiken und Chancen auflisten, die seine Umwelt für ihn bereithält. Es empfiehlt sich, die Umwelt so zu definieren, dass Risiken und Chancen möglichst konkret erfasst werden können. So ist der Arbeitsmarkt als Umwelt zu allgemein. Geeigneter wäre hier ein Ausschnitt aus dem Arbeitsmarkt (z. B. der Arbeitsmarkt der Werbebranche für junge Absolventen eines einschlägigen Studiums) oder auch ein Unternehmen als Umwelt des beruflichen Lebens.

Erarbeiten Sie die vier Felder detailliert und umfassend, üben Sie sich im Perspektivwechsel! Lassen Sie dann Ihren Klienten bei der Gesamtbetrachtung ein erstes Fazit ziehen.

Person / Umwelt	Stärken	Schwächen
Chancen		
Risiken		

Setzen Sie in einem nächsten Schritt die Bereiche miteinander in Beziehung, und gehen Sie gemeinsam folgenden Fragen nach:

- Mit welchen Stärken lassen sich welche Schwächen kompensieren?
- Welche Stärken können eingesetzt werden, um die Chancen zu nutzen?
- Mit welchen Stärken können die Risiken reduziert werden?
- Durch welches Umfeld und durch welche Maßnahmen kann der Einfluss von Schwächen und Risiken minimiert werden?

Die Zukunft
entwerfen

Karriere-Balanced-Scorecard

Ziel	• ganzheitliche Sichtweise des individuellen Entwicklungsprojekts • konkrete, auch kleine Zwischenziele und Schritte definieren • Wechselwirkung zwischen den Schritten verstehen; Faktoren identifizieren, die den Fortschritt hindern • Wechselbeziehung von Lebensbereichen berücksichtigen
Vorteile	• macht Zusammenhänge zwischen Lebensbereichen sichtbar
Was kann schiefgehen?	• Der Klient wird es mitunter schwierig finden, einen Schritt einem Feld zuzuordnen. Ermutigen Sie ihn, in einem solchen Fall nicht lange nachzudenken und intuitiv vorzugehen. • Klienten könnten die Auswahl der Felder für ihren besonderen Fall nicht zutreffend finden. Beispielsweise spielen Finanzen nicht immer eine unmittelbare Rolle. In solchen Fällen können Sie mit dem Klienten über alternative oder zusätzliche Felder nachdenken. So bietet manchen Klienten ein Feld »Gesundheit« oder ein Feld »Freizeit« gute Möglichkeiten, ihre Vision in konkrete Schritte umzusetzen.
Und sonst?	• kann in einer Sitzung angewendet werden oder als Hausaufgabe dienen. Bei einer Hausaufgabe sollte eine Nachbereitung in einer Sitzung stattfinden.
Materialien	• Arbeitsblatt mit Beispiel einer ausgefüllten Balanced Scorecard • Blanko-Balanced-Scorecard • Flipchart, wenn die Balanced Scorecard in der Sitzung ausgefüllt wird

Die Balanced Scorecard ist ein Managementtool für die Umsetzung einer Unternehmensstrategie. Sie bietet die Möglichkeit, die Unternehmensführung nicht nur eindimensional anhand von Kennzahlen zu planen, sondern eine breite Beschreibung und Zieldefinition zu finden, die sowohl finanzielle als auch qualitative Komponenten mit einschließt und einen kleinschrittigen Umsetzungsplan vorbereitet. Die Balanced Scorecard lässt sich in angepasster Form auch auf die Planung von persönlichen Veränderungsprojekten anwenden. In der Karriereberatung kann sie dazu dienen, eine Planung von vornherein breit anzulegen – und dabei nicht nur zu planen, welche beruflichen Ziele verfolgt werden sollen, sondern auch, woher die Ressourcen kommen sollen, die hierfür notwendig sind. So wird der Zeitaufwand für den Bewerbungsprozess nicht nur als eigene Aufgabe gesehen, sondern gleichzeitig berücksichtigt, welche Anforderungen erfüllt sein müssen, damit Ihr Klient diese Aufgaben auch erledigen kann, z. B. welche Freiräume er sich schaffen muss, damit er genügend Zeit für den Bewerbungsprozess hat. Der Gewinn für den Klienten ist dabei, dass hier schon einmal – auf dem angefügten Formular oder auf einem Flipchart – eine übersichtliche Gesamtplanung entsteht, aus der die nächsten notwendigen Schritte abgeleitet werden können.

Aufbau Das mittlere Feld der Balanced Scorecard, »Vision«, bezeichnet ein konkretes berufliches Ziel. Auch eine Strategie zur Erreichung des Ziels sollte schon in Umrissen feststehen (z. B. eine Fortbildung). Die vier umgebenden Felder enthalten alle konkreten Maßnahmen, die notwendig sind, um das Ziel zu erreichen.

Wichtig Es können die Felder mit alternativen Titeln versehen oder auch zusätzliche Felder eingerichtet werden.

Anwendung

a) Nach gründlicher Einführung in die Funktionsweise der Balanced Scorecard diskutieren Klient und Karriereberater, ob die Überschriften der Felder geändert werden sollten und ob zusätzliche oder weniger Felder benötigt werden. Solche Anpassungen der Balanced Scorecard können unmittelbar vom Karriereberater oder auch später vom Klienten selbst vorgenommen werden.
b) Der Klient füllt als Hausaufgabe die Balanced Scorecard aus und bringt sie zur nächsten Sitzung mit. Alternativ können Sie mit Ihrem Klienten die Balanced Scorecard in der Sitzung ausfüllen. Dazu bietet sich die Arbeit am Flipchart an.
c) Die ausgefüllte Balanced Scorecard dient als Grundlage einer Sitzung. Die Sitzung hat das Ziel, den Veränderungsprozess des Klienten möglichst konkret und dabei doch ganzheitlich zu planen.
Die Beziehungen zwischen den Einträgen in verschiedenen Feldern können in der weiteren Bearbeitung durch Pfeile gekennzeichnet werden. So könnte im Beispiel unten ein Pfeil von »Fernstudium beginnen« zu »Ausgaben reduzieren« führen, wenn der finanzielle Spielraum für Studiengebühren geprüft werden muss. Weitere Pfeile könnten »Kurs« mit »Netzwerk aufbauen« verbinden, denn in Kursen finden sich oft Personen mit ähnlichen Interessen und Zielen.
d) Das Ergebnis kann als Basis für eine Zeit- und Meilensteinplanung dienen, aber auch dabei helfen, begleitende Maßnahmen zu identifizieren und einzuleiten.

Die Zukunft
entwerfen

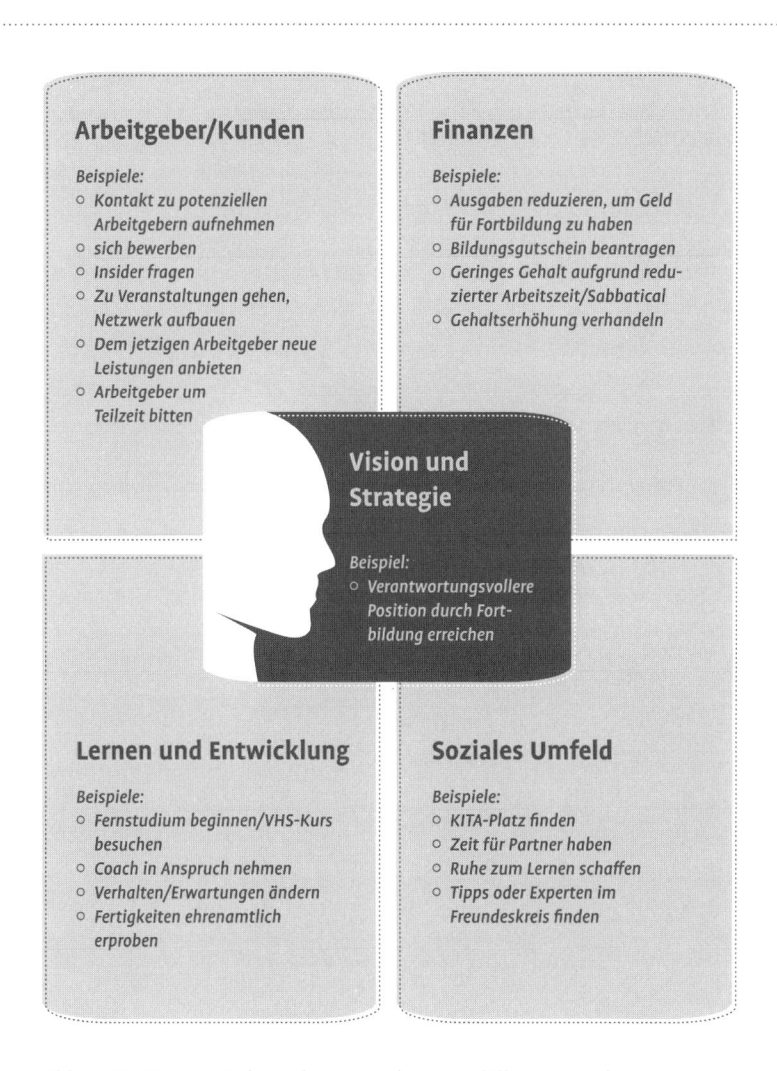

Arbeitgeber/Kunden

Beispiele:
- Kontakt zu potenziellen Arbeitgebern aufnehmen
- sich bewerben
- Insider fragen
- Zu Veranstaltungen gehen, Netzwerk aufbauen
- Dem jetzigen Arbeitgeber neue Leistungen anbieten
- Arbeitgeber um Teilzeit bitten

Finanzen

Beispiele:
- Ausgaben reduzieren, um Geld für Fortbildung zu haben
- Bildungsgutschein beantragen
- Geringes Gehalt aufgrund reduzierter Arbeitszeit/Sabbatical
- Gehaltserhöhung verhandeln

Vision und Strategie

Beispiel:
- Verantwortungsvollere Position durch Fortbildung erreichen

Lernen und Entwicklung

Beispiele:
- Fernstudium beginnen/VHS-Kurs besuchen
- Coach in Anspruch nehmen
- Verhalten/Erwartungen ändern
- Fertigkeiten ehrenamtlich erproben

Soziales Umfeld

Beispiele:
- KITA-Platz finden
- Zeit für Partner haben
- Ruhe zum Lernen schaffen
- Tipps oder Experten im Freundeskreis finden

Abb. 3: Die Karriere-Balanced-Scorecard – ausgefülltes Beispiel

| Arbeitgeber/Kunden | Finanzen |

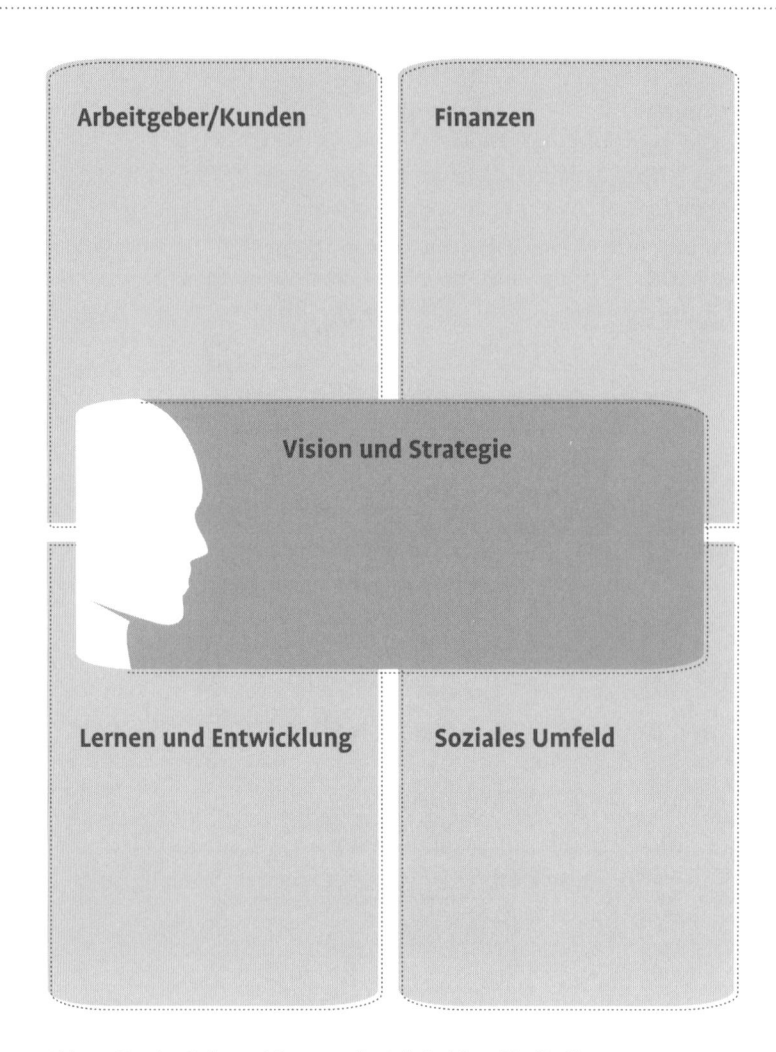

Vision und Strategie

| Lernen und Entwicklung | Soziales Umfeld |

Abb. 4: Blanko-Balanced-Scorecard – Arbeitsblatt für die Sitzung

Die Zukunft
entwerfen

Plan zur Zielerreichung

Ziel	• aus dem Erarbeiteten einen Plan entwickeln: Was soll wann passieren? Was muss wann fertig sein, damit das Ziel erreicht werden kann? • klären, was in der gegebenen Zeit möglich ist • eine Übersicht bereitstellen, an der Ihr Klient seinen Fortschritt bei der Verfolgung seines Ziels messen kann
Vorteile	• Der Zielerreichungsplan kann mitwachsen und während der Beratung immer wieder angepasst werden. • Die Übersicht kann als Grundlage für wöchentliche oder tägliche To-do-Listen dienen. • Der Plan kann während einer Beratungssitzung auf einem Flipchart oder als Hausaufgabe erstellt werden.
Was kann schiefgehen?	• (Teil-)Ziele sind nicht genau genug definiert, sodass unklar ist, ob und wann das Ziel erreicht wird. • Zu ehrgeizige (Teil-)Ziele werden gesetzt, können nicht erreicht werden, und der Klient ist frustriert. • Zu leichte oder zu schwierige Ziele untergraben die Glaubwürdigkeit der Planung, die gesamte Planung wird nicht mehr als verbindlich angesehen.
Und sonst?	• Die Arbeit mit großem Flipchart-Papier bietet sich an. Ein solches Flipchart kann als motivierendes Poster neben dem Schreibtisch Ihres Klienten hängen. • Regen Sie Ihren Klienten an, den Plan mit für ihn passenden Farben, Symbolen und Bildern zu versehen. So kann er als hilfreiche und gleichzeitig motivierende Orientierung in der oft arbeitsaufwendigen und frustrierenden Zeit der Stellensuche dienen.
Materialien	• Arbeitsblatt für die Erstellung eines Zielerreichungsplans

Arbeitsblatt für Klienten: Zielerreichungsplan

Ihr Weg zum Ziel

Führen Sie die Erkenntnisse, die Sie bisher gewonnen haben, in einem Plan zusammen. Schaffen Sie eine Übersicht, in der Sie vermerken, was Sie bis wann mit welchen Meilensteinen erreichen wollen, um an Ihr Ziel zu gelangen.

Nehmen Sie folgende Punkte in Ihren Plan auf:

- Welches Ziel wollen Sie erreichen?
- Welche Teilziele und Meilensteine liegen auf dem Weg?
- Über welche Stärken, Erfahrungen und Ressourcen verfügen Sie, um diesen Schritt umsetzen zu können? Hierzu zählen interne wie auch externe Faktoren (sowohl Ihre Tennisvereinsfreunde, Ihr Humor als auch Ihre lange Veröffentlichungsliste sind Vorteile, die Sie beim Netzwerken nutzen können).
- Welche Hürden, Schwächen und Hemmnisse können sich Ihnen in den Weg stellen (z. B. Ihre Scheu vor dem ersten Anruf, die kommende Urlaubszeit oder Ihre mangelnde Erreichbarkeit über mehrere Tage)?
- Welche (Gegen-)Maßnahmen können Sie bezüglich dieser Hürden ergreifen?
- Wählen Sie außerdem einen Erfolgskontrollfaktor! Wer wird wann und wie merken, dass Sie einen geplanten Schritt erreicht (oder auch nicht erreicht) haben? Die Wahrscheinlichkeit der Umsetzung steigt, wenn Sie mit Ihrem Vorhaben an die Öffentlichkeit gehen. Bitten Sie andere gezielt, Erfolgspaten Ihrer Etappenziele zu sein. Ihr Karriereberater, Freunde oder Familienmitglieder können so zu Sparringspartnern Ihres Vorhabens werden. Notieren Sie auch, welches Versprechen Sie abgegeben haben und welche »Sanktionen« Ihnen bei Nichterfüllung drohen.
- In die letzte Spalte tragen Sie ein, wie Sie sich für erreichte Meilensteine belohnen wollen. Vom Kinobesuch über ein langes Telefonat mit einem Herzensfreund bis hin zu einem lang gewünschten Geschenk an sich selbst – Sie entscheiden. Hauptsache, es motiviert!

So erarbeiten Sie sich ein genaueres Bild davon, wie der Weg in Ihre (berufliche) Zukunft aussehen kann. Lassen Sie während des Prozesses den entstehenden Plan auf sich wirken. Gefällt Ihnen, was Sie dort sehen? Was fehlt? Was motiviert? Was ist bei näherer Betrachtung doch nicht mehr so wichtig? Und was wird dadurch, dass Sie die Teilziele, Meilensteine und schließlich Ihr eigentliches Ziel erreicht haben, möglich?

Mein Ziel (bis wann wollen Sie was erreicht haben?):

Die Zukunft
entwerfen

Meilenstein/ Datum	Was tue ich dafür? (Teilziele/Datum)	Welche Ressourcen habe ich?	Welche Hürden sehe ich?	Was tue ich dagegen?	Erfolgskontrolle und Sanktionen	Meine Belohnung für Erreichtes
1.						
2.						
3.						
4.						
5.						

SMARTe Zielformulierung

Ziel	• Ziele so formulieren, dass sie konkret, überprüfbar und terminierbar sind
Vorteile	• eine altbewährte Herangehensweise, um Ziele auch tatsächlich zu erreichen • Der Klient setzt sich intensiv mit seinen Zielvorstellungen auseinander und reflektiert, was die Zielerreichung in der Realität bedeutet.
Was kann schiefgehen?	• Einzelne Aspekte werden übersprungen oder als nicht so wichtig erachtet.
Und sonst?	• Auch wenn die SMART-Methode abgedroschen klingt, lohnt es sich, dafür Zeit einzuplanen. So lassen sich schon zu einem frühen Zeitpunkt Fehler vermeiden.
Materialien	• Anleitungsblatt und Tabelle für Hausaufgabe oder Arbeit in der Sitzung

Wenn Ihr Klient Entscheidungen getroffen hat, so ist der nächste Schritt, ihn bei der Umsetzung dieser Entscheidungen zu begleiten. Wichtig ist hierbei, die Entscheidung in ein oder mehrere umsetzbare Ziele zu übertragen.

Die Definition eines Zieles ist eine Herausforderung, bei der Sie Ihren Klienten unterstützen können. Hilfreich sind dabei bestimme Kriterien, die es erleichtern, ein motivierendes und gleichzeitig erreichbares Ziel zu definieren. Diese Kriterien sind erfüllt, wenn Ziele »SMART« sind. Das heißt:

S *Das Ziel muss spezifisch formuliert sein.* Es kann also nicht darum gehen, dass Ihr Klient »beruflich erfolgreicher« werden möchte, denn das ist zu ungenau formuliert. Das Ziel »Erfolg« muss mit konkretem Inhalt gefüllt werden, z. B. »Beförderung zum Teamleiter« oder »Wechsel in Firma xy«.

M *Das Ziel muss messbar sein.* Messbar ist ein Ziel dann, wenn Sie eindeutig sagen können, ob es erreicht worden ist oder nicht. Woran genau wird Ihr Klient festmachen können, dass er am Ziel angekommen ist?

A *Das Ziel muss ausführbar und aus eigener Kraft erreichbar sein.* Es ist nicht sinnvoll, Ziele zu setzen, auf deren Erreichung der Klient keinen Einfluss hat. Niemand kann sich vornehmen, im Lotto zu gewinnen. Wer auf eine Stelle hinarbeiten will, die gerade erst wieder besetzt worden ist, macht seinen Erfolg von Entscheidungen anderer abhängig, auf die er keinen Einfluss hat. Ein Ziel sollte

stets so formuliert sein, dass sein Erreichen grundsätzlich in der Macht Ihres Klienten liegt.
R *Das Ziel muss relevant, es muss erstrebenswert sein.* Dies klingt zunächst selbstverständlich. Aber hier tauchen in der Tat immer wieder Probleme auf. Gerade berufliche Ziele klingen häufig gut, ohne dass derjenige, der sie formuliert, sie *wirklich* erreichen will. Der Karriereberater sollte daher mit dem Klienten darauf achten, dass die formulierten Ziele von (großer) Bedeutung sind.
T *Das Ziel muss terminiert sein.* Bis wann will Ihr Klient dies erreicht haben? Liegt das angestrebte Ziel in der weiteren Zukunft, ist es ratsam, Zwischenziele zu formulieren. So gewinnt Ihr Klient durch Teilerfolge motivierende Kraft auf dem Weg zum Ziel.

Sie finden hier ein Arbeitsblatt, das den Klienten dabei unterstützt, fünf Ziele SMART zu formulieren.

Arbeitsblatt für Klienten: SMARTe Zielformulierung

Hier können Sie Ihre Ziele so formulieren, dass sie motivierend und auch tatsächlich erreichbar sind. Diese Eigenschaft haben Ziele aber nur, wenn sie Ihnen wichtig sind und wenn Sie Ihren Fortschritt bei der Zielerreichung wahrnehmen können.

Ziele, die auch längerfristig motivieren, können mit der SMART-Methode formuliert werden. SMART ist eine Abkürzung für die Kriterien solcher Ziele und steht für:

- S – spezifisch: Formulieren Sie ein möglichst konkretes Ziel. Statt »Einkommen erhöhen« geben Sie beispielsweise einen konkreten Betrag an.
- M – messbar: Woran ist eindeutig zu erkennen, dass Sie Ihr Ziel erreicht haben? (z. B. dass das höhere Gehalt auf Ihrem Konto eingegangen ist)
- A – ausführbar und aus eigener Kraft erreichbar: Es muss ein Ziel sein, dessen Erreichen grundsätzlich in Ihrer Macht liegt und von Ihnen beeinflusst werden kann (ein Lottogewinn zählt nicht dazu).
- R – relevant: Das Ziel muss für Sie persönlich wichtig sein. Überlegen Sie daher, ob das Ziel, das Sie formulieren, wirklich Ihren Wünschen entspricht und Sie stark motivieren kann. Wenn Sie Zweifel daran haben, dass das Ziel für Sie wirklich wichtig ist, dann eignet es sich nicht.
- T – terminiert: Legen Sie einen konkreten Zeitpunkt fest, zu dem das Ziel erreicht sein soll. Wichtig ist, dass Sie Ziele, die in weiterer Zukunft liegen, in SMARTe Teilziele unterteilen.

Versuchen Sie nun, in der Tabelle fünf Ziele nach dieser Methode zu definieren. Achten Sie bei jedem Ziel darauf, dass es alle fünf SMART-Kriterien erfüllt:

II. Phase: Wollen und Motivation

Zielbeschreibung:	Spezifisch Was genau wollen Sie erreichen?	Messbar Woran erkennen Sie, dass Sie es erreicht haben?	Ausführbar und aus eigener Kraft erreichbar?	Relevant Was würde das für Sie ändern? Ist dies motivierend genug?	Terminiert Bis wann wollen Sie dies erreicht haben?

Die Zukunft
entwerfen

Tetralemma

| Ziel | • Entscheidung herbeiführen
• Überwindung von Denkbarrieren |
|---|---|
| Vorteile | • macht Entscheidungen sicht- und fühlbar |
| Was kann schiefgehen? | • Die Arbeit im Raum ist für einige Klienten befremdlich und bedarf einer behutsamen Einführung. |
| Und sonst? | • Hat Ihr Klient das Gefühl, festzustecken und sich zwischen zwei Optionen entscheiden zu müssen, können Sie mit dieser Übung den Raum für weitere Möglichkeiten öffnen. Neue Wege zeichnen sich ab, Konflikte können sich auflösen, Entscheidungen wirken weniger dramatisch. |
| Materialien | • Anleitung zur Arbeit mit dem Tetralemma
• Sie brauchen fünf große Flipchart-Papiere und ausreichend Raum.
• Dauer ca. 45 bis 60 Minuten |

Arbeitsblatt für Berater: Eine neue Perspektive

Gerade wenn eine Entscheidung schwerfällt, kann es helfen, einmal eine andere Perspektive einzunehmen. Eine Methode hierfür ist das Tetralemma. Dabei geht es darum, ein Di-lemma, also eine Entscheidung zwischen zwei nicht optimalen Möglichkeiten, in eine Entscheidung zwischen vier Möglichkeiten zu überführen. Entwickelt wurde diese Technik von Insa Sparrer und Matthias Varga von Kibéd, die eine Figur aus der indischen Logik herangezogen und daraus eine systemische Strukturaufstellung entwickelt haben.

Wenn Ihr Klient also vor einer Alternative steht und es ihm schwerfällt, sich zu entscheiden, erweitern Sie seine Optionen um folgende Punkte:

- Lösung 1
- Lösung 2
- Beide Lösungen
- Keine von beiden Lösungen

Zusätzlich gibt es eine fünfte Position, den sogenannten »Nicht-Standpunkt«, eine Außenperspektive, die es ermöglichen soll, die vier anderen Positionen zurückzuweisen.
In dieser Übung wird der Klient für jede der Optionen 1 bis 4 sowie für die fünfte Position ein Flipchart-Papier wählen und es nach seinem aktuellen Empfinden auf den Boden legen. Diese Art des Vorgehens nennt man Aufstellungsarbeit. Hierbei werden Symbole, Gegenstände oder Personen (sogenannte Stellvertreter) als Repräsentanten für verschiedene Optionen benannt und im Raum zueinander in Beziehung gesetzt. So ist es dem

Klienten möglich, ein Problem oder eine Fragestellung sichtbar zu machen und sich dazu als externer Beobachter zu verhalten. In unserem Beispiel wählt der Klient also vier Flipchart-Blätter für die Positionen 1 bis 4 sowie ein weiteres (eventuell andersfarbiges) für die fünfte Position, legt diese entsprechend seiner Wahrnehmung des Konflikts im Raum aus und positioniert sich dann selbst.

Um das Vorgehen zu verdeutlichen, wollen wir die Positionen an einem alltäglichen Beispiel erläutern: Eine Möglichkeit, den Abend zu verbringen, besteht darin, ins Kino zu gehen. Dem gegenüber steht Position 2, das Gegenteil zur Position 1. Hier sind verschiedene Spielarten möglich, z. B. eine pauschale (»Ich gehe nicht ins Kino«) oder eine konkrete (»Stattdessen gehe ich mit Freunden essen«). Position 3, »beides«, stellt eine erste Außenposition dazu dar. Von hier aus kann man fragen: Ist beides vereinbar? Muss ich mich überhaupt entscheiden? Kann ich nicht erst ins Kino gehen, dann mit Freunden essen?

Einen weiteren Schritt in Richtung Distanzierung bietet Position 4: »Keines von beiden«. Von hier aus stellt sich die Frage, warum überhaupt Lösung 1, 2 oder die Kombination von beiden interessant sein sollte. Wichtig ist die Frage: Was sucht derjenige, der sich entscheiden will? Was sind seine Bedürfnisse? Die fünfte Position schließlich wird als »all dies nicht und auch das nicht« bezeichnet. Hier werden Fragen relevant wie: Was ist noch nicht angesprochen worden? Welche Aspekte sollten noch berücksichtigt werden? Welche anderen Möglichkeiten gibt es?

Anleitung für den Berater zur Arbeit mit dem Tetralemma

- Lassen Sie Ihren Klienten zwei Standpunkte in der für ihn anstehenden Entscheidung oder in dem Konflikt benennen.
- Den Standpunkt, zu dem er eher tendiert oder der seine Haltung wiedergibt, nennen Sie »das Eine«. Lassen Sie ihn erst beschreiben, was diesen Standpunkt ausmacht, und notieren Sie es gemeinsam auf dem Flipchart. Dann darf er irgendwo im Raum das Flipchart-Papier auslegen.
- Lassen Sie ihn genauso den Standpunkt beschreiben, den er ablehnt bzw. der nicht so naheliegend ist, und nennen Sie ihn »das Andere«. Lassen Sie auch hier wieder ein Flipchart-Papier beschreiben und auslegen.
- Der Standpunkt »Beides« kann verbindende Elemente, einen Kompromiss, eine paradoxe Verbindung, das Streben nach Maximierung oder Optimierung beinhalten. Verfahren Sie hier wie in den beiden Arbeitsschritten zuvor.
- Jetzt geht es darum, den Standpunkt zu charakterisieren, bei dem es weder um das Eine noch um das Andere geht. Bei »Keines von beiden« wird alles Bisherige infrage gestellt bzw. negiert. Allein dadurch löst sich der Konflikt zwischen den beiden Optionen auf, denn in dieser Position geht es um Weder-noch. Außerdem geht es um den übergeordneten Kontext, z. B. um die Gründe, weshalb keine Entscheidung getroffen

werden kann, oder um die Frage, warum die Alternativen überhaupt relevant sind. Auch hier sollte der Klient seine Gedanken aufschreiben und im Raum auslegen.
- Schließlich gibt es noch die fünfte Position: »All dies und selbst das nicht«. Besonders diese Position regt zum Querdenken an und lässt auch Ideen und Gedankengänge zu, die als absurd empfunden werden und nicht den Anspruch auf eine Lösung haben. Lassen Sie Ihren Klienten die Bedingungen entdecken, durch die er immer wieder zu neuen Haltungen und Standpunkten findet. Auch diese Ideen sollten zu Papier gebracht werden.
- Lassen Sie Ihren Klienten nacheinander alle Positionen einnehmen, z. B. indem er sich vor oder auf das jeweilige Flipchart-Papier stellt: Wie fühlt sich die jeweilige Position an? Was zeichnet diesen Standpunkt aus? Wie ist der Blick auf die anderen Standpunkte aus dieser Position heraus? Achten Sie auf Körperhaltung, Mimik und Gestik. Bitten Sie Ihren Klienten, auf seine Ideen, Empfindungen, Körperwahrnehmungen und Handlungsimpulse in der jeweiligen Position zu achten. Wie lange der Klient in der einzelnen Position verharrt, ist ihm überlassen. Er sollte die Standpunkte aber ruhig zweimal durchlaufen, auch kreuz und quer, wie es sich für ihn richtig anfühlt.
- Bitten Sie Ihren Klienten, aus den einzelnen Positionen Kontakt aufzunehmen mit den anderen Positionen. Wie verändert sich z. B. die Wahrnehmung von »das Eine«, wenn es aus der Sicht von »das Andere« wahrgenommen wird? Fragen Sie nach Veränderungen in der Wahrnehmung und im (Körper-)Empfinden.
- Fordern Sie Ihren Klienten außerdem auf, immer wieder die externe Beobachterrolle einzunehmen und die verschiedenen Positionen von dort aus zu betrachten. Was nimmt er von dort aus wahr? Welche Impulse empfängt er dort?
- Nutzen Sie, wann immer gewünscht oder gebraucht, auch die fünfte Position. Hier liegen die neuen Ideen, das ganz Neue und Andersartige. Hier dürfen Sie querdenken und alles ausprobieren.

Hat Ihr Klient alle Positionen und Relationen so weit eingenommen, dass sich seine Sichtweise der Dinge erweitert hat, so beenden Sie die Übung, indem Sie ihn dazu anleiten, die wesentlichen hilfreichen Gedanken für sich noch einmal zu wiederholen und so zu fixieren, dass sie auch im Alltag weiterwirken können.

Pro und kontra mit Bauchgefühl

Ziel	- kognitive und emotionale Analyse möglicher Entscheidungsergebnisse - zwei oder mehr Alternativen vergleichbar machen
Vorteile	- Dieser Zugang ist für sehr rationale Typen besonders wichtig. - Die Gedanken, die der Klient sich bereits gemacht hat, werden in eine strukturierte Übersicht gebracht, die durch gezielte Fragen um weitere relevante Punkte ergänzt wird. - Alle Hoffnungen, Erwartungen, konkrete Fakten und Bedenken können gleichzeitig betrachtet und gegeneinander abgewogen werden.
Was kann schiefgehen?	- Dem Klienten fällt es unter Umständen schwer, sein Bauchgefühl zu benennen. Als Coach werden Sie ihn dabei unterstützen, Zugang zur inneren Stimme zu finden.
Und sonst?	- Arbeiten Sie am besten mit je einem Flipchart pro Option, oder finden Sie eine Darstellungsweise, die es Ihnen ermöglicht, die verschiedenen Alternativen zu visualisieren (z. B. können Sie Moderationskarten oder verschiedenfarbige Blätter als Bodenanker benutzen). - Wenn Sie intuitive Elemente in diese Übung integrieren wollen, können Sie dem Klienten so oft wie möglich Gelegenheit geben, im Raum zu arbeiten (lassen Sie ihn z. B. wählen, wo die Flipcharts stehen oder die Papiere liegen, lassen Sie ihn selbst darauf schreiben und Symbole für die verschiedenen Alternativen auswählen).
Materialien	- Arbeitsblatt zur Stundengestaltung mit Ihrem Klienten - Bodenanker (z. B. Moderationskarten oder farbiges Papier)

Pro-und-kontra-Listen zu erstellen ist vielleicht die gängigste Methode, um zu einer Entscheidung zu gelangen. Oft reicht eine reine Plus-und-Minus-Aufzählung jedoch nicht aus. Selbst wenn alle Fakten in eine Richtung zu zeigen scheinen, bleibt häufig ein Gefühl der Unsicherheit. Denn wenn es um Entscheidungen geht, sind das Bauchgefühl, die innere Stimme, die Intuition oder auch persönliche Eingebungen oft der ausschlaggebende Faktor und durchkreuzen unter Umständen rationale Pläne – es sei denn, sie sind schon fest im Prozess eingeplant. Ein solcher iterativer Prozess von intellektueller und intuitiver Abwägung ist sinnvoll, denn so finden beide Entscheidungsinstanzen – Bauch (oder Herz) und Kopf – Gehör und

Die Zukunft
entwerfen

können bei der Auswahl berücksichtigt werden. Es gilt also, den Bauch zu befragen und die so getroffene Entscheidung durch Fakten zu untermauern, um sich auch emotional ganz sicher zu sein und seinen Weg mit Zuversicht gehen zu können.

Die Übung beginnt mit der Frage, wie sich der Klient aufgrund seines Bauchgefühls entscheiden würde. Danach erfolgt die Erörterung der Vor- und Nachteile, die detailliert und rational gegeneinander abgewogen werden. Zum Schluss wird dann wieder das Gefühl befragt.

Arbeitsblatt für Berater: Pro und kontra mit Bauchgefühl

Benennen Sie zunächst die jeweiligen Möglichkeiten, zwischen denen Ihr Klient sich entscheiden möchte (Festanstellung/Selbstständigkeit oder Firma A/Unternehmen B), und schreiben Sie diese als Titel auf die Flipcharts. Erfragen Sie dann, wie Ihr Klient sich in diesem Moment ganz spontan und nach seinem Bauchgefühl entscheiden würde.

Erörtern Sie nun die verschiedenen Optionen eingehend, und leiten Sie Ihren Klienten dazu wie folgt an:

Vertiefen Sie sich in die erste Möglichkeit. Dabei können folgende Fragen hilfreich sein:

- Was ist hier Positives zu erwarten?
- Warum wollen Sie diesen Weg gehen?
- Was motiviert Sie hier? (z. B. gute Karrierechancen, Stadt der Wahl, nettes Team, spannende Aufgabe)
- Was ist hier Negatives zu erwarten?
- Was schreckt Sie ab? Was spricht dagegen? (z. B. unpassende Aufgaben, hässliches Büro, wenig Aufstiegsmöglichkeiten)

Was immer von Bedeutung ist, gehört hierhin! Nichts ist unwichtig! Auch diejenigen Aspekte, die Ihrem Klienten zunächst unangenehm oder gar peinlich sind, sollten aufgelistet werden – ermutigen Sie ihn anhand von Beispielen (z. B. »Ich könnte mir vorstellen, dass es unter Umständen auch relevant ist, ob der Job Ihnen genügend Freiräume lässt, um etwa einen Partner zu finden, damit Sie Ihrem Ziel der Familiengründung näher kommen« oder »Für viele ist auch wichtig, welches Image der Job hat und was ihre Freunde und Nachbarn über sie denken, wenn sie ihn annehmen«).

Dann fahren Sie fort:

- Gehen Sie einen Schritt zurück: Haben Sie alles berücksichtigt?
- Vertiefen Sie nun auch die anderen Möglichkeiten.
- Ziehen Sie nun zu den einzelnen Optionen ein Fazit.

Fordern Sie dazu Ihren Klienten auf, sich nacheinander vor jedes Flipchart zu stellen, die Pros und Kontras auf sich wirken zu lassen und ein Gesamturteil (noch keine Entscheidung!) zu treffen. Der Klient kann die Wahlmöglichkeiten mit Schulnoten bewerten, eine der Option entsprechende Körperhaltung einnehmen oder eine Metapher dafür finden.

Erörtern Sie weiter mit Ihrem Klienten:

- Stimmt das mit dem überein, was Sie erwartet haben?
- Passen die Fakten zu Ihrem Bauchgefühl?
- Passt Ihr Bauchgefühl zu dem Ergebnis?
- Möchten Sie irgendwo in den Pro-und-kontra-Listen noch einmal nachjustieren?
- Was wird durch die Gegenüberstellung deutlich?
- Fehlt etwas Wichtiges?
- Möchten Sie nun Bewertungen anpassen, nachdem Sie diese Analyse durchgeführt haben?

Zum Abschluss fragen Sie den Klienten:

- Was haben Sie erkannt?
- Sind Sie mit Ihrer Entscheidung weitergekommen?
- Welche Fragen gehen Ihnen jetzt in Bezug auf Ihre Entscheidung durch den Kopf?
- Möchten Sie die Entscheidung noch einmal auf eine andere Weise angehen?
- Was brauchen Sie noch, um sich ganz sicher zu sein?

Die Zukunft
entwerfen

Gewichtete Entscheidung

Ziel	• kognitive Analyse möglicher Entscheidungsergebnisse
	• den Klienten dabei begleiten, sich zwischen zwei Möglichkeiten zu entscheiden
Vorteile	• Dieser Zugang ist für sehr rationale Typen besonders wichtig.
	• Auch wenn dieses Tool noch nicht zu einer endgültigen Entscheidung führt, empfinden die meisten Klienten eine Erleichterung darüber, dass sie sich so umfassend mit den möglichen Entscheidungen auseinandergesetzt haben.
Was kann schiefgehen?	• Der Klient spricht bestimmte Sachverhalte, Einstellungen oder Gefühle nicht an, da er sie für sozial unerwünscht hält. Die Gesprächsatmosphäre muss so angenehm sein, dass auch scheinbar unwichtige oder sehr persönliche Dinge zur Sprache kommen: dass nur bei Möglichkeit A mit Gleitzeit gearbeitet wird, dass die Kantine schlecht ist oder dass ihn die Kleiderordnung stört.
Und sonst?	• Die Übung nutzt Material aus der Visionsfindung am Anfang des Beratungsprozesses. Sollte dieses Material nicht vorliegen, können Sie die entsprechende Übung nachholen.
	• Arbeiten Sie am besten mit zwei Flipcharts, oder finden Sie eine Alternative, die es Ihnen ermöglicht, die Optionen gleichzeitig zu visualisieren.
	• Wenn Sie intuitive Elemente in diese Übung integrieren wollen, können Sie dem Klienten so oft wie möglich Gelegenheit geben, im Raum zu arbeiten (lassen Sie ihn z. B. wählen, wo die Flipcharts stehen oder die Papiere liegen, lassen Sie ihn selbst darauf schreiben und Symbole für die verschiedenen Alternativen auswählen).
Materialien	• Arbeitsblatt zur Stundengestaltung mit Ihrem Klienten

Arbeitsblatt für Berater: Gewichtete Entscheidung

Um an einer Entscheidung zwischen zwei (oder mehr) Optionen zu arbeiten, hilft es dem Klienten oft, die verschiedenen Szenarien anhand einer gewichteten Gegenüberstellung zu vergleichen. Durch das Verteilen von Punkten werden einzelne Kriterien bewertet – durch deren Gewichtung kann er gleichzeitig persönlichen Vorlieben und Motivationsfaktoren Rechnung tragen.

Mit den folgenden Schritten überprüfen Sie nun die verschiedenen Optionen anhand des Zukunftsszenarios, das zu Beginn der Beratung entwickelt wurde:

- Gehen Sie zurück an den Anfang der Beratung, als Sie mit dem Klienten im Rahmen der Visions- und Zielfindung Kriterien erarbeitet haben, die für sein Zukunftsszenario relevant sind. In dieser Phase der Beratung haben Sie geklärt, welche Faktoren für den Klienten erfüllt sein müssen, was für ihn im neuen Job motivierend, unverzichtbar oder lediglich »nice to have« ist. Schreiben Sie diese Kriterien untereinander auf ein Flipchart.
- Fügen Sie rechts daneben eine weitere Spalte mit dem Titel »Wichtigkeit« ein. Bitten Sie Ihren Klienten, für jedes Kriterium eine Zahl von 1 (nicht wichtig) bis 3 (sehr wichtig) zu vergeben, je nachdem, wie wichtig bzw. ausschlaggebend das Kriterium für ihn ist.
- Benennen Sie die verschiedenen Optionen, zwischen denen sich Ihr Klient entscheiden will (Festanstellung/Selbstständigkeit/Promotion oder Firma A/Unternehmen B), und schreiben Sie diese in der Titelzeile nebeneinander auf das Flipchart, sodass Sie eine Tabellenform erhalten.
- Nun lassen Sie den Klienten für jedes Kriterium bewerten, inwieweit es von den beiden Optionen erfüllt wird. Er benutzt dazu eine Skala mit Werten von 1 (sehr schlecht/trifft überhaupt nicht zu/gar nicht erfüllt) bis 5 (sehr gut/trifft völlig zu/vollkommen erfüllt).
- Berechnen Sie für alle Entscheidungsoptionen einen Gesamtscore, indem Sie den einzelnen Punktwert mit der jeweiligen Gewichtung multiplizieren und dann die gewichteten Werte addieren. Ein hässliches Büro könnte z. B. hohe Werte bekommen, weil es wirklich sehr hässlich ist, doch letztlich für die Entscheidung unwichtig sein, da die Gewichtung hier niedrig ausfällt. Ein Verdienst kann besonders hoch sein und dennoch nicht wichtig genug, um ein ausschlaggebendes Element zu sein.
- Fordern Sie Ihren Klienten auf, einen Schritt zurückzutreten, und fragen Sie, ob alles berücksichtigt wurde. Sind alle wichtigen Punkte erfasst? Ist Unwichtiges darunter?
- Hat eine der Möglichkeiten einen besseren Score als die anderen? Liegen die Optionen gleich auf? Erörtern Sie das Ergebnis mit Ihrem Klienten. Fragen Sie ihn:
    - Stimmt das mit dem überein, was Sie erwartet haben?
    - Passt Ihr Bauchgefühl zu dem Ergebnis?
    - Möchten Sie irgendwo noch einmal nachjustieren?

Die Zukunft
entwerfen

- Was erkennen Sie durch diesen Score?
- Was erkennen Sie in Ihrer Reaktion auf diesen Score?
- Fehlt etwas Wichtiges?
- Möchten Sie nun Bewertungen anpassen, nachdem Sie diese Analyse durchgeführt haben?
• Abschluss:
  - Wie geht es Ihnen bezüglich Ihrer Entscheidung? Sind Sie weitergekommen?
  - Welche Fragen gehen Ihnen jetzt in Bezug auf Ihre Entscheidung durch den Kopf?
  - Möchten Sie die Entscheidung noch einmal auf eine andere Weise angehen?

Hier ein Beispiel:

Szenario »Ich mache mich selbstständig vs. ich bleibe angestellt«

Kriterium	Gewichtung	selbstständig machen	gewichteter Wert	angestellt bleiben	gewichteter Wert
Gestaltungfreiraum	3	5	15	2	6
Verdienst zu Beginn	1	1	1	3	3
Verdienstmöglichkeiten perspektivisch	3	4	12	3	9
Image: Anerkennung durch das Umfeld	2	3	6	4	8
Zeit für die Familie	3	2	6	3	9
Zukunftsthema	3	5	15	2	6
inspirierende Kollegen/Geschäftspartner	3	4	12	2	6
Reisetätigkeit	3	4	12	1	3
Meinung meiner Frau	2	2	4	5	10
gewichtete Summe			83		60

Die gewichteten Summen dienen als Grundlage für das folgende Coaching-Gespräch. Für einige Klienten ist die Entscheidung nun klar, da sie ihre eigentliche Tendenz schwarz auf weiß sehen und sich über das Ergebnis als Bestätigung freuen können. Für andere ist die Übung oder ihr Ergebnis ein Anlass, für die verschiedenen Szenarien noch weitere Informationen einzuholen bzw. sich intensiv mit dem Zustandekommen dieser Punktwerte auseinanderzusetzen. Vielleicht möchte der Klient die Kriterien abermals hinterfragen, um am Ende zu einer ganz anderen Lösung zu gelangen. Das Zahlenspiel hilft, sich eindeutig zu positionieren oder die Auseinandersetzung anzustoßen.

Die Zukunft entwerfen

Unterhaltung zwischen Varianten meiner Zukunft

Ziel	• Entscheidungen vorbereiten, indem negative Erwartungen abgebaut werden
Vorteile	• Sie können dieses Tool separat verwenden, es eignet sich aber auch für die Arbeit im Anschluss an die kognitive Analyse »gewichtete Beurteilung«.
Was kann schiefgehen?	• Diese Übung kann sehr komplex und verwirrend werden, wenn Sie als Berater nicht die letzte Führung im Prozess übernehmen.
Und sonst?	• Für einige Klienten ist die Arbeit im Raum und mit verschiedenen Stimmen ungewohnt und befremdlich. Hier kommt es vor allem auf Ihre Anmoderation und Präsenz im Prozess an.
Materialien	• Arbeitsblatt für die Arbeit mit Ihrem Klienten • Bodenanker können hilfreich sein, sind aber nicht unbedingt notwendig.

Arbeitsblatt für Berater: Unterhaltung zwischen Varianten meiner Zukunft

Dialog der Zukunftsmöglichkeiten

Stellen Sie zwei Stühle einander gegenüber, auf denen Ihr Klient im weiteren Verlauf sitzen soll. Es geht darum, einen fiktiven Dialog herzustellen, der verschiedene zukünftige Entwicklungen durchspielt. Auf jedem Stuhl sitzt eine zukünftige Variante des Klienten, der sich bereits für einen bestimmten Weg entschieden hat und diesen auch schon eine gewisse Zeit gegangen ist. Ist der Klient z. B. ein Student, der sich gerade fragt, ob er sofort beim Start-up-Unternehmen DASHIERWIRDWAS einsteigen, sein Studium also abbrechen oder eher weiterführen soll, so gilt es, einen Dialog zwischen dem Start-up-Mitarbeiter und dem fortgeschrittenen Studenten zu ermöglichen.

Gestalten Sie dieses Setting mit Ihrem Klienten so, dass er sich in die verschiedenen Perspektiven hineindenken kann. Lassen Sie ihn erst auf dem einen, dann auf dem anderen Stuhl sitzend ausführen, was ihm dort wichtig ist. Moderieren Sie nun einen Dialog zwischen beiden Positionen. Achten Sie dabei auf Folgendes:

• Wovon schwärmen sich beide gegenseitig vor?
  Student zu Start-up-Mitarbeiter: »Herrlich, was ich hier noch alles lerne, während du schon arbeiten musst. Und sicher ist dein Job auch nicht!« Start-up-Mitarbeiter zu Student: »Endlich habe ich Geld und kann mir etwas Eigenes leisten. Und auf Partys kommt es auch viel besser an, als der ewige Student zu sein.«

- Was werfen sie sich gegenseitig vor?
  Student zu Start-up-Mitarbeiter: »Du bist doch nur zu faul zum Weiterstudieren.«
  Start-up-Mitarbeiter zu Student: »Du hast einfach nicht den Mut, deinen Freunden zu sagen, dass du dein Studium nicht packst!«
- Was erzählen sie einander? Welche Erfahrung verpasst das Gegenüber? Was sind die Vorzüge des jeweiligen Lebensentwurfs?
- Welche warnenden Töne gibt es? Welche negativen Erfahrungen werden in den beiden Varianten des Klienten angesprochen? Was spricht gegen den jeweiligen Weg?

Am Ende der Sitzung, möglicherweise auch schon zwischendurch, ist es hilfreich, wenn der Klient die Unterhaltung aus einer Metaposition betrachtet und reflektiert, welche Emotionen, Gedanken, Aspekte, Denkmuster ihm aufgefallen sind. Hierfür können Sie eine Stelle im Raum mithilfe eines Bodenankers markieren. Von dort aus kann Ihr Klient beide Positionen überblicken und auf Ihre Fragen antworten:

- Wo geht Ihre Energie hin?
- Was sind Ihre Impulse?
- Was nehmen Sie hiervon mit?
- Was haben Sie erkannt?
- Was haben Sie empfunden?
- Was ist hierdurch anders geworden?
- Was ist unwichtiger, als Sie dachten?
- Was ist wichtiger, als Sie dachten?
- Was ist das Wichtigste überhaupt?
- Was gibt es noch zu tun (in dieser Sitzung oder danach), damit Sie eine Entscheidung fällen können?
- Was brauchen Sie noch, um eine Entscheidung fällen zu können?

Die Zukunft
entwerfen

Disney-Strategie

Ziel	• eine Entscheidung (z. B. »Soll ich das Jobangebot im Ausland annehmen?«) gründlich durchdenken • Alternativen finden (z. B. Alternativen zu einem Beruf) • den Träumen freien Lauf lassen und sie von einschränkenden Gedanken ganz bewusst fernhalten • kritisches Denken und Träumen bewusst voneinander trennen und beiden einen Rahmen zuweisen
Vorteile	• Diese Technik kombiniert kognitive und emotionale Aspekte. • Gleichzeitig bietet sie Gelegenheit zur Bewegung im Raum und aktiviert die verschiedenen Sinne bei der Bearbeitung der Fragestellung. • eine hervorragende Methode, um Entscheidungsoptionen aus unterschiedlichen Perspektiven zu durchdenken
Was kann schiefgehen?	• Bei der Anmoderation wird die strikte Trennung der verschiedenen Rollen nicht klar genug betont, sodass der Träumer schon von Anfang an an die Kandare gelegt wird. • Der Kritiker verwirft jede Idee als unrealistisch – besser ist hier, den Kritiker als jemanden zu verstehen, der alles infrage stellen darf, grundsätzlich aber auch der Prämisse folgt, am Gelingen des Vorhabens interessiert zu sein
Und sonst?	• Der Fantasie sind in dieser Übung keine Grenzen gesetzt – nutzen Sie alles, um Ihren Klienten in die richtige Stimmung für die jeweilige Rolle zu versetzen. Vor allem dem Träumer können Sie Papier, bunte Farben oder Knetmasse zur Verfügung stellen, damit er seiner Fantasie freien Lauf lassen kann.
Materialien	• Fragebogen als Anregung zur Stundengestaltung

Arbeitsblatt für Berater: Disney-Strategie

Schaffen Sie zunächst Raum für Bewegung: Machen Sie vier verschiedene Stellen im Zimmer kenntlich, die später für spezifische Prozessabschnitte genutzt werden sollen. Sie können dazu Zettel auf dem Boden, Stühle oder die vier Zimmerecken benutzen.

Erläutern Sie Ihrem Klienten die Disney-Strategie:

- von Walt Disney zum Durchdenken komplexer Projekte wie z. B. seiner Filme entwickelt
- Es geht darum, Denkprozesse zu trennen, die sich sonst gegenseitig behindern: das Träumen, das Kritisieren und das Machen.
- Durch diese Trennung können die einzelnen Positionen viel tiefer reflektiert werden.

Lassen Sie Ihren Klienten vier Punkte im Raum wählen, die für die einzelnen Denkprozesse stehen:

(a) Träumer
(b) Macher
(c) Kritiker
(d) Außenstelle/Metaposition

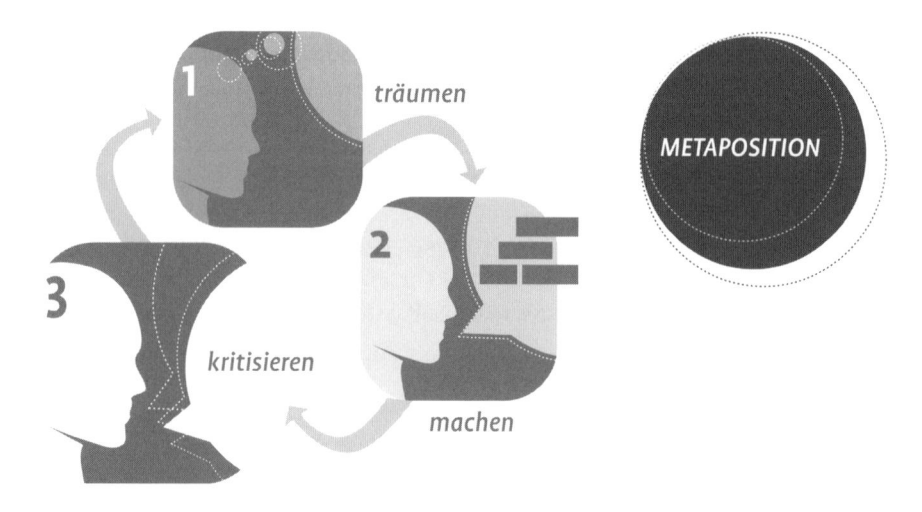

Abb. 5: Träumer – Macher – Kritiker – Metaposition

Die Zukunft
entwerfen

Erster Durchgang – Räume ankern

Leiten Sie Ihren Klienten an, sich voll und ganz in die einzelnen Rollen zu vertiefen. Aktivieren Sie dafür Gefühle und Denkweisen, die er damit jeweils in Verbindung bringt, z. B. indem Sie mit ihm gedanklich Situationen aufsuchen, in denen er mit Haut und Haar geträumt, etwas kritisch gesehen oder einfach nur gehandelt hat. Gehen Sie mit Ihrem Klienten die einzelnen Rollen durch, und rufen Sie mit ihm gemeinsam die Geisteshaltung und die Emotionen wach, die jeweils dazugehören.

1. Der erste Punkt soll der Ort sein, der ihn an den Träumer in sich erinnert. Fällt ihm ein Moment ein, in dem er so richtig ins Schwärmen geraten ist, sich Tagträumen hingegeben oder einfach nur fantasievoll geschwelgt hat?
2. Der zweite Punkt soll der Ort sein, an dem er den Macher in sich spürt. Hier geht es um das Gefühl, die Ärmel hochzukrempeln, innerlich mit den Hufen zu scharren, etwas auf die Beine stellen zu wollen – und gleichzeitig den Plan vor Augen zu haben, wie das alles realistisch umgesetzt werden kann.
3. Der dritte Punkt soll Ihren Klienten an den Kritiker in ihm erinnern: Wenn er hier steht, gilt es, den aufmerksamen Nörgler in ihm ans Licht zu bringen. Kann er sich daran erinnern, wann er zuletzt ganz genau hingeschaut und selbst das kleinste Haar in der Suppe gefunden hat? Gab es einen Moment, in dem er an allem etwas auszusetzen hatte? Dieses Gefühl gilt es präsent zu machen.
4. Nun fehlt noch ein Metapunkt, vielleicht etwas abseits von den drei anderen Punkten, vielleicht etwas höher, sodass Ihr Klient die anderen Punkte sehen und über die einzelnen Positionen reflektieren kann.

Finden Sie gemeinsam die vier geeigneten Punkte im Raum: z. B. als Träumer vor dem Fenster oder dem Südseeurlaubsbild; als realistischer Macher mit dem Lineal in der Hand. Was auch immer funktioniert, helfen Sie Ihrem Klienten, an die inneren Zustände anzuknüpfen, für die die einzelnen Punkte stehen.

Zweiter Durchgang – die neue Zukunft in vier Positionen

Leiten Sie Ihren Klienten an, in Position 1 von der neuen Zukunft zu träumen, für oder gegen die er sich entscheiden will.

- Was wäre traumhaft an diesem beruflichen Weg?
- Was könnten Sie verwirklichen?
- Wie wäre Ihr Arbeitsumfeld, wie wären die Menschen, mit denen Sie zu tun hätten, was die Inhalte?
- Was würde Ihnen besonders gefallen?
- Wie würden Sie sich fühlen?

Auf Position 2 soll Ihr Klient explorieren, wie genau dieser Traum kleinschrittig umzusetzen wäre (hier sind keine Einschränkungen hinsichtlich der Machbarkeit erlaubt, hier wird unter der Annahme geplant, dass alles möglich ist!).

- Was müssen Sie tun, um an diesen Punkt zu kommen?
- Was brauchen Sie, um dorthin zu gelangen?
- Wie machen Sie das?
- Wie viel Zeit brauchen Sie dafür?
- Skizzieren Sie Meilensteine, in die Sie diesen Weg einteilen!

Jetzt darf der Kritiker reden – auf Position 3 nimmt Ihr Klient eine kritische Haltung ein:

- Was spricht dagegen, dass das alles klappen kann?
- Was sind die Schwachstellen?
- Welche Probleme gilt es zu bedenken?
- Was spricht dagegen, dass sich dieser Weg lohnt?

Lassen Sie Ihren Klienten dann auf Position 4 (Metapunkt) reflektieren, wie das alles auf ihn wirkt, wenn er es von außen betrachtet:

- Was erkennen Sie, wenn Sie diesen drei Impulsgebern zuhören?
- Wie sehen Sie diese Entscheidungsoption jetzt?
- Was ist neu?
- Was bleibt bestehen?
- Wohin zieht es Sie?

Geben Sie Ihrem Klienten Gelegenheit, die einzelnen Stationen noch einmal durchzugehen, wenn er das möchte. Gehen Sie mit ihm dann abermals einen Schritt heraus aus dieser Konstruktion, beenden Sie die Arbeit mit den verschiedenen Denkweisen, und schließen Sie mithilfe folgender Fragen die Stunde ab:

- Wohin geht Ihre Energie nun?
- Was sind Ihre Impulse?
- Was nehmen Sie hieraus mit?
- Was gibt es noch zu tun, um entscheidungsfähig zu werden?

Die Zukunft
entwerfen

Münze werfen – Das Schicksal entscheidet!

Ziel	• Bauchgefühl aktivieren und Klarheit schaffen, um eine Entscheidung voranzutreiben
Vorteile	• Es kann schnell eine Reaktion beim Klienten hervorgerufen werden – ohne viel Methodenaufwand und Material. • Entscheidungen haben immer auch etwas damit zu tun, dass es keine vollständige Absicherung gibt. Der Münzwurf kann diese Tatsache thematisieren. Für viele Klienten ist es erleichternd, zu verstehen, dass auch sorgfältiges Abwägen nicht zwangsläufig zu guten Entscheidungen führt. Der verantwortungsvolle Umgang mit Entscheidungskriterien ist zwar wichtig, führt aber dennoch nicht immer zum gewünschten Ergebnis.
Was kann schiefgehen?	• Der Klient kann den Eindruck gewinnen, dass Sie als Berater nichts Besseres in der Hand haben als einen Münzwurf. • Der Klient kann, falls er z. B. abergläubisch ist, durch den Münzwurf unter Druck kommen, weil er diesem eine Aussagefähigkeit zumisst.
Und sonst?	• Bei mehr als zwei Optionen können auch Zettel oder Streichhölzer gezogen werden.
Materialien	• eine Münze, Strohhalme • ein Flipchart, um wichtige Argumente zu notieren, die im Verlauf der Diskussion aufkommen können

Arbeitsblatt für Berater: Münze werfen

Für Sie als Coach sollte klar sein: Nicht die Münze soll entscheiden, sondern einzig und allein der Klient. Die Münzentscheidung hilft dem Klienten jedoch, sich eindeutig zu positionieren: Akzeptiert er erleichtert die Entscheidung der Münze, oder regt sich in ihm Widerstand? Der Zufall wird so zur Positionierungshilfe.

Wenn Sie mit Ihrem Klienten einen Münzwurf machen wollen, so sagen Sie ihm, Sie würden ihn gerne zu einem Experiment einladen. Das Wort Experiment gibt Ihnen später die Möglichkeit, glaubhaft darauf hinzuweisen, dass Sie nur eine Reaktion provozieren wollten. Teilen Sie dem Klienten mit, dass er durch den Münzwurf sofortige Klarheit erhalte! Das Schicksal entscheide, und die Entscheidung liege klipp und klar vor ihm.

- Lassen Sie Ihren Klienten die Bedeutung für Kopf und Zahl festlegen.
- Werfen Sie die Münze.
- Betrachten Sie das Ergebnis – und beobachten Sie, wie Ihr Klient reagiert:
  - Was bemerken Sie in seiner Reaktion?
  - Verstärken Sie seine Reaktion, indem Sie die gefallene Entscheidung (spielerisch) zelebrieren (Fingerspitzengefühl ist hier wichtig!).
  - Wenn er ein Problem mit der Idee des Münzwurfs hat: Was sollte stattdessen Grundlage der Entscheidung sein? Welche Kriterien fallen ihm sofort ein? Was ist die erste Reaktion (hier geht es darum, die Zeit zu nutzen)?
  - Melden Sie ihm zurück, was Sie wahrnehmen!
  - Welche Entscheidung scheint ihm näherzuliegen?
  - Welche Argumente stehen spontan im Vordergrund?
  - Ist es Freude oder Ärger?
  - Gibt es überhaupt eine Reaktion, oder wird die Entscheidung der Münze einfach hingenommen?

Fragen Sie ihn, was ihm klar wird, wenn er auf die von der Münze vorgeschriebene Entscheidung schaut.

III. Phase: Handlungsfelder und Arbeitsmarkt

05

Marktstrategie	194
Die schriftliche Bewerbung	227
Die mündliche Bewerbung	254
Onboarding	276

Marktstrategie

Auftrag klären › Rückschau › Kompetenzen › Vision entwickeln › Zukunft entwerfen

Marktstrategie › schriftliche Bewerbung › mündliche Bewerbung › Onboarding

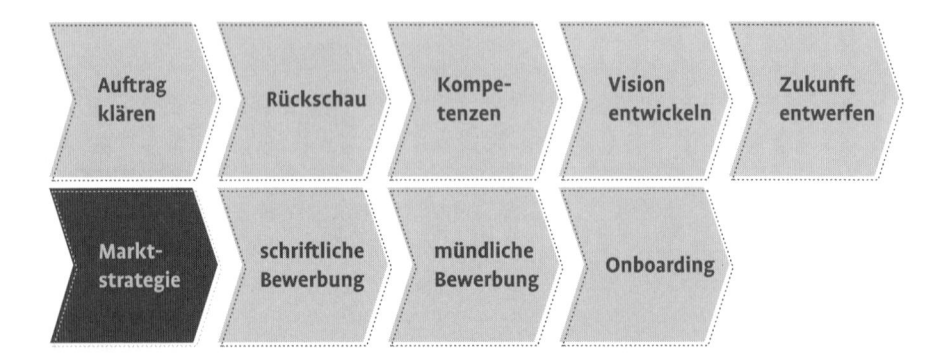

In diesem Schritt bringen Sie und Ihr Klient in Erfahrung, welche Möglichkeiten der Markt ihm bietet und wie er diese Möglichkeiten nutzen kann.

Einsatzbereiche

Die hier genannten Methoden sind dann die richtigen, wenn Ihr Klient

- auf der Basis der Erkenntnisse aus dem Beratungsprozess nach einer neuen Stelle sucht.
- einen Überblick über seine beruflichen Möglichkeiten bekommen möchte.
- erörtern möchte, welche Zugangswege zum Markt für sein Profil und seine berufliche Zielsetzung geeignet sind.

Marktstrategie

Überblick

	Methode	Ziel
1	Marktanalyse	die Optionen des Klienten auf dem Markt einschätzen und das weitere Vorgehen planen
2	Stellenangebote nutzen	den Klienten anleiten, Stellenangebote zu prüfen – für Bewerbungen und die Schärfung seines Profils
3	Netzwerk analysieren	das Netzwerk des Klienten analysieren: Wie kann er sich darin optimal positionieren?
4	Netzwerk-Training	Training von Fähigkeiten, die Ihr Klient braucht, um sich ein Netzwerk aufzubauen
5	Online-Networking als Selbstmarketingstrategie	Erstellung von Profilen bei Xing oder anderen Anbietern im Rahmen der beruflichen Neuorientierung

In diesem Schritt der Karriereberatung geht es darum, auf der Basis der erarbeiteten Erkenntnisse aktiv an den Arbeitsmarkt zu gehen und die passende Berufstätigkeit für Ihren Klienten zu finden. Hier gilt es, Ihren Klienten aus Expertensicht hinsichtlich seiner Marktoptionen zu beraten und ihn gleichzeitig als Coach in der aktiven Gestaltung seiner beruflichen Zukunft zu begleiten. Die Aufgabe des Karriereberaters besteht darin, den Klienten bei seiner Suche fachlich und emotional zu unterstützen, mit ihm neue Verhaltensroutinen – z. B. für das Networking – einzuüben und den Bewerbungsprozess zu strukturieren, zu initiieren und zu energetisieren.

Dabei ist der Karriereberater als Experte für den Arbeitsmarkt gefragt, der über jüngere Entwicklungen, neue Möglichkeiten, aktuelle Berufsbilder und aussichtsreiche Bewerbungsstrategien informiert ist. Denn in der Beratung geht es auch darum, dem Klienten nahezubringen, wie der Arbeitsmarkt strukturiert ist, welche Zugangswege es gibt und welche Alternativen er gegeneinander abwägen kann.

Ihr Wissen und Ihre Erfahrung helfen Ihnen zu beurteilen, welche Herangehensweise zur Vita Ihres Klienten passt. So gibt es zwar Vakanzen, die in der Regel über den offenen Markt, d. h. über Stellenausschreibungen in Zeitungen und im Internet, besetzt werden. Andere Positionen jedoch werden ausschließlich über Headhunter im Rahmen exklusiver Search-Aufträge vergeben. Vielleicht vermuten Sie, dass es für Ihren Klienten schwierig sein wird, sich in der konventionellen Bewerbung gegen Konkurrenten durchzusetzen, da die in seiner Zielbranche interessanten Positionen nur über Executive Search besetzt werden? Machen Sie ihn in diesem Fall für den Umgang mit Personalberatern fit, und bereiten Sie ihn gezielt auf die anstehenden Auswahlgespräche vor. Es gibt Branchen, die ihre Stellen über Zeitarbeitsfirmen besetzen, und Branchen, die für Quereinsteiger unzugänglich sind. Hier hilft den Klienten ein großes Netzwerk aus Freunden, ehemaligen Kommilitonen und Kollegen, welches über die Eigenarten der verschiedenen Sparten Auskunft geben kann. Auch Sie als Karriereberater werden Ihr eigenes Netzwerk nutzen wollen, wenn Sie Menschen in der Zielbranche Ihres Klienten kennen, um ihm Einblicke und Rat zu verschaffen.

Marktanalyse und Marktstrategie

Auf dem Weg zum idealen Job gilt es zunächst, zu analysieren, welche Chancen der Arbeitsmarkt für Ihren Klienten bietet. Gibt es die Jobs, die Ihr Klient sucht, überhaupt auf dem offenen Arbeitsmarkt? Oder werden solche Stellen meist schon vergeben, bevor es überhaupt zu einer Ausschreibung kommt? Um Antworten auf diese Fragen geben zu können, müssen auch Sie kreativ werden bzw. Ihren Klienten dazu ermutigen, sich die relevanten Informationen zu beschaffen.

Diese Analyse ist die Grundlage dafür, gemeinsam mit Ihrem Klienten eine Marktstrategie zu entwickeln, also einen Plan zu erarbeiten, welche Zielpositionen sich konkret für ihn anbieten oder wie er sein Profil verändern und schärfen kann, um auf dem Arbeitsmarkt eine optimale Nische zu finden. Vielleicht haben Sie den Eindruck, dass Ihr Klient als Selbstständiger erfolgreicher wäre, er selbst kommt aber nicht auf die Idee? Bieten Sie ihm Ihre Überlegungen an, gehen Sie gemeinsam einzelnen Zukunftsszenarien auf den Grund, und überprüfen Sie, was für und was gegen eine Gründung spricht. Wir werden im Folgenden zwar die Möglichkeit einer Existenzgründungsberatung erwähnen, doch bei der Auswahl der Tools und bei der Marktrecherche den Schwerpunkt auf der Suche nach abhängiger Beschäftigung belassen. Alles andere würde den Rahmen des Buches sprengen.

Die Marktanalyse und die Entwicklung der darauf aufbauenden Marktstrategie machen im Allgemeinen einen großen Unterschied zur Jobsuche ohne Karriereberater aus. Das Expertenwissen über Möglichkeiten, die der Arbeitsmarkt für den Klienten bietet, sowie über Methoden, mit denen der Klient diese Möglichkeiten auch tatsächlich nutzen kann, verhilft zu einer Strategie, die eine wesentlich höhere Erfolgsaussicht hat als die übliche Bewerbung auf Stellenausschreibungen.

Expertenwissen über den Arbeitsmarkt bzw. über bestimmte Branchen aufzubauen ist ein Langzeitprojekt, das Karriereberater ständig weiterverfolgen müssen. Sie sollten nicht nur die aktuellen Stellenangebote sichten und analysieren, sondern auch die (über)regionale Presse oder die branchenspezifische Fachpresse lesen, die Zu- und Abwanderung von Firmen in der Region und darüber hinaus

Marktstrategie

verfolgen und Menschen nach ihren Einschätzungen zu wichtigen Trends und Themen in ihren Branchen befragen. Dieses Expertenwissen ist immer lückenhaft, es sei denn, der Karriereberater hat sich auf bestimmte Branchen spezialisiert. In jedem Fall stellt diese Phase der Beratung hohe Anforderungen an die Fähigkeit des Karriereberaters, ein Netzwerk zu nutzen und den branchenspezifischen Wissensschatz von Insidern für den Klienten zu heben.

Trotz dieser hohen Anforderungen ist der marktorientierte Teil des Beratungsprozesses für viele Karriereberater die Kür. Das große Ziel – eine Stelle, die den Stärken ihres Klienten entspricht – soll nun Realität werden. Dennoch erleben viele Klienten und Berater diese Phase – die länger wird, je schwieriger die Ausgangsbedingungen sind – als Herausforderung. Hier treffen die Fähigkeiten und Stärken des Klienten auf die Ansprüche der Außenwelt. Diese zusammenzubringen erfordert immer wieder neue Anläufe und Ideen, was für den Klienten emotional belastend sein kann und Sie deshalb als Experten, Berater und Begleiter fordert. Gelingt die Kür, werden Sie reich belohnt, denn die Freude über einen neuen Arbeitsplatz ist immer unübertroffen und wird mit Ihnen geteilt werden!

Überlegen Sie mit Ihrem Klienten, welche Zugangswege zum Arbeitsmarkt für ihn und sein Suchprofil relevant sind. Dies sind vor allem:

1. das Netzwerk Ihres Klienten sowie optional das des Beraters
2. Stellenangebote aus Printmedien und Online-Börsen
3. Initiativbewerbungen
4. Headhunter und Personaldienstleister
5. Existenzgründung

In einer Übersicht listen Sie die einzelnen Kanäle mit den konkreten Herangehensweisen auf und versehen sie mit einem dezidierten Zeitplan (siehe Arbeitsblätter S. 206-209). Vermerken Sie z. B., wie lange sich Ihr Klient über offiziell ausgeschriebene Vakanzen bewerben möchte, bevor er zu Initiativbewerbungen übergeht oder gar eine Existenzgründung in Erwägung zieht. Für einige Klienten werden bestimmte Zugangswege erst vorstellbar, wenn sie merken, dass andere nicht zum Erfolg führen. Ein straffer Zeitplan, der immer wieder auch hinsichtlich der Erreichung von Meilensteinen evaluiert wird, hilft zu erkennen, wann es an der Zeit ist, die Methode zu wechseln und neue Strategien auszuprobieren. Auf den folgenden Seiten finden Sie ein Beispiel für einen ausgefüllten Zeitplan.

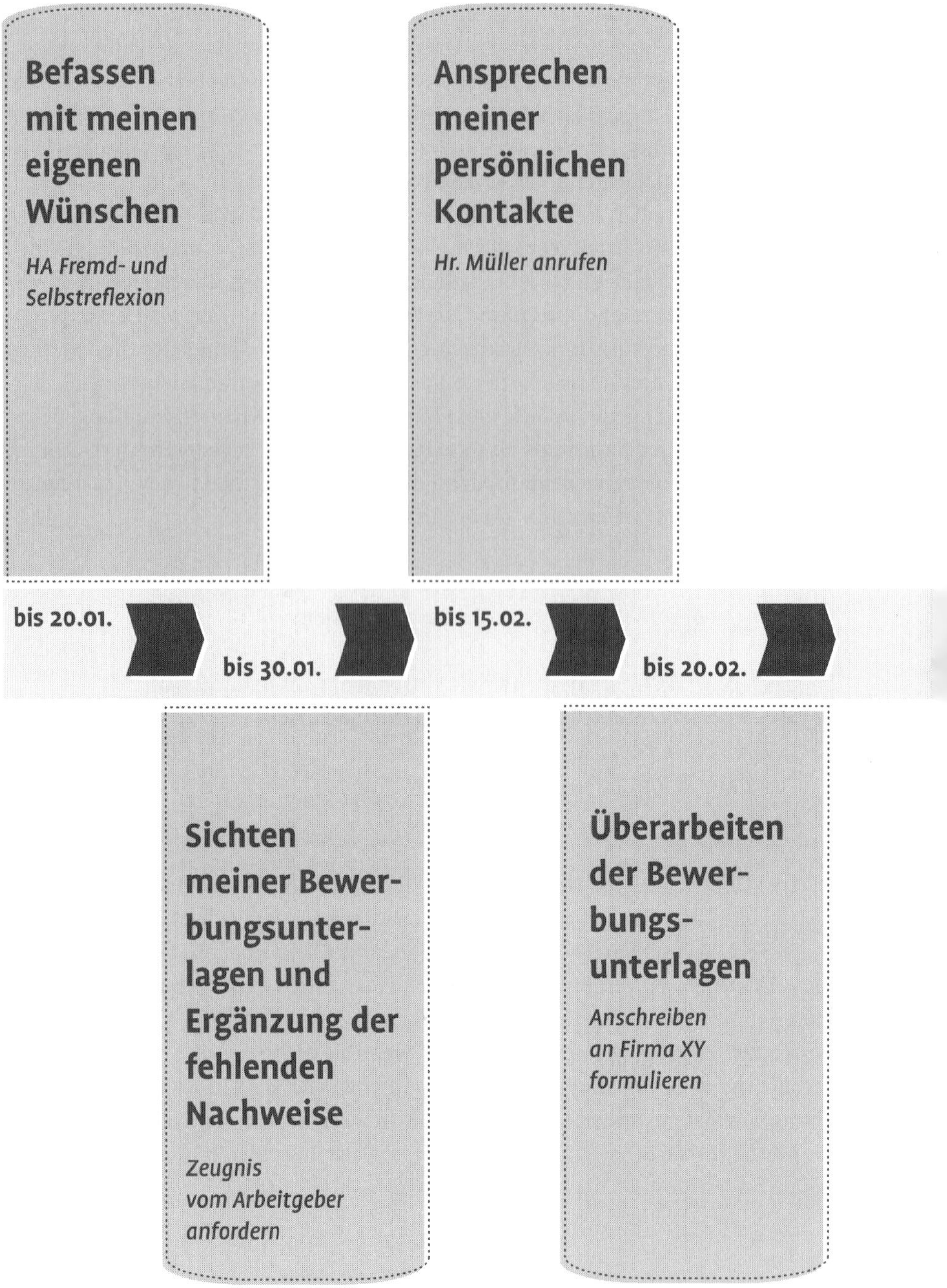

Befassen mit meinen eigenen Wünschen

HA Fremd- und Selbstreflexion

Ansprechen meiner persönlichen Kontakte

Hr. Müller anrufen

bis 20.01. → bis 30.01. → bis 15.02. → bis 20.02.

Sichten meiner Bewerbungsunterlagen und Ergänzung der fehlenden Nachweise

Zeugnis vom Arbeitgeber anfordern

Überarbeiten der Bewerbungsunterlagen

Anschreiben an Firma XY formulieren

Abb. 6: Persönlicher Zeitplan von Max Mustermann

Marktstrategie

Netzwerk erweitern: Anmelden bei Xing

Foto hochladen

Bewerbungen verschicken

5 pro Woche

bis 25.02.

ab 1.03.

Erstes Vorstellungs-gespräch!

Stellen-angebote recherchieren und analysieren

5 pro Tag

Prüfen Sie im Rahmen der Zeitplanerstellung sowie immer wieder im Verlauf der Beratung gemeinsam mit Ihrem Klienten, welche Zugangswege für ihn infrage kommen:

(1) Das Netzwerk Ihres Klienten

Ein Großteil der Stellen wird niemals ausgeschrieben, sondern an Kandidaten vergeben, die über informelle Wege empfohlen werden. Wird eine Stelle frei, besetzt man sie häufig mit jemandem, der schon persönlich bekannt ist, z. B. aus einer anderen Abteilung oder einem Partnerunternehmen. Zuweilen legt jemand für den Kandidaten sogar die Hand ins Feuer. Eine bekannte Person einzustellen hat den Vorteil, sich schon vorab über deren Eigenschaften und Arbeitsweise informieren zu können. Auch kann der neue Arbeitgeber davon ausgehen, dass die empfohlene Person niemanden enttäuschen will und deshalb besonders gute Arbeit leisten wird.

Ob Beförderung oder neue Stelle: Es ist wichtig, dass Ihr Klient mit seinen individuellen Stärken und Vorzügen für sein Umfeld auf eine sympathische Weise sichtbar wird. Denn die Wahrscheinlichkeit, über sein Netzwerk seinen zukünftigen Arbeitgeber zu finden, ist hoch.

Für erfolgreiches Netzwerken ist es wichtig, dass Sie mit Ihrem Klienten erarbeiten, was er konkret sucht. Nur so kann er sein Netzwerk gezielt nutzen. Identifizieren Sie dann gemeinsam die relevanten Netzwerkpartner. Sie werden erleben, dass die meisten Klienten ihr Netzwerk zunächst mit »ungenügend« bewerten. Sie scheinen niemanden zu kennen, und schon gar nicht in den für sie relevanten Branchen. In der Regel können Sie Ihrem Klienten schnell das Gegenteil beweisen. Überlegen Sie gemeinsam, wie einzelne Freunde, Bekannte und Geschäftspartner kontaktiert werden können und mit welcher Art der Ansprache sich Ihr Klient wohlfühlt. Üben Sie die konkrete Ansprache mit Ihrem Klienten in kleinen Rollenspielsequenzen. Dies wird seine Hemmschwelle senken und sein Auftreten sicherer machen.

Vor allem können Sie Ihren Klienten dadurch unterstützen, dass Sie mit ihm eine einfache Beschreibung seiner Arbeit bzw. seiner beruflichen Zielsetzung üben, z. B. in Form des sogenannten Elevator-Pitchs. Ein Elevator-Pitch ist eine kurze, punktgenaue und gewinnende Form der Selbstvorstellung, die nicht länger als eine Fahrt mit dem Aufzug dauert (vgl. dazu S. 257). Wichtigste Voraussetzung für ein erfolgreiches Netzwerken: Ihr Klient muss sich in einem guten Zustand befinden. Kompetenzerleben, Zuversicht sowie ein unverstellter Blick auf seine Stärken und Ressourcen sind unabdingbar für einen gelungenen Kontakt mit anderen Menschen.

Marktstrategie

Selbstdarstellung und Netzwerken haben heute immer auch eine digitale Komponente. Es ist daher wichtig, mit Ihrem Klienten zu klären, wie er sich online darstellen möchte, wo er präsent sein will und in welcher Form er sich präsentieren möchte. Dies verlangt eine bewusste Überlegung – und immer wieder Arbeitseinsatz, denn die Daten und Informationen über Ihren Klienten müssen gepflegt und aktualisiert werden. Diese Art der Selbstdarstellung wird zunehmend zu einem wichtigen Kommunikationsweg – über soziale Netzwerke können nicht nur Selbstständige, sondern auch Angestellte ihr Profil schärfen und auf sich aufmerksam machen.

(2) Stellenangebote aus Printmedien und Online-Börsen

Die erste Anlaufadresse auf der Suche nach einem neuen Job ist meist die Online-Stellenbörse. Die Suche nach einem Stellenangebot, das genau zu den Qualifikationen und Wünschen eines Klienten passt, gestaltet sich je nach Profil ähnlich wie die berühmte Suche nach der Nadel im Heuhaufen. Die Suche über Online-Stellenbörsen ist wichtig, doch nach einer Erhebung des Instituts für Arbeitsmarkt- und Berufsforschung (IAB), einer Einrichtung der Bundesagentur für Arbeit, wurden 2010 24,9 Prozent aller freien Stellen durch persönliche Kontakte der Mitarbeiter oder Unternehmer besetzt (IAB-Kurzbericht 26/2011). Über Inserate in Printmedien wurden laut Angaben dagegen nur 23,5 Prozent aller Stellen besetzt, dahinter folgen die Vermittlung durch die Arbeitsagentur mit 15,3 und Stellenanzeigen im Internet mit 14,1 Prozent. Fast jede zehnte offene Stelle (9,8 Prozent) wurde an einen Initiativbewerber vergeben. Der prozentuale Anteil an Stellen, die auf anderem Wege besetzt worden sind, etwa durch private Arbeitsvermittlung, ist gering. Die Zahlen zeigen: Der größte Teil der freien Stellen wird mithilfe von Networking besetzt, und das bedeutet auch, dass nicht jede Stelle öffentlich ausgeschrieben wird.

Zu beachten ist, dass der erfolgreiche Suchweg nach Angaben des IAB auch vom Profil des Bewerbers abhängt. So werden zwar weniger Stellen über Online-Medien besetzt als über Printinserate, doch erfordern online ausgeschriebene Stellen häufig eine höhere Qualifikation als solche Stellen, für die Bewerber über (regionale) Printmedien gesucht werden.

Stellenangebote online oder in Printmedien zu studieren ist auch aus anderen Gründen lohnenswert: Dadurch gewinnen Sie leicht einen Überblick darüber, was zurzeit gesucht wird und wie gut das Profil Ihres Klienten mit den Vorstellungen der Arbeitgeber übereinstimmt. Sie können Suchanfragen in den Online-Jobbörsen so einrichten, dass Sie oder Ihr Klient täglich Stellenausschreibungen erhalten, die zu ihm passen könnten. Auch ist es interessant, sich die Stellenausschreibungen auf den Homepages der Unternehmen anzuschauen. Sie können mit

Ihrem Klienten eine Liste der für ihn interessanten Unternehmen und Arbeitgeber erstellen und sich auf deren Homepages über aktuelle Ausschreibungen auf dem Laufenden halten.

Auf attraktive Stellenausschreibungen melden sich Hunderte Bewerber, und wer die Anforderungen des Stellenprofils nicht genau erfüllt, wird sofort aussortiert. Eine genaue Analyse der Stellenausschreibung kann schon früh die Chancen für eine erfolgreiche Bewerbung erhöhen. Außerdem hilft sie Ihrem Klienten, zu entscheiden, wo sich eine Bewerbung lohnt. Schließlich kostet jede sorgfältige Bewerbung Kraft – und jede Ablehnung ist ein potenzieller emotionaler Rückschlag.

(3) Initiativbewerbung

Unter einer Initiativbewerbung versteht man die Zusendung von Bewerbungsunterlagen, ohne dass eine offizielle Stellenausschreibung vorliegt. Der Vorteil einer solchen Bewerbung ist, dass sie dem Bewerber die Möglichkeit gibt, sich das Zielunternehmen frei auszusuchen und dabei seine Alleinstellungsmerkmale – wertvolle Qualitäten, Fähigkeiten und Kenntnisse – in den Vordergrund zu rücken, anstatt sein Profil an eine Stellenausschreibung anzupassen.

Dazu sucht sich der Klient gezielt Unternehmen bzw. Organisationen, die ihn interessieren, und nimmt zunächst telefonisch Kontakt auf. Dadurch kann er herausfinden, ob prinzipiell Interesse an Initiativbewerbungen besteht und wie ein mögliches Aufgabenfeld aussehen könnte. Da der Klient sich bei der Initiativbewerbung nicht auf eine Stellenausschreibung beziehen kann, sollte er im Telefonat bzw. durch Recherchen herausfinden, welchen Zugewinn seine Einstellung für das Unternehmen bedeuten würde, und dies als Grundlage für die Ausführungen in seiner Bewerbung nutzen.

Eine Initiativbewerbung erfordert ein klares Bewusstsein der Fähigkeiten, Kompetenzen und Erfahrungen, die dem Arbeitgeber zur Verfügung gestellt werden können, und gleichzeitig eine eingehende Analyse der Bedarfe des Zielunternehmens, auf die das eigene Angebot zuzuschneiden ist.

(4) Headhunter und Personaldienstleister

Eine weitere Möglichkeit, Zugang zum Arbeitsmarkt bzw. zu einer neuen Stelle zu finden, ist die Jobsuche mithilfe von Headhuntern und Personaldienstleistern. Diese nehmen die Perspektive des Arbeitgebers ein, für den sie einen geeigneten Kandidaten suchen. Als Karriereberater lohnt es sich, Kontakte zu solchen Dienst-

Marktstrategie

leistern zu pflegen, um auf direktem Weg Gespräche, Markteinschätzungen und Feedback für Klienten zu ermöglichen. Damit die Jobsuche mithilfe einer Personalberatung erfolgreich ist, sollte der Anbieter gewisse Qualitätsmerkmale wie Branchenkenntnis, langjährige Erfahrung sowie einen transparenten und vor allem vertraulichen Rekrutierungsprozess aufweisen.

Sollte ein Klient nicht direkt von einem Headhunter angesprochen werden, hat er die Möglichkeit, sich schriftlich an eine Personalberatung zu wenden. Eine sorgfältige Auswahl der Personalberatungen ist von großer Bedeutung, damit eine solche Anfrage auch zum gewünschten Erfolg führt. Doch ist es nicht einfach, den richtigen Personalberater zu finden. Neben den Qualitätsstandards sollten als Kriterien dienen:

Level: Personalberater sind in den meisten Fällen auf bestimmte Level von Führungspositionen spezialisiert.
Branche: Personalberatungen und einzelne Berater sind oft auf bestimmte Branchen spezialisiert.
Region: In vielen Fällen sind Personalberatungen auf bestimmte Regionen spezialisiert.

Umfassende Verzeichnisse der Personalberatungen in Deutschland sind bei den Dachverbänden zu finden: unter www.bdu.de sowie www.vdesb.de.

Personalberatungen sind in erster Linie ihren Auftraggebern verpflichtet, d. h. den Unternehmen. Sie suchen nach Bewerbern mit bestimmten Qualifikationen und Merkmalen und sprechen daher in vielen Fällen gezielt Führungskräfte an. Doch kann ein Klient sich bei einer Personalberatung auch direkt mit einem Kurzprofil bewerben, das maximal eine Seite umfasst und deutlich macht, was seine berufliche Zielsetzung und sein Qualifikationsprofil sind und in welcher Region er nach Stellen sucht. Da Personalberater Bewerbungen meist nur kurz überfliegen und nach bestimmten Merkmalen Ausschau halten, die die Stellenausschreibung erfordert, kann es passieren, dass eine Anfrage unbeantwortet bleibt. Deshalb ist es von großem Vorteil, langfristig eine engere Beziehung zu einem Personalberater aufzubauen und mit ihm in Kontakt zu bleiben, selbst wenn keine Stelle vermittelt wurde. Kennt ein Personalberater den Klienten, so wird er eher wieder auf ihn zukommen und ihm weitere Stellen anbieten. Für Sie als Berater ist daher ein guter Kontakt zu Headhuntern sehr hilfreich.

(5) Existenzgründung

Für manche Klienten ist die Existenzgründung eine Option, auch wenn sie nicht explizit mit diesem Wunsch zu Ihnen gekommen sind. Der Eindruck, dass Selbstständigkeit etwas für Ihren Klienten sein könnte, wird bereits in der biografischen Rückschau, in psychologischen Tests oder in der Analyse seiner Stärken und Vorlieben hervorgetreten sein. Wenn Ihr Klient immer wieder davon spricht, selbst etwas auf die Beine zu stellen, lohnt es sich, in diese Richtung zu schauen. Dieser Wunsch sollte aber nicht lediglich einem hohen Freiheitsbedürfnis entspringen, sondern der Bereitschaft, der Arbeit einen hohen Stellenwert beizumessen. Wer seine eigene Firma gründet, kann wahrscheinlich nicht ohne Weiteres Arbeit einfach delegieren. Diese und andere Themen – wie z. B. die Marktreife der Idee, die Analyse der potenziellen Wettbewerber und Kunden, die benötigten und verfügbaren finanziellen und sonstigen Ressourcen – müssen ergründet werden.

Manche Karriereberater können und wollen Gründungsberatungen durchführen; andere ziehen es vor, den Klienten an einen Kollegen zu vermitteln. Im Zuge Ihrer eigenen Angebotsklärung werden Sie sich damit auseinandergesetzt haben, ob Sie kompetent zum Thema Existenzgründung beraten können und wollen. Das Buch geht auf diese Form der Beratung jedoch nicht weiter ein, sondern konzentriert sich im Folgenden auf den Arbeitsmarkt für angestellte Mitarbeiter.

Marktstrategie

Marktanalyse

Ziel	• Einstieg in die Marktphase • dem Klienten seine Möglichkeiten aufzeigen und gemeinsam eine Strategie entwickeln
Vorteile	• Präzisierung des Such- bzw. Bewerberprofils • Erweiterung des Suchfeldes durch Ermittlung von Alternativen
Was kann schiefgehen?	• Sie sollten für sich und den Klienten deutlich definieren, wie weit Ihr Service geht – leiten Sie lediglich die Suche an, oder übernehmen Sie auch einen Teil der Recherche?
Materialien	• Übersicht, in welchen Medien relevante Ergebnisse der Marktrecherche gewonnen wurden; eignet sich zur Bearbeitung durch den Berater, aber auch durch den Klienten • Arbeitsblatt zur Planung und Strukturierung der Recherche- und Bewerbungsaktivitäten für den Klienten • Arbeitsblatt zur Analyse von Stellenausschreibungen

Unterstützen Sie Ihren Klienten bei seinen Recherchen, so haben Sie die Möglichkeit, seine Aufmerksamkeit auf neue und für ihn zunächst vielleicht ungewöhnliche Arbeitsfelder zu lenken. Ihre Vorauswahl kann ihn dazu veranlassen, sich bewusst zu positionieren und direkt zur Tat zu schreiten. Wichtig für einen produktiven Fortgang des Beratungsprozesses ist es jedoch, dass der Klient nicht nur Hinweise auf Vakanzen erhält, die er annehmen oder ablehnen kann, sondern dass er sich aktiv mit den Vakanzen und Zugangswegen, die Sie aufzeigen, auseinandersetzt und begründet Stellung zu ihnen bezieht. So helfen z. B. eine Topliste und eine Negativliste dabei, sein Suchprofil und seine Vision seines Wunscharbeitsplatzes zu schärfen.

Auch sollten Sie Ihren Klienten dazu anleiten, selbst aktiv und fündig zu werden – niemand wird sich so gut in seine Zielbranchen einarbeiten können (und müssen) wie der Jobsucher selbst. Unterstützen Sie ihn dabei, sich bei der Suche zu organisieren, planvoll an die Sache heranzugehen. Allzu vielfältig sind die Suchoptionen – behalten Sie gemeinsam im Beratungsprozess die Übersicht, werten Sie aus, und ziehen Sie Zwischenbilanzen, welche Zugangswege welche Erfolge bringen. Behalten Sie dabei auch im Blick, die verschiedenen Bereiche ebenso als Möglichkeit der Selbstpositionierung zu nutzen.

Die folgenden zwei Tabellen können Ihnen helfen, Struktur in das Vorgehen zu bringen. Erstellen Sie gemeinsam einen Plan, und vereinbaren Sie auch hierzu To-dos und verbindliche Meilensteine.

Arbeitsblatt für Berater: Marktanalyse

Übersicht der relevanten Medien für die Suche und Selbstpositionierung:

Medium	Infos und Details	Zielsetzung	To-dos	Bis wann?
Networking: relevante Verbände, Online-Netzwerke, (ehemalige) Kollegen				
Online-Börsen				
Printmedien				
Zielfirmenliste für Initiativbewerbung				
Headhunter und Personaldienstleister				
Agentur für Arbeit				
Veranstaltungen				
Messen				
Literaturempfehlungen (Bücher/Artikel/Blogs)				
Weiterbildungen/Seminare				
Tipps (Podcasts, YouTube)				

Marktstrategie

Arbeitsblatt für Berater: Wochenplan zur Strukturierung der Recherche- und Bewerbungsaktivitäten

Datum:

Stellenangebote (online und Print)

Aktion	Wann?	Status	Bemerkung
•			
•			
•			

Netzwerk

Aktion	Wann?	Status	Bemerkung
•			
•			
•			

Initiativbewerbung

Aktion	Wann?	Status	Bemerkung
•			
•			
•			

Personalberatungen/Headhunter

Aktion	Wann?	Status	Bemerkung
•			
•			
•			

... Aktion	Wann?	Status	Bemerkung
•			
•			
•			

Wenn Sie die Phase der Suche zur Inspiration und Erschließung potenzieller neuer Branchen nutzen wollen, so hilft diese Anleitung bei der Analyse offener Stellen.

Hausaufgabe für Klienten: Stellenangebote analysieren

Durchsuchen Sie Stellenangebote in Ausschreibungen von Online-Portalen, Zeitungen und Zeitschriften. Suchen Sie mindestens zehn Stellenausschreibungen heraus, die Ihnen besonders gut gefallen, und bringen Sie diese in die nächste Beratungssitzung mit. Achten Sie zunächst nicht auf die Passung zu Ihrem Profil – erst einmal steht Ihr Interesse im Vordergrund!

Welche Gemeinsamkeiten oder Unterschiede hinsichtlich der Vakanzen können Sie erkennen? Was bemerken Sie bei der Auswahl der Stellenausschreibungen?

Es gibt Vakanzen vor allem ...

in der Branche:

in der Region:

Marktstrategie

mit den Schwerpunkten:

mit den Anforderungen:

Es gibt wenige für mich interessante Vakanzen, weil

In meinem Profil fehlen regelmäßig folgende wichtige Voraussetzungen (z. B. Berufserfahrung, Vertriebs-Know-how, IT- bzw. Sprachkenntnisse, Führungserfahrung):

In Vakanzen erregen regelmäßig folgende Themen, Stichworte bzw. Aspekte hinsichtlich Arbeitsweise und -bedingungen meine Aufmerksamkeit:

Stellenangebote nutzen

Ziel	• Chancen erkennen • Strategie anpassen • eigenen Marktwert reflektieren, Selbstmarketing anpassen und Entwicklungspotenzial definieren
Vorteile	• sich rückversichern, ob das Klientenprofil zu dem gewählten Beruf passt
Was kann schiefgehen?	• Die systematische Herangehensweise schützt nicht vor einer unrealistischen Einschätzung der Qualifikationen. Unterstützen Sie Ihren Klienten dabei, eine unverstellte Sicht auf sich einzunehmen (durch Einholen von Fremdfeedback, Beispiele erfragen).
Und sonst?	• eignet sich als Hausaufgabe
Materialien	• Arbeitsblatt »Stellenangebote nutzen« als Anleitung für die Sitzung mit Ihrem Klienten • Beispiel Gegenüberstellung von Eigen- und Sollprofil

Arbeitsblatt für Berater/Hausaufgabe für Klienten: Stellenangebote nutzen

Haben Sie ein geeignetes Stellenangebot gefunden, so stehen folgende fünf Schritte an:
1. Auswertung der Stellenanzeige
2. Recherche zum Unternehmen
3. telefonische Kontaktaufnahme
4. Verfassen und Versenden der Bewerbungsunterlagen
5. gezieltes Follow-up

Schritt 1:
Die Auswertung der Stellenanzeige sollte sehr sorgfältig durchgeführt werden. Dazu ist es hilfreich, das Sollprofil der Stellenanzeige zu erfassen und diesem das Eigenprofil gegenüberzustellen (siehe unten). Notieren Sie sich offene Fragen, die sich dabei ergeben.

Schritt 2:
Die fundierte Recherche ermöglicht es Ihnen, Ihre Bewerbung an die Bedürfnisse des Unternehmens anzupassen und sich einen persönlichen Eindruck vom potenziellen Arbeitgeber zu verschaffen. Schließlich geht es auch um die Frage, ob Sie sich vorstellen können, eine Tätigkeit in dem Unternehmen aufzunehmen. Notieren Sie sich die Fragen, die Sie dazu haben.

Marktstrategie

Schritt 3:
Nachdem Sie sich ausgiebig informiert haben, bietet es sich an, telefonisch Kontakt mit dem Unternehmen aufzunehmen. In diesem ersten Telefonat können die in Schritt eins und zwei notierten Fragen beantwortet werden, auch haben Sie die Möglichkeit, sich schon im Vorfeld zu positionieren. Außerdem können Sie sich einen besseren Eindruck vom Unternehmen verschaffen und nun für sich entscheiden, ob Sie die nächsten Schritte auch gehen wollen.

Schritt 4:
Im Anschreiben ist es sicherlich hilfreich, sich auf das erste Telefonat zu beziehen. Nutzen Sie außerdem Ihre intensive Recherche, um sowohl Anschreiben als auch Lebenslauf den Bedürfnissen des Unternehmens bzw. der Stelle anzupassen. Besprechen Sie vor allem Ihre ersten Bewerbungen mit Ihrem Berater, bevor Sie sie versenden.

Schritt 5:
Wenn Sie nach dem Abschicken der Bewerbung bzw. nach der Eingangsbestätigung innerhalb von zwei bis drei Wochen nichts von dem Unternehmen hören, sollten Sie nachfragen, wie der Stand der Bewerbung ist. Dieses Vorgehen dient nicht nur dem Einholen der gewünschten Informationen, sondern signalisiert nochmals Ihr Interesse an der Position.

Eigenprofil mit Sollprofil einer Anzeige abgleichen – Beispiel

Analysieren Sie Stellenanzeigen, die Sie interessieren, genau. Markieren Sie sich die wichtigsten Anforderungen und Angaben wie in dem unten stehenden Beispiel. Dann legen Sie Ihren Lebenslauf daneben und haken ab: Welche wichtigen Anforderungen erfüllen Sie? Welche nicht? Überlegen Sie bei den Stellenanforderungen, die Ihnen fehlen, ob die Voraussetzungen durch andere Eigenschaften oder Qualifikationen ersetzt werden können. Überlegen Sie sich auch, welche Fragen Sie gerne noch vor der Bewerbung klären möchten – bzw. welche Punkte Sie schon im Telefonat erwähnen könnten, um Interesse an Ihrer Person zu wecken.

Auf den folgenden Seiten finden Sie ein Beispiel für eine Stellenanzeige und für den tabellarischen Abgleich des Sollprofils mit dem Eigenprofil.

Beispiel: Stellenanzeige Internationale Projektunterstützung

Internationale Projektunterstützung (m/w)
(Betriebswirt/in Projektmanagement) im Bereich Online-Marketing

| 1 | Wir suchen für ein international tätiges Unternehmen ab sofort eine Projektassistenz (m/w) für den Bereich | 2 |
| 3 | Projektmanagement/Projektunterstützung im Online-Marketing! | |

Folgende Aufgaben erwarten Sie:

4	• Terminüberwachung und -verfolgung	
	• Abstimmung und Koordination der Ergebnisse mit diversen Schnittstellen	5
6	• Budgetkontrolle	
	• Präsentationen erstellen und Präsentationen halten.	7
8	Kommunikationsfähigkeit und eine hohe Serviceorientierung werden vorausgesetzt	9

Wenn wir Ihr Interesse geweckt haben, freuen wir uns über Ihre vollständigen Bewerbungsunterlagen.

| 10 | Arbeitsort: 20457 Hamburg, Deutschland |
| 11 | Beginn der Tätigkeit: sofort |

Arbeitszeit: Vollzeit, 39 Wochenstunden

Befristung: befristetes Arbeitsverhältnis für 12 Monate, eine spätere Übernahme in ein unbefristetes Arbeitsverhältnis ist möglich

Anforderungen an den Bewerber:

12	• IT, DV, Computer-Grundkenntnisse: Projektplanungssoftware	
	• MS Project (MS Office), Tabellenkalkulation Excel (MS Office)	13
14	• Sprachkenntnisse: Zwingend erforderlich sind Deutsch, Englisch.	

Marktstrategie

	Sollprofil	Mein Angebot
1.	internationales Unternehmen	verschiedene Projekte in Europa, hohe interkulturelle Kompetenz durch Lebens- und Arbeitserfahrung in Frankreich und England **Im Telefonat erwähnen!**
2.	Projektassistenz	Praktikum im Projektmanagement, verantwortlich für eigene Projekte in der letzten Position; Studium Bachelor und Master BWL, Abschlussarbeit über »Evaluation im Projektmanagement«
3.	Bereich Online-Marketing	Begleitung einer Online-Kampagne in Belgien **Telefonisch besprechen:** Reichen meine Kenntnisse?
4.	Terminüberwachung	verantwortlich für Zielsetzung und Terminüberwachung in den Projekten
5.	Abstimmung und Koordination	bereichsübergreifende Kommunikation in verschiedenen Projekten
6.	Budgetkontrolle	bisher noch nicht – aber sehr gutes Zahlenverständnis; Erfahrung mit Buchhaltung; Controlling als Studienfach
7.	Präsentation	Präsentation der Projekte auf Bereichsleiterebene
8.	Kommunikationsfähigkeit	ausgeprägt; außerdem regelmäßige Teilnahme an Kommunikationsseminaren
9.	Serviceorientierung	kein direkter Nachweis, aber Kundenbindung und Serviceorientierung sehr wichtig für mich (z. B. Bearbeitung einer Reklamation vom A-Kunden)
10.	Standort: Hamburg	**Telefonisch besprechen:** Umzugsbereitschaft gegeben!
11.	Beginn ab sofort	**Telefonisch besprechen:** drei Monate Kündigungsfrist
12.	Kenntnisse in MS Project (MS Office)	gut; bereits verschiedene Kurse belegt
13.	Kenntnisse in Tabellenkalkulation (MS Office)	sehr gut; zwei Kurse an der Volkshochschule: Basis- und Fortgeschrittenenkurs, langjährige Anwendung
14.	Englisch	sehr gut durch Auslandssemester in England und Tätigkeit in internationalen Unternehmen

**Arbeitsblatt für Berater/Hausaufgabe für Klienten:
Tabellarischer Abgleich zwischen Eigen- und Sollprofil**

Erstellen Sie einen Abgleich zwischen dem Sollprofil einer Stellenanzeige, für die Sie sich interessieren, und Ihrem Eigenprofil.

Sollprofil	Mein Angebot
1.	
2.	
3.	
4.	
5.	
6.	
7.	
8.	
9.	
10.	

Marktstrategie

11.

12.

13.

14.

Netzwerk analysieren

Ziel	• herausfinden, wie hilfreich das Netzwerk des Klienten sein kann • einen Plan erstellen, wie der Klient sein Netzwerk gezielt für sich nutzen bzw. sich ein Netzwerk aufbauen kann
Vorteile	• Reflexion des eigenen Netzwerks wird angestoßen. • Ein Zugang zur aktiven Nutzung des Netzwerks wird gefunden.
Was kann schiefgehen?	• Ihr Klient tut sich weiterhin schwer mit dem Gedanken, andere Menschen für eigene Belange zu aktivieren, um Rat oder Hilfe zu bitten. Auch sträubt er sich weiterhin gegen den Gedanken, dass er überhaupt über ein Netzwerk verfügt. Überprüfen Sie, ob nicht noch etwas anderes dahintersteckt: die Scham über seine aktuelle Situation; keine Erfahrung damit, auf andere Menschen zuzugehen (das lässt sich sehr gut in kleinen Rollenspielsequenzen üben!), oder noch keine Vorstellung davon, in welcher Form er sich unterstützen lassen könnte. Bleiben Sie am Ball, für viele ist die Anfangshürde besonders groß.
Und sonst?	• Das Thema eignet sich, um Vereinbarungen für die Zeit zwischen den Beratungssitzungen zu treffen: eine interessante und thematisch passende Veranstaltung pro Woche besuchen, fünf Anrufe tätigen oder zwei Menschen um Rat fragen.
Materialien	• Fragebogen für Ihren Klienten zur Evaluation seines Netzwerks • Fragebogen zum Training der Netzwerkkompetenz • Dos und Don'ts des Netzwerkens

Eine wichtige Ressource für die Jobsuche ist das soziale Netzwerk Ihres Klienten. Im Beratungsverlauf ist es möglicherweise notwendig, das Bewusstsein Ihres Klienten dafür zu stärken, dass dies eine wichtige Inspirationsquelle ist.

Schon im Zusammenhang mit der Marktanalyse haben wir festgestellt, dass viele Arbeitssuchende ihre neue Stelle nicht über offen ausgeschriebene Stellen, sondern über den verdeckten Arbeitsmarkt gefunden haben. Dazu zählt neben dem beruflichen auch das private Netzwerk. Ob es darum geht, über Freunde weiterempfohlen zu werden oder im beruflichen Umfeld für gesuchte Fachkenntnisse bekannt zu sein: Viele offene Stellen, auch bereits ausgeschriebene, werden aus dem Netzwerk heraus besetzt.

Darüber hinaus gibt es natürlich noch sehr viele andere Aspekte, die vor allem das Netzwerk Ihres Klienten zu einer wichtigen Ressource für ihn machen, z. B. Know-how-Transfer. Ihr Klient kann sich über seine beruflichen Erfahrungen aus-

Marktstrategie

tauschen, Wissen vertiefen und Informationen über neue Entwicklungen in seiner Branche bekommen. Vielleicht findet er auch Menschen, die er ansprechen kann, um wichtige Informationen für eine berufliche Neuorientierung oder Ideen und Ansatzpunkte für Initiativbewerbungen zu bekommen.

So gibt es ganze Berufszweige, die vor allem über das Netzwerk funktionieren. Als Berater haben Sie diese Erfahrung bereits gemacht, und wer in eine neue Stadt zieht, kennt es häufig von der Suche nach einem geeigneten Arzt: Branchen, in denen es viele Selbstständige und wenige große Organisationen gibt, erfordern ein hohes Maß an Netzwerken.

Doch gibt es über die Suche nach einer neuen Stelle hinaus noch einen anderen Grund, Ihren Klienten fürs Netzwerken fit zu machen: Das Netzwerken selbst ist in einem rasanten Wandel begriffen. Online-Profile in sozialen Netzwerken zu erstellen ist inzwischen nicht mehr die Ausnahme, sondern die Regel. Sowohl berufsbezogene Plattformen wie Xing und LinkedIn als auch private Netzwerke haben sich längst etabliert. Dies verändert die Situation nicht nur für Selbstständige, sondern auch für Arbeitnehmer und sogar Firmen. Unternehmen googeln ihre Bewerber und sind an zusätzlichen Informationen aus dem Netz interessiert. Es macht also Sinn, den Eindruck, der so entsteht, gezielt zu gestalten.

Erhöhung der persönlichen Sichtbarkeit – online und offline

Die Präsenz im Internet ist heute ein wichtiger Teil der Außendarstellung. Interessant ist sie nicht nur, um geknüpfte Kontakte zu festigen und die eigenen Fähigkeiten auf der Suche nach einer neuen Stelle zu präsentieren, sondern auch, um die eigene Sichtbarkeit zu erhöhen. Überlegen Sie gemeinsam mit Ihrem Klienten: Was sollten Kollegen oder Vorgesetzte über ihn wissen? Und wie können Sie gezielt diese Informationen streuen?

In den Social Media bietet sich auch die Möglichkeit, sich mit anderen Menschen direkt über berufliche Fragen auszutauschen. Der Anschluss an Interessengruppen hilft, über aktuelle Themen informiert zu bleiben, Inspiration und neue Ideen von anderen zu bekommen sowie persönliche Schwerpunkte zu setzen. Auch der Besuch von Messen kann gewinnbringend sein, Fachtagungen und Fortbildungen bieten Gelegenheit, Kontakte zu knüpfen.

Der folgende Fragebogen hilft bei der Bestandsaufnahme des persönlichen Netzwerks und dient als Ausgangspunkt für die Optimierung künftiger Aktivitäten.

Arbeitsblatt für Berater: Evaluation des Netzwerks

Welche Netzwerkkontakte haben Sie zurzeit? Mit welchen Personengruppen stehen Sie aktuell im Austausch? (Kollegen, ehemalige Mitarbeiter, Dienstleister, Kunden, Freundeskreise, Familie)

Wie schätzen Sie Ihre aktuellen Networking-Aktivitäten ein?

Welche wichtigen Ansprechpartner fehlen Ihnen noch in Ihrem Netzwerk? Wo könnten Sie diese finden?

Konnten Sie in Ihrem Netzwerk bisher ein ausgewogenes Maß an Geben und Nehmen herstellen? Wenn ja, wie? Wenn nein, warum nicht?

Konnten Sie bisher Ihre Zielsetzung verfolgen, hatten Sie Freude dabei, und konnten Sie anderen Gutes tun?

Marktstrategie

Haben andere von Ihren Aktivitäten erfahren? Wenn ja, wie? Wenn nein, warum nicht?

Ziehen Sie persönlich Bilanz: Welche Stolpersteine gibt es bei Ihrer Selbstdarstellung? Wie könnten Sie diese konstruktiv angehen?

Entwicklung der Netzwerkkompetenz

Was funktioniert besonders gut, wenn Sie mit Menschen in Kontakt treten?

Was könnte noch besser funktionieren?

Welche Gelegenheiten fallen Ihnen ein, bei denen Sie Ihr berufliches Netzwerk erweitern können?

Wie können Sie weitere Initiative zeigen?

Gibt es Hemmschwellen, die Ihnen das Netzwerken schwer machen? Wenn ja, welche?

Was müssen Sie noch üben? Welcher Teil fällt Ihnen besonders schwer?

Was ist Ihre persönliche Note (Art/Vorgehensweise)? Was hebt Sie von anderen ab?

Marktstrategie

Handreichung zur Besprechung mit dem Klienten: Wichtige Hinweise fürs Netzwerken

Netzwerken kann jeder! – Oder doch nicht? Damit Sie wissen, worauf Sie achten oder was Sie unbedingt vermeiden sollten, sind hier einige Tipps für das erfolgreiche Netzwerken aufgelistet.

Dos

- Bauen Sie Ihr Netzwerk auf, bevor Sie es brauchen. Melden Sie sich hin und wieder bei Ihren Kontakten, und bleiben Sie am Ball.
- Machen Sie sich klar, was Sie wollen, und definieren Sie Ihr Ziel. Warum sprechen Sie jemanden an?
- Bitten Sie aktiv um Rat und Hilfe, haben Sie keine Scheu davor, sich bei Fragen an andere zu wenden – so machen Sie die Tür auf für gegenseitige Unterstützung und ein lebendiges Netzwerk.
- Entwickeln Sie Ihre eigenen goldenen Regeln. Zum Beispiel, wie oft Sie nachhaken, bevor Sie sich nicht mehr bei dem Kontakt melden, oder wie weit Ihre Unterstützung oder Hilfe gehen kann.
- Seien Sie diskret, verbindlich, zuverlässig und zugänglich.
- Bereiten Sie sich gut vor, wenn Sie auf Veranstaltungen gehen oder jemanden zum Mittagessen treffen.
- Bauen Sie Ihre eigene Marke auf und präsentieren Sie sich. Dabei hilft der rote Faden im Lebenslauf. Lernen Sie, diesen kurz und knackig zu präsentieren.
- Üben Sie sich in gehaltvollem Small Talk.
- Und haben Sie Spaß beim Netzwerken!

Don'ts

- Nutzen Sie Ihr Netzwerk nicht, um etwas zu »verkaufen« – erzählen Sie lieber von Ihren Leidenschaften, und wecken Sie Interesse.
- Zu viel Nähe tut keinem gut. Seien Sie angemessen in den Wünschen, die Sie an einen Netzwerkpartner richten, und gehen Sie achtsam mit seiner Zeit um.
- Sammeln Sie nicht nur Visitenkarten und Telefonnummern – nutzen Sie sie auch. Ein Netzwerk ist nur dann schlecht, wenn Sie es nicht nutzen!

Online-Networking – Soziale Netzwerke gezielt nutzen

Ziel	• Werbung für sich selbst machen
Vorteile	• eine gute Grundlage fürs Networking – besonders für diejenigen, die lieber ihr Online-Profil von sich erzählen lassen
Was kann schiefgehen?	• Wenn Ihr Klient sich nicht traut, ein markantes Profil zu erstellen, kann sich seine Online-Präsenz kontraproduktiv auswirken.
Und sonst?	• Das Arbeitsblatt kann auch verwendet werden, um bereits bestehende Online-Profile des Klienten zu verbessern. • Der Klient kann für jedes Social Network, auf dem er ein Profil einrichten möchte oder bereits ein Profil hat, eine Kopie des Arbeitsblatts in abgewandelter Form ausfüllen.
Materialien	• Arbeitsblatt Online-Profilerstellung (Beispiel Xing) • Liste von Verbänden

Bei der Netzwerkarbeit spielt das Internet eine wichtige Rolle. Nicht nur kann Ihr Klient so sein persönliches und berufliches Netzwerk gezielt auf- und ausbauen, auch Headhunter und Personaler sind online unterwegs, um nach passenden Profilen zu suchen. Es gibt die Möglichkeit, unterschiedlichste Online-Profile in sozialen Netzwerken zu erstellen – sowohl in beruflichen wie Xing und LinkedIn als auch in privaten Netzwerken wie Facebook. Je nach persönlicher Zielsetzung ist daher zunächst herauszufinden, welche (Online-)Netzwerke sich am besten für den Klienten eignen und wie er sie effektiv nutzen kann.

Marktstrategie

Arbeitsblatt für Berater: Mögliche Ziele eines professionellen Networkings

- [ ] Förderung der persönlichen Außendarstellung
- [ ] Erhöhung der Sichtbarkeit am Markt
- [ ] Ansprechbarkeit für Headhunter und Personaler
- [ ] Nutzung von Fachforen und Expertenplattformen zur persönlichen Weiterbildung sowie zum Austausch innerhalb relevanter Branchen und Fachbereiche
- [ ] Inspiration und neue Ideen durch andere

Es gibt zahlreiche, teilweise sehr spezialisierte Online-Netzwerke. Letztendlich haben sich aber in Deutschland für die berufliche Nutzung zwei durchgesetzt: www.LinkedIn.de und www.xing.com. Auch Facebook hat das Thema berufsbezogenes Netzwerken entdeckt und verspricht über www.branchout.com den Traumjob.

Recherchieren Sie zusammen mit Ihrem Klienten, welche Netzwerke für ihn infrage kommen. Denken Sie dabei auch an Angebote der folgenden Einrichtungen:

- Alumnivereine von Universitäten, MBA und Summer Schools
- Unternehmer- und Gründernetzwerke
- Berufsverbände
- Parteien

Arbeitsblatt für Klienten: Erstellung und Überarbeitung von Profilen in Online-Netzwerken

Foto

Wählen Sie ein aktuelles, von einem Profi geschossenes Foto mit dezentem Hintergrund. Wählen Sie das Bild so, dass Sie idealerweise in die Mitte der Webseite schauen (d. h. bei Xing ist das Foto auf der linken Bildseite, Sie sollten also von sich aus gesehen nach links blicken). Da der Bildausschnitt eher klein ausfällt, zoomen Sie Ihr Porträt nah heran, damit man Ihr Gesicht gut erkennen kann.

Kurzbeschreibung

Die Kurzbeschreibung zu Ihrer Person (z. B. Titel/Funktion) erscheint immer zusammen mit Ihrem Foto und sollte dementsprechend gewählt werden (verständlich, interessant und aussagekräftig).

Ich suche

Möglichst präzise, kurze Angaben und Begriffe, nach denen jemand auch suchen würde. Aufzählungen durch Kommata trennen. Reagieren Sie bei Kontaktaufnahmen auch auf die Angaben Ihrer Netzwerkkontakte, und nutzen Sie diese, um ins Gespräch zu kommen.

Ich biete

Möglichst präzise, kurze Angaben und Begriffe, nach denen jemand auch suchen würde. Aufzählungen durch Kommata trennen. Reagieren Sie auch auf die Angaben Ihrer Netzwerkkontakte, und nutzen Sie diese, um ins Gespräch zu kommen, insbesondere wenn Ihr Kontakt Sie eventuell bei der Jobsuche unterstützen könnte.

Beschreiben Sie Ihre beruflichen Stationen so, dass Tätigkeiten, Projekte, Ziele und Erfolge deutlich werden.

Marktstrategie

Kontakte

Wählen Sie bewusst aus, mit wem Sie sich vernetzen und wer sich als Kontakt ersten Grades eignet. Ihr Netzwerk ist Ihr Aushängeschild, je mehr Profile auf Augenhöhe sich in Ihrem Portfolio befinden, desto besser.

Schlagen Sie Ihre Netzwerkkontakte auch aktiv einander vor, sodass Sie ein Geben und Nehmen herstellen.

Privatsphäre

Sie haben die Möglichkeit, die Einstellungen in Ihrem Profil so zu wählen, dass Sie auch von Nichtmitgliedern auffindbar sind. Näheres hierzu finden Sie unter Start → Einstellungen → Privatsphäre. Unter Ihren Einstellungen können Sie auch entscheiden, über welche Veränderungen in Ihrem Profil Ihr Netzwerk informiert werden soll. Wenn Sie die entsprechende Einstellung wählen, werden Ihre Kontakte bei Neueinträgen, die Sie z. B. unter »Ich biete« vornehmen, darüber informiert. Dies können Sie dafür nutzen, Ihr Netzwerk gezielt auf Ihr Profil zu lenken und Informationen zu streuen.

Gruppen bei Xing

Recherchieren Sie bei Xing, in welchen Gruppen für Sie interessante Personen Mitglied sind. Treten Sie relevanten Fachforen bei. Sie können auch Gruppen ausprobieren, die Sie interessieren, ohne dass Sie schon viel Erfahrung auf dem Gebiet haben – um sich neues Wissen anzueignen oder auf dem Laufenden zu bleiben. Die Gruppenfunktion bietet sich außerdem dafür an, neue Netzwerkkontakte zu knüpfen. Beachten Sie aber, dass Ihre Gruppenzugehörigkeiten bei entsprechender Einstellung für alle Besucher Ihres Profils sichtbar sind. Wenn Sie das wünschen – umso besser!

Arbeitsblatt für Klienten: Was Ihr Profil noch interessanter macht

Warum gehen Personaler ins Netz? Weil sie hier wertvolle Informationen über Jobaspiranten finden, die eine Vorabentscheidung über deren Eignung leichter machen. Hier einige Ideen, wie Sie Ihr Profil weiter schärfen und präzisieren können:

Thema der Diplomarbeit/Dissertation

Publikationen und Besprechungen von Publikationen

Zeitungsartikel
Teilnahme an fachlich einschlägigen Expertenforen

Beiträge in anspruchsvollen themenrelevanten Blogs

Kommentare in Expertenforen

Mitarbeit in interessanten Projektgruppen

Preise und Patente

Ehrenämter

Die schriftliche Bewerbung

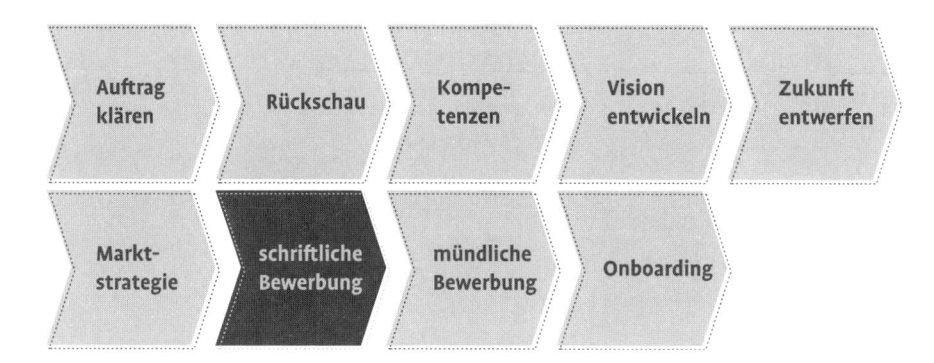

Den meisten Bewerbern fällt es schwer, gute und aussagekräftige Bewerbungsunterlagen zu erstellen sowie ihre Erfahrungen und Vorzüge auf den Punkt zu bringen. Klienten bei der Erstellung von Lebenslauf, Anschreiben und Zeugnissen zu unterstützen ist eine der zentralen Aufgaben im Beratungsprozess, denn es geht hier nicht nur um das Verfassen von Schriftstücken, sondern vielmehr um die Gestaltung eines Gesamtkunstwerks, das stimmig, persönlich und punktgenau überzeugt.

Einsatzbereiche

Die hier genannten Methoden sind dann die richtigen, wenn Ihr Klient

- noch nicht über Bewerbungsunterlagen verfügt und Sie diese mit ihm gemeinsam erarbeiten.
- sich auf eine spezielle Stelle bewerben und seine Unterlagen genau hierfür vorbereiten möchte.
- seine Unterlagen unabhängig von der Suche nach einer neuen Stellung aufbereiten möchte.

Überblick

	Methode	Ziel
1	Fragebogen zum Lebenslauf	Verfassen oder Verändern des Lebenslaufs vorbereiten und optimale Selbstbeschreibung entwickeln
2	Perspektivwechsel 1: die rosarote Brille	Selbstdarstellung verbalisieren und zur Optimierung des Lebenslaufs nutzen
3	Perspektivwechsel 2: mein Lebenslauf und der fieseste anzunehmende Personaler	Schwächen im Lebenslauf aufdecken und beheben
4	Kurzprofil erstellen	die Vita in wenigen Sätzen auf den Punkt bringen
5	Checkliste Lebenslauf	Übersicht mit Anhaltspunkten für Form und Inhalt des Lebenslaufs
6	das Anschreiben	Stärken, Motivation und Eignung des Klienten effektiv kommunizieren
7	Perspektivwechsel 1: die rosarote Brille	Selbstdarstellung verbalisieren und dem Anschreiben damit eine positive Note geben
8	Perspektivwechsel 2: mein Anschreiben und der fieseste anzunehmende Personaler	Schwächen im Anschreiben identifizieren und beheben

Wer einen neuen Arbeitsplatz sucht, weiß heutzutage, dass er ausgezeichnete Bewerbungsunterlagen braucht. Nicht selten kommen Klienten in die Beratung, weil sie Hilfe bei der Optimierung ihrer schriftlichen Selbstdarstellung brauchen.

Die perfekten Bewerbungsunterlagen?

Es ist beängstigend, aber wahr: Es gibt nicht *die* optimale Bewerbungsmappe. Wie jeder Bewerber anders ist, so hat auch jeder Personalverantwortliche unterschiedliche Vorstellungen darüber, was eine gute Bewerbung ist. So mag der eine z.B. Schwarz-Weiß-Fotos, der andere hat sie lieber in Farbe. Manche Leser bevorzugen eine modernere Präsentation, andere den Klassiker. Die Meinungen gehen auch darüber auseinander, wie lange z.B. ein Schulabschlusszeugnis zu den vollständigen

Die schriftliche
Bewerbung

Bewerbungsunterlagen gehört. Soll sich auch ein Bewerber in seinen Vierzigern nach langer Berufserfahrung noch mit seinen Schulzensuren bewerben?

In manchen Fällen ergibt sich die Möglichkeit, Informationen im Vorfeld der Bewerbung bei der Personalabteilung einzuholen. Aber bis zu einem gewissen Grad müssen Ihre Klienten sich darauf einlassen, dass sie nicht alles kontrollieren können. Selbst bei optimaler Vorbereitung gehört eben immer noch eine gewisse Portion Glück dazu.

Branchenüblichkeiten

Versuchen Sie sich mit Ihrem Klienten an den Branchenüblichkeiten zu orientieren, wenn Sie über die speziellen Vorlieben des Adressaten nichts wissen. Die Bewerbung bei einem Start-up muss sicherlich moderner sein als bei einer Behörde, die Bewerbung bei einem Unternehmen für visuelle Kommunikation optisch herausragender als bei einer Rechtsanwaltskanzlei. Das betrifft nicht nur das Layout, sondern auch die Sprache. Gilt es, werbend und bildlich zu schreiben oder eher sachlich? Soll das Foto eher locker wirken oder seriös erscheinen?

Auch auf sprachlicher Ebene ist es meistens sinnvoll, den »Stallgeruch« der Branche zu berücksichtigen: Gibt es branchentypische Begriffe, die verwendet werden sollten? Präsentiert sich Ihr Klient in der Selbstvorstellung als Experte, oder entlarvt er sich als Branchenfremdling, der seine Hausaufgaben nicht gemacht hat? Ebenso gilt es den branchenüblichen Tonfall zu berücksichtigen. Eine sehr sachliche Selbstbeschreibung wird ein Werbefachmann als unkreativ und langweilig empfinden, während der Verfasser eines leidenschaftlichen Anschreibens an die Verwaltung Gefahr läuft, als unfokussierter Chaot abgestempelt zu werden.

Versetzen Sie sich in den Leser der Bewerbung

Nachdem Sie mit Ihrem Klienten lange daran gearbeitet haben, sich selbst und seine Wünsche darzustellen, gilt es nun, die Blickrichtung zu ändern: Was braucht der Arbeitgeber? Jede einzelne Bewerbung muss penibel an die jeweilige Stellenbeschreibung angepasst werden. Der Leser muss darin wiederfinden können, dass der Bewerber tatsächlich optimal auf die Ausschreibung passt. Wenn er an den Unterlagen merkt, dass sie für eine andere Stelle geschrieben wurden bzw. beliebig sind, ist viel verloren! Der Karriereberater kann sich häufig leichter in die Position des Lesers versetzen als der Klient und ist auch deshalb eine wichtige Ressource für eine effektive Selbstdarstellung in der Bewerbung.

Wie Sie Ihren Klienten am besten unterstützen

Zu leicht vergisst man als Berater, wie verunsichernd der Bewerbungsprozess ist. Wie schwierig es ist, ein Anschreiben zu formulieren, in dem man sich selbst anpreist. Wie häufig man die Unterlagen neu ausdrucken muss, weil man wieder einen kleinen Fehler übersehen hat. Und wie schwierig es ist, den Umschlag schließlich einzuwerfen und dann zu hoffen, dass die Bewerbung wohlwollend gelesen wird. Es ist eine Erfahrung großer Verwundbarkeit und Abhängigkeit! Für den Karriereberater ist es hilfreich, sich an eigene Erfahrungen bei Bewerbungen zu erinnern. Sollten diese Erinnerungen schon lange zurückliegen oder verblasst sein, kann es hilfreich sein, dass der Berater sich selbst einmal bewirbt, um die Hürden, vor denen der Bewerber steht, besser nachempfinden zu können.

Meist kommen Klienten mit einer ersten Version ihres Lebenslaufs. Es hat sich bewährt, mit ihnen zusammen am Text zu arbeiten und gemeinsam fehlende Angaben zu ergänzen – sei es auf Papier oder direkt im Dokument am PC. Dabei kann der Berater den Klienten dazu anleiten, positiv über sich zu schreiben. Und er kann ihm vermitteln, aus der Perspektive des Personalers zu lesen und seine Erfahrungen und Leistungen so zu formulieren, dass der Leser erfährt, warum der Klient für die ausgeschriebene Stelle geeignet ist.

Die gemeinsame Arbeit an den Unterlagen hat noch einen weiteren positiven Aspekt: Da sie sich aus den gemeinsam erarbeiteten Erkenntnissen über Stärken und Präferenzen des Klienten nährt, können Sie ihn dabei unterstützen, diese Erkenntnisse in der praktischen Formulierung weiter zu vertiefen und zu verinnerlichen. Vielleicht erkennen Berater und Klient dabei noch Weiteres, was bisher ungesagt geblieben ist.

Unterlagenservice

Arbeiten Sie ohne Ihren Klienten an seinen Unterlagen, verpassen Sie und er die Chance, mehr über ihn herauszufinden und sein Profil zu schärfen. Wenn Sie einen reinen Unterlagenservice anbieten, fehlen häufig wichtige Informationen über den Klienten, ohne dass dies dem Berater oder Klienten auffallen würde. Denn was relevant ist, erweist sich häufig erst im intensiven Gespräch und in der Arbeit miteinander.

Die Überarbeitung von Bewerbungsunterlagen erfolgt idealerweise über mehrere Tage und mithilfe mehrerer Personen. Erst durch mehrmaliges Überarbeiten gewinnt ein Lebenslauf an Aussagekraft und persönlicher Note, es fällt zunehmend leichter, sich von Plattitüden zu trennen und sich kurz zu fassen. Ermutigen

Sie Ihren Klienten, zusätzlich von einem Branchenexperten Feedback zu seinen Unterlagen zu erbitten.

Mit den folgenden Tools für die Erstellung von Bewerbungsunterlagen sind Sie und der Klient gut gerüstet. Aber die Tools ersetzen keineswegs einschlägige Ratgeberliteratur in Büchern oder im Internet und sollen dies auch nicht. An dieser Stelle werden keine Beispiellebensläufe oder Anschreiben vorgestellt – dafür aber Herangehensweisen, um zu guten Ergebnissen zu kommen.

Als Karriereberater wissen Sie, dass der Markt für Ratgeberliteratur auf dem Gebiet der Bewerbungsunterlagen schier unerschöpflich ist – und hoch spezialisiert. So gibt es Bücher für Bewerbungen um Lehrstellen, Ratgeber für Jungakademiker und für Menschen über 50.

Der Lebenslauf

Das größte Stück Arbeit ist sicherlich der Lebenslauf. Vielen Klienten fällt es schwer, ihn zu erarbeiten, insbesondere wenn sie nicht sehr stolz auf ihren Werdegang sind. Indem Sie zusammen mit dem Klienten daran arbeiten, nehmen Sie ihm die Angst davor, sich schriftlich zu präsentieren. Machen Sie ihm in diesem Zusammenhang klar, dass es darum geht, ihn in seiner beruflichen Rolle darzustellen und je nach gewünschter Stelle unterschiedliche Schwerpunkte zu legen. Erklären Sie ihm, dass auch der Arbeitgeber darauf angewiesen ist, dass relevante Informationen über Bewerber besonders betont werden, um eine Vorstellung von ihren Erfahrungen und Kompetenzen zu bekommen.

Achten Sie beim Lebenslauf auf
- ein übersichtliches Layout mit präziser Beschreibung der Stationen.
- Zeugnisse und Referenzen. Alle Stationen sollten ausreichend belegt werden.
- Erklärungen für Brüche und Lücken (z. B. Elternzeit, Teilnahme an Weiterbildungen).
- eine möglichst hohe Passgenauigkeit für die ausgeschriebene Stelle und das Unternehmen.
- die Wirkung, die Ihr Klient erzielen möchte. Was ist ihm wichtig? Welches Bild von sich möchte er vermitteln?
- die Wirkung der Unterlagen auf jemanden, der Ihren Klienten und seinen Werdegang nicht kennt.

Viele Berater starten gerne mit dem Lebenslauf, weil darin die Eckdaten enthalten sind, die ein erstes Gerüst entstehen lassen. Wenn Sie mit Ihrem Klienten an einem Lebenslauf arbeiten, klären Sie zuerst mit ihm, welches Ziel damit verfolgt werden soll. Dies kann von Stelle zu Stelle variieren.

Fangen Sie dann bei der aktuellen Position des Klienten an und formulieren Sie seine Angaben zu beruflichen Aufgaben, Erfahrungen und Erfolgen aus. Setzen Sie dabei den Schwerpunkt auf die Stärken, Erfolge, Qualifikationen und Erfahrungen, die für die neue Stelle am wichtigsten sind. Lassen Sie bei diesem Vorgehen Ihren Klienten erst einmal erzählen – auch dann, wenn Sie seinen Werdegang schon kennen –, und formulieren Sie anschließend gemeinsam. Fragen Sie ihn dabei: Was hat das mit der neuen Position zu tun, und wie lässt es sich so darstellen, dass es auf die Stellenbeschreibung passt?

Umgang mit Lücken

Eines der häufigsten Probleme bei der Formulierung von Lebensläufen ist der Umgang mit Lücken. So stellt sich die Frage, wie mit abgebrochenen Ausbildungen, ohne Abschluss beendeten Studiengängen oder längeren Krankheiten und Zeiten der Arbeitslosigkeit umgegangen werden soll. Solche Lücken im Lebenslauf – das hat sich inzwischen herumgesprochen – verringern die Aussicht auf eine Anstellung. Doch womit lässt sich eine Lücke im Nachhinein oder aktuell füllen?

Als Erstes schauen Sie sich die Ausgangslage des Klienten an: Bewirbt er sich aus der Arbeitslosigkeit heraus, oder verfügt er zurzeit über keine »lebenslauffähige« Beschäftigung, wie Hausfrau oder Hausmann? Dann können Sie mit ihm gemeinsam überlegen, ob es sinnvoll ist, eine Weiterbildung zu besuchen, damit bestehende oder sich bildende Lücken geschlossen werden können.

Betrachten Sie die älteren Lücken im Lebenslauf. Versuchen Sie, gemeinsam mit Ihrem Klienten die Perspektive eines Personalers einzunehmen: Welcher Eindruck könnte bei einem Blick auf den Lebenslauf entstehen? Längere Zeiten ohne Beschäftigung suggerieren meist mangelnde Motivation des Bewerbers, genauso wie Auszeiten aus dem eigentlichen Betätigungsfeld bedeuten können, dass der Bewerber neuere Entwicklungen auf seinem Gebiet verpasst hat. Brainstormen Sie: Was können Sie ins Feld führen, damit dieser Eindruck nicht entsteht? Gibt es Fortbildungen und Erfahrungen, die Ihr Klient hier noch nicht eingebracht hat? Konnte er in einer späteren beruflichen Tätigkeit an Erfahrungen aus einer solchen Lückenzeit anknüpfen? Hat er vielleicht eine ehrenamtliche Tätigkeit ausgeübt, die ihm Wissen vermittelte, das er in einer späteren Anstellung verwenden konnte? Hat er durch kreative und mutige Eigeninitiative selbst aus der Arbeits- oder Beschäftigungslosigkeit herausfinden können? Hat er sich seinen Lieblingsthemen im Selbststudium gewidmet? Dies alles kann die Lücken in einem anderen Licht erscheinen lassen.

Die schriftliche
Bewerbung

Der rote Faden

Nicht wirklich eine Lücke, aber immer wieder ein Problem bei Lebensläufen ist es, wenn der rote Faden fehlt. Ihr Klient hat einiges an beruflicher Erfahrung sowie Aus- und Fortbildungen aufzuweisen, aber es ist keine Stelle ersichtlich, auf die dies hinführen könnte. Was tun?

Am wichtigsten ist, dass Ihr Klient Diskontinuitäten in seinem persönlichen Entwicklungsweg überzeugend vertreten kann. Sind ihm diese selbst unangenehm, braucht er mindestens eine überzeugende Erklärung für seine Kurswechsel und die Lücken, die dabei entstehen können (z. B. berufliche Neuorientierung, in der bestimmte Kompetenzen erworben wurden). Gestalten Sie den Lebenslauf dementsprechend; indem Sie z. B. die berufliche Laufbahn nicht von den Weiterbildungen trennen. Gibt es vielleicht in den Berufs- und Bildungsstationen Ihres Klienten einen gemeinsamen Nenner, der auch für die avisierte Stelle relevant ist? Vielleicht konnte der Klient in allen oder mehreren seiner Stationen bestimmte Fähigkeiten entwickeln, die für den künftigen Arbeitgeber hochrelevant sind?

Auf jeden Fall sollten Sie die Lücken vorher in der Beratung besprechen. Wie geht Ihr Klient mit Fragen dazu um? Finden Sie gemeinsam Formulierungen, mit denen er sich – z. B. auf Nachfrage im Vorstellungsgespräch – wohlfühlt.

Persönliches im Lebenslauf

Es gibt abweichende Meinungen darüber, ob Hobbys und Freizeitinteressen im Lebenslauf mit angegeben werden sollten. Wir empfehlen es unseren Klienten immer dann, wenn sie interessante Hobbys haben, die sich als Anknüpfungspunkt für ein Gespräch eignen oder einen direkten Bezug zu der Stelle haben. Hobbys wie Lesen, Reiten und Fußball können ohne Weiteres weggelassen werden – es sei denn, der Klient bewirbt sich z. B. bei einem Verlag, einem Handel für Reitzubehör oder einem Fußballverein. Eine intime Kenntnis der Berliner Klubszene ist für einen Bewerber beim Zollamt wahrscheinlich kein Pluspunkt, bei einer Event-Agentur dagegen kann gerade dadurch das Interesse am Bewerber geweckt werden.

Alle Konventionen, die es rund um das Bewerbungsverfahren gibt, sind kaum mehr als Anhaltspunkte zur Orientierung. Fragen und Unsicherheiten sind beim Erstellen der Unterlagen unausweichlich. Versuchen Sie im Zweifelsfall, solche Fragen aus der Perspektive desjenigen zu beantworten, der aus den Unterlagen den am besten geeigneten Bewerber erkennen soll, einen Kandidaten, der die ausgeschriebene Stelle nicht nur von seinen Fähigkeiten her gut ausfüllt, sondern der wie geschaffen für sie scheint.

Fragebogen zum Lebenslauf

Ziel	• Informationen vom Klienten so aufbereiten lassen, dass ein Lebenslauf in der Sitzung entworfen werden kann • den Klienten dazu anleiten, positive Erfahrungen und Erfolge zu verbalisieren
Vorteile	• Der Klient lässt seine beruflichen Stationen Revue passieren und setzt sich mit seinen Pluspunkten intensiv auseinander – nicht zuletzt für kommende Vorstellungsgespräche eine wichtige Vorbereitung.
Was kann schiefgehen?	• Wichtige Punkte werden vom Klienten als irrelevant oder selbstverständlich und somit als nicht erwähnenswert eingestuft. An vieles kann er sich nicht mehr erinnern. Diskutieren Sie daher jede einzelne berufliche Station eingehend mit Ihrem Klienten. Lassen Sie sich alles genau erklären, fragen Sie nach, gehen Sie ins Detail – Ihr Blick von außen wird ihm helfen, Wichtiges in seiner Vita zu identifizieren.
Und sonst?	• Fast jeder Klient will seinen Lebenslauf überarbeiten, und doch ist es häufig schwierig, in dieses »Lebenswerk« Veränderungen einzufügen. Der beste Zeitpunkt dafür ist gekommen, wenn die I. Phase der Karriereberatung abgeschlossen ist.
Materialien	• Fragebogen als Anregung für Hausaufgaben

Die schriftliche Bewerbung

Arbeitsblatt für Berater/Hausaufgabe für Klienten: Ihre beruflichen Erfolge

Um Ihren Lebenslauf zu erstellen, sollten Sie nicht nur Daten und Fakten zusammentragen. Es geht vor allem darum, Inhalte zu finden, durch die Sie sich als idealer Bewerber hervortun können. Durch die Auswahl der Informationen haben Sie die Möglichkeit, Dinge in den Vordergrund zu stellen, auf die Sie besonders stolz sind und über die Sie gerne (z. B. in einem Vorstellungsgespräch) reden. Oder solche, die für eine Stelle, auf die Sie sich bewerben, besonders relevant sind.

Dazu sollten wir mehr über Ihre Vergangenheit und Ihre Gegenwart herausfinden: Was genau haben Sie in den verschiedenen Kontexten getan? Worauf sind Sie besonders stolz?

Füllen Sie diesen Fragebogen für jede Stelle aus, die Sie innehatten.

Was waren Ihre wichtigsten Aufgaben?

_____
_____
_____

Mit welchen Fragestellungen und Aufgaben sind Vorgesetzte, Kollegen und Mitarbeiter immer zu Ihnen gekommen?

_____
_____
_____

Worauf sind Sie besonders stolz?

_____
_____
_____

Was hat sich in der Organisation, in Ihrem Bereich, in Ihrem Team, in Ihrem Job bzw. in den Projekten dadurch verändert, dass *Sie* dort gearbeitet haben?

_____
_____
_____

Welche Erfahrungen aus dieser Zeit würden Sie gerne in die neue Stelle einbringen?

Was untermauert, dass Sie viel geleistet haben? Gibt es konkrete Kennzahlen, z. B. Budgets, Anzahl der Mitarbeiter, denen Sie vorgesetzt waren, Projekterfolge, Kosteneinsparungen, Gewinnsteigerungen, Neukundengewinnung, Besucherzahlen?

Fällt Ihnen sonst noch etwas ein, was bei dieser Stelle relevant war? Sonderprojekte, Auszeichnungen, Prokura, Stellvertreterposten? Das können Sie im Folgenden aufschreiben:

Perspektivwechsel 1: die rosarote Brille

Ziel	• die Selbstdarstellung des Klienten stärker herausarbeiten • den Lebenslauf auf mögliche Konsequenzen einer (zu) positiven Darstellung abklopfen
Vorteile	• Die positive Selbsteinschätzung des Bewerbers wird gestärkt. • Der Klient setzt sich bereits vor der Bewerbung mit der potenziellen Wirkung seiner Unterlagen auseinander. Dies schult die Fähigkeit, die Perspektive zu wechseln und sich selbst durch die Augen anderer zu betrachten.
Was kann schiefgehen?	• Positiv über sich selbst und seine Wirkung zu referieren fällt Ihrem Klienten (noch immer) schwer – gut, das an dieser Stelle aufzudecken und im Weiteren zu üben.
Und sonst?	• Nutzen Sie die rosarote Brille vor allem bei sehr selbstkritischen Klienten.
Materialien	• Fragebogen für die Sitzung mit Ihrem Klienten

Fordern Sie Ihren Klienten auf, seinen Lebenslauf möglichst wohlwollend zu betrachten. Dabei wird der Bewerber davon ausgehen, dass sein Lebenslauf den beabsichtigten Eindruck tatsächlich vermittelt hat. Er wird durch seine Beschreibung also das Bild von sich selbst schildern, das er mit dem Lebenslauf erzeugen wollte. Im nachfolgenden Gespräch können Sie dieses Bild thematisieren und dann mit dem Bewerber kritisch prüfen, ob die Unterlagen es effektiv genug transportieren.

Arbeitsblatt für Berater/Hausaufgabe für Klienten: Die rosarote Brille

Setzen Sie heute einmal Ihre rosarote Brille auf. Versetzen Sie sich in einen Personaler, der die Stelle besetzen muss, auf die Sie sich bewerben, und Ihre Unterlagen extrem wohlwollend betrachtet.

Welchen Eindruck macht der Lebenslauf auf Sie? Wie sieht er aus?

Was ist das für ein Mensch, der diesen Lebenslauf geschrieben hat? Was kann er besonders gut?

Was gefällt Ihnen besonders gut an diesem Lebenslauf? Welche Details finden Sie besonders sympathisch? Wodurch wirkt der Bewerber kompetent?

Welche Assoziationen löst das Bild in Ihnen aus? Was würde dieser Bewerber besonders gut machen, wenn er die ausgeschriebene Stelle besetzen würde?

Betrachten Sie das Profil: Welchen Teil der Aufgaben würde dieser Bewerber besonders gut lösen? Welche Möglichkeiten ergeben sich für Ihre Firma, wenn dieser Bewerber für Sie arbeiten würde?

Was fällt Ihnen sonst noch positiv auf?

Die schriftliche
Bewerbung

Perspektivwechsel 2: der fieseste anzunehmende Personaler

Ziel	• prüfen, ob mit Lücken und heiklen Punkten im Lebenslauf gut umgegangen wurde • prüfen, ob ein roter Faden herausgearbeitet wurde
Vorteile	• Wenn der Klient im geschützten Rahmen der Beratung selbst »der Böse« sein darf, kann viel Energie freigesetzt werden, was eine wertvolle und produktive Kritik der Bewerbungsunterlagen fördert. • Ihr Klient wappnet sich mit Ihrer Unterstützung gegen potenzielle Angriffe und herausfordernde Fragen.
Was kann schiefgehen?	• Bei Klienten mit einem problematischen Lebenslauf ist Fingerspitzengefühl geboten. Wer ohnehin schon viele schlechte Erfahrungen gemacht hat, gewinnt hier möglicherweise wenig Informationen und verliert den Mut.
Und sonst?	• Nutzen Sie den Blick des fiesen Personalers vor allem bei Klienten, die nicht auf heikle Fragen vorbereitet sind.
Materialien	• Fragebogen als Anregung zur Gesprächsführung oder als Hausaufgabe

Arbeitsblatt für Berater/Hausaufgabe für Klienten:
Der fieseste anzunehmende Personaler und Ihr Lebenslauf

Setzen Sie heute einmal Ihre dunkelgraue Brille auf. Versetzen Sie sich in einen Personaler, der die Stelle besetzen muss, auf die Sie sich bewerben, der Ihre Unterlagen extrem kritisch betrachtet und geradezu nach Gründen sucht, warum Sie nicht auf die Stelle passen.

Welchen Eindruck macht der Lebenslauf auf Sie?

Was ist das für ein Mensch, der diesen Lebenslauf geschrieben hat? Welche Erfahrungen fehlen ihm? Was kann er wahrscheinlich nicht? Welche Punkte in seinem Profil sprechen gegen ihn?

Welche Assoziationen löst das Bild in Ihnen aus? Ist dieser Bewerber der Aufgabe überhaupt gewachsen?

Gibt es Lücken im Lebenslauf? Versucht der Bewerber, etwas zu verstecken? Und wenn ja, was?

Gibt es einen roten Faden im Lebenslauf? Macht der Bewerber auf Sie überhaupt den Eindruck, motiviert und qualifiziert zu sein und sich kontinuierlich weiterzuentwickeln?

Vielleicht fallen Ihnen weitere Schwächen im Lebenslauf auf. Hier können Sie sie aufführen:

Die schriftliche
Bewerbung

Arbeitsblatt für Kurzprofile

Ziel	• Erstellung eines Kurzprofils für den Klienten
Vorteile	• Die Anfertigung eines Kurzprofils schärft das Bewusstsein des Klienten für seine Qualifikation und den Nutzen, den er einem Arbeitgeber bieten kann. • Der Klient übt sich darin, das, was ihn auszeichnet, auf den Punkt zu bringen.
Was kann schiefgehen?	• Das Kurzprofil ist nicht auf die Anforderungen in der Stellenausschreibung abgestimmt.
Und sonst?	• Ein aussagekräftiges Kurzprofil macht es dem Leser leichter, Informationen aus dem Lebenslauf richtig einzuordnen.
Materialien	• Arbeitsblatt für die Erstellung eines Kurzprofils als Hausaufgabe oder zur Vervollständigung in der Sitzung

In den letzten Jahren hat sich ein Trend entwickelt, dem Lebenslauf einige zusammenfassende Informationen voranzustellen. Der Personaler, der mit Hunderten von Bewerbungen konfrontiert ist, soll auf einen Blick feststellen können, ob der Bewerber seine Anforderungen erfüllt. Auch dient das Kurzprofil als Leseanleitung für das, was im Lebenslauf ausführlicher folgt. Der Bewerber hilft dem Leser damit, die weiteren Informationen richtig einzuordnen und den Blick auf das Wesentliche auszurichten.

Das Kurzprofil erlaubt es dem Bewerber, Schwerpunkte herauszuarbeiten und an die konkrete Stellenausschreibung anzupassen, die sich in der Länge eines Lebenslaufs nicht so deutlich konturieren lassen. Auch kann Relevantes ausgewählt und Störendes wie Lücken oder Diskontinuitäten zunächst ausgeblendet werden. Ebenso können Elemente eingebracht werden wie:

- langjährige Erfahrung in ...
- besondere Freude an ...
- Erfolge durch ...
- Spezialisierung auf ...
- Experte in ...

Die Erstellung eines Kurzprofils ist für Klienten meist eine schwierige, dafür aber umso wichtigere (Haus-)Aufgabe. Nehmen Sie sich Zeit, mit Ihrem Klienten daran weiterzuarbeiten und ihm den letzten Schliff zu verpassen.

Arbeitsblatt für Berater / Hausaufgabe für Klienten: Kurzprofile

Was ist Ihre Berufsausbildung?

Welche besonderen Qualifikationen möchten Sie hervorheben?

Perspektivwechsel: Angenommen, Sie beraten einen Personaler bei der Besetzung einer Stelle. Welche zwei oder drei Kompetenzen und Erfahrungen eines Bewerbers sollten am meisten berücksichtigt werden?

Welche Ihrer beruflichen Erfahrungen und Kompetenzen entsprechen diesen Anforderungen?

Welche Adjektive und Adverbien beschreiben Ihren Stil und Ihre Kompetenzen in diesen Stationen optimal? (z. B. zielorientiert, selbstständig, präzise, den Gesamtzusammenhang beachtend).

Die schriftliche
Bewerbung

Welche der in der Anzeige gesuchten Soft Skills besitzen Sie?

Welche Ihrer beruflichen Erfolge oder Erfahrungen untermauern diese Soft Skills?

Gibt es noch andere Informationen über Sie, Ihre Erfahrungen, Ihre Präferenzen, die einen Anknüpfungspunkt für diese Stelle bilden?

Fällt Ihnen noch etwas ein, was in Ihrem Kurzprofil nicht fehlen darf?

Checklisten für den Lebenslauf

Ziel	• dem Klienten bei der Erstellung seines Lebenslaufes helfen und sicherstellen, dass alle relevanten inhaltlichen und formalen Aspekte berücksichtigt werden
Vorteile	• Der Klient kann seinen Lebenslauf mithilfe der Übersicht zunächst eigenständig überarbeiten und mit optimierten Unterlagen in die nächste Beratungssitzung kommen.
Was kann schiefgehen?	• Der Klient hält sich sklavisch an die Checkliste und berücksichtigt nicht genügend die Besonderheiten der Stelle.
Und sonst?	• Machen Sie sich mit den branchenüblichen Anforderungen und dem Umgang mit Lücken und Tücken im Lebenslauf vertraut.
Materialien	• Checkliste

Arbeitsblatt für Berater/Hausaufgabe für Klienten: Checkliste Lebenslauf

☐ Haben Sie alle wichtigen und auf Sie zutreffenden Bereiche im Lebenslauf beschrieben? Dies können, je nach Passung, folgende sein:

- beruflicher Werdegang
- Weiterbildung
- Studium (und Promotion)
- Ausbildung
- Zivildienst/Bundeswehr
- Schulbildung
- Ehrenamt
- Stipendien/Auszeichnungen
- Veröffentlichungen
- Auslandsaufenthalte
- Sprachkenntnisse
- EDV-Kenntnisse
- Interessen (optional)
- gesonderte Projektübersicht

☐ Haben Sie einzelne Stationen Ihres Werdegangs durch Tätigkeitsschwerpunkte erläutert? Sind die wichtigsten Tätigkeiten für die einzelnen Stationen gut aufbereitet? Ist für den Leser deutlich, dass die gesammelte Erfahrung für die Stelle, auf die Sie sich bewerben, relevant ist?

☐ Sind Ihre Daten lückenlos?

Die schriftliche
Bewerbung

- ☐ Ist ein roter Faden erkennbar?
- ☐ Haben Sie Ihre Erfolge deutlich herausgestellt?
- ☐ Haben Sie auch Entwicklungen innerhalb der Firma beschrieben?
- ☐ Sind auch sonstige Kenntnisse und Fähigkeiten berücksichtigt? (z. B. Sprachen, Computerkenntnisse)
- ☐ Sind Freizeitangaben für diese Bewerbung empfehlenswert? Wenn ja, welche?

Aufbau des Lebenslaufs

1. **Deckblatt (optional – wenn kein Deckblatt gewünscht, bitte die Informationen im CV angeben)**
   - Foto auf Deckblatt
   - Vor- und Zuname
   - Kontaktdaten: Anschrift/Telefon/Mobilnummer/E-Mail-Adresse (auf den nachfolgenden Seiten idealerweise diese Angaben in der Kopfzeile)
   - Geburtsdatum und -ort, Alter
   - Familienstand, Zahl und Alter der Kinder (sowie Betreuungssituation, wenn Angabe hilfreich erscheint)
   - Staatsangehörigkeit (nur, wenn der Name die Nationalität nicht eindeutig erkennen lässt)

2. **Berufserfahrung**
   - Arbeitgeber mit Ortsangabe
   - Berufsbezeichnung, Position
   - Kurzbeschreibung der Tätigkeiten anhand von Bulletpoints (drei bis fünf Unterpunkte; aktuellste bzw. passendste Position am umfangreichsten)

3. **Berufliche Weiterbildung**
   - alle Inhouse- und externen Weiterbildungen, die relevant für die neue Position sind (inklusive Angaben zum Bildungsträger, Titel, Abschluss, Zeitraum)

4. **Studium, Ausbildung und Schule**
   Hochschulstudium
   - Name/Ort der Universität oder Fachhochschule
   - Fach/Fächer
   - Studienschwerpunkte
   - Thema der Examensarbeit bzw. Promotion (nur, wenn relevant und verständlich)
   - Noten (nur, wenn erwähnenswert)

Berufsausbildung
- Art der Berufsausbildung
- Ausbildungsfirma/-institution mit Ortsangabe
- Schwerpunkt der Ausbildung
- Abschluss

Schule
- besuchte Schulen (Schulformen)
- Schulabschlüsse
- keine Angabe der Grundschule notwendig

5. **EDV- und Sprachkenntnisse/besondere Kenntnisse**
   - Fremdsprachen
   - EDV
   - Führerschein (nur, wenn relevant für Stelle)

6. **Interessen/Sonstiges/Hobbys** (optional, nur, wenn zur Stelle passend)
   - ehrenamtliches und/oder soziales Engagement
   - politisches Engagement (Passung hinterfragen!)
   - Sport

7. **Sonderinformationen**
   - eigener Unterpunkt zu Auslandsaufenthalten (z. B. während Schulzeit/Berufstätigkeit)
   - Praktika

8. **Optional**
   - Projektübersicht
   - gewünschte Zielposition
   - Kurzprofil (auf dem Deckblatt)
   - Unterschrift (wenn, dann mit Datum und Ort sowie handschriftlich)

Die schriftliche
Bewerbung

Das Anschreiben

Ziel	• Stärken, Motivation und Eignung des Klienten effektiv kommunizieren • sich auf die Wünsche des Arbeitgebers beziehen
Vorteile	• Formulieren eines individuellen, aussagekräftigen Anschreibens
Was kann schiefgehen?	• Der Klient nutzt Allgemeinplätze, Worthülsen und Standardformulierungen. Helfen Sie ihm, seine persönliche Note und Formulierungen zu finden, die wirklich etwas über ihn aussagen.
Und sonst?	• Viele Personaler finden das Anschreiben wichtiger als den Lebenslauf. Hier liegt eine große Chance für Ihren Klienten, sich besonders hervorzuheben.
Materialien	• Hinweise zur Erstellung eines Anschreibens

Anforderungen an ein Anschreiben

Eine der wichtigsten und schwierigsten Aufgaben bei der Erstellung von Bewerbungsunterlagen ist die Formulierung des Anschreibens. Doch ist das Anschreiben diese Anstrengung auch wert: Hier hat der Bewerber die Gelegenheit, zu erklären, warum genau er der Richtige für die ausgeschriebene Stelle ist. Das muss sitzen!

Wie verfasst man ein gutes Anschreiben?

Wenn Sie Menschen bei der Bewerbung begleiten, ist die Unterstützung zunächst einmal eine fachliche: Sie als Experte wissen, wie man Anschreiben formuliert. Unterstützend wirkt Ihre Arbeit aber auch deswegen, weil viele Menschen sich sehr unsicher fühlen, wenn sie werbend über sich selbst schreiben sollen. Sie brauchen also jemanden, der ihnen Mut macht, sich von ihrer besten Seite zu präsentieren.

Aufwärmübung zum Anschreiben

Bevor der Klient den ersten Entwurf des Anschreibens verfasst, kann der Berater mit ihm eine mündliche Übung durchführen. Der Klient soll dabei nach einigen

Minuten Vorbereitungszeit drei kurze Ansprachen halten, die jeweils mit den folgenden drei Sätzen eingeleitet werden:

1. Ihr seid toll, weil ...
2. Ich bin toll, weil ...
3. Zusammen können wir Folgendes erreichen, verändern, verbessern ...

Lassen Sie Ihren Klienten kurz erzählen, und verschriftlichen Sie dann das Ergebnis gemeinsam mit ihm. Formulieren Sie die Aussagen in eine Sprache um, die zum Unternehmen und zur Ausschreibung passt.

Aufbau des Anschreibens

Es ist hilfreich, eine grundsätzliche Struktur für den Brief im Hinterkopf zu haben, die alle wichtigen Punkte und Informationen abdeckt. Eine solche Struktur ist z. B.:

1. persönlicher Einstieg: Bezugnahme auf ein Gespräch oder Telefonat, Bezug zum Unternehmen bzw. zu der Marke, Anlass der Bewerbung (hierbei immer nur Hin-zu- und keine Weg-von-Gründe aufführen!)
2. kurze Vorstellung der eigenen Person mit Fokus auf relevante fachliche Qualifikationen, Erfahrungen, Beweggründe für bisherige Vita und Motivation
3. Passung zwischen Bewerber und Vakanz ausführen, indem auf die ausgeschriebenen Anforderungen eingegangen wird
4. angemessen leidenschaftlicher Abschluss mit persönlicher Note, bei Bedarf individuelle Persönlichkeitseigenschaften und soziale Kompetenzen hervorheben sowie Motivation bekräftigen
5. nur, wenn ausdrücklich erbeten: Angaben zu Verfügbarkeit und Gehaltsvorstellung
6. Abschluss (inklusive Vorfreude auf ein Vorstellungsgespräch) und Grußformel

Ansprache und Formulierung

Das Anschreiben steht allen Bewerbungsunterlagen voran und antwortet direkt auf eine Stellenausschreibung. Die direkte Ansprache ist dabei nicht nur eine Formsache, sondern ebenso für den Inhalt des Anschreibens bedeutsam. Ansprache heißt auch, dass das Anschreiben am Adressaten, nicht am Absender orientiert sein soll. Praktisch lässt sich das durch folgende Punkte sicherstellen:

Die schriftliche
Bewerbung

Sprechen Sie den Verantwortlichen direkt und namentlich an: Häufig wird in der Stellenausschreibung eine Kontaktperson genannt, dann sollten Sie den Brief an diese richten. Wenn dort kein Name steht, bietet es sich an, anzurufen, um den Namen des Ansprechpartners in Erfahrung zu bringen.

Passen Sie das Schreiben inhaltlich und sprachlich an die Stellenausschreibung an: Um die hohe Passung zwischen der zu besetzenden Position und dem Bewerber zu unterstreichen, ist es wichtig, das Vokabular des Anschreibens an die Sprache der Stellenausschreibung und des Unternehmens anzupassen. Inhaltlich müssen Sie und Ihr Klient die erarbeiteten Stärken und Kompetenzen des Klienten aufnehmen, und zwar so, dass sie – in eigenen, angemessenen Worten ausgedrückt – den im Anschreiben geforderten und gewünschten Qualifikationsmerkmalen entsprechen.

Lassen Sie Motivation und Kompetenzen des Klienten in einer aktiven und direkten Sprache lebendig werden: Das Anschreiben muss zweierlei ausdrücken. Erstens: Was ist die persönliche Motivation des Klienten, für das Unternehmen und die konkrete Stelle zu arbeiten? Wofür brennt er? Zweitens: Was bringt er mit? Welche Kompetenzen hat er? Dazu gehören fachliche, methodische und soziale Kompetenzen. Was hebt ihn von den anderen Bewerbern ab?

Perspektivwechsel 1: die rosarote Brille

Ziel	• das Anschreiben wohlwollend daraufhin prüfen, ob alle Informationen über die relevanten Kompetenzen, die Erfahrung und Motivation des Klienten vorhanden sind
Vorteile	• Die positive Selbsteinschätzung des Bewerbers wird gestärkt. • Der Klient setzt sich mit der potenziellen Wirkung seiner Unterlagen auseinander.
Was kann schiefgehen?	• Wenn Ihrem Klienten eine positive Betrachtung seiner Bewerbung schwerfällt, kann sich diese Arbeit als zäh erweisen – aber dennoch als ein wichtiger Schritt!
Und sonst?	• Nutzen Sie die rosarote Brille vor allem bei sehr selbstkritischen Klienten.
Materialien	• Fragebogen für die Sitzung mit Ihrem Klienten

Fordern Sie Ihren Klienten auf, sein Anschreiben möglichst wohlwollend zu betrachten. Wir gehen davon aus, dass die Motivation, die er beschreibt, und seine Selbstdarstellung positiv wahrgenommen werden, dass also der mit dem Anschreiben beabsichtigte Eindruck vom Bewerber tatsächlich vermittelt wird. Ähnlich wie bei der Überprüfung des Lebenslaufs geht es auch hier darum, in einem Gespräch zu überprüfen, ob Sie beide der Meinung sind, dass ein wohlwollender Leser das Anschreiben als interessante Bewerbung wahrnehmen wird.

Die schriftliche
Bewerbung

Arbeitsblatt für Klienten: Ihr Bewerbungsanschreiben und die rosarote Brille

Setzen Sie heute einmal Ihre rosarote Brille auf. Versetzen Sie sich in einen Personaler, der die Stelle besetzen muss, auf die Sie sich bewerben. Nach 50 anderen Bewerbungsmappen stoßen Sie auf die Mappe, die Sie in Ihrem früheren Leben als Bewerber vorbereitet haben. Vor Ihnen liegt noch immer ein Stapel mit hundert Bewerbungen.

1. Welchen Eindruck macht das Anschreiben auf Sie?

2. Was ist das für ein Mensch, der diese Bewerbung geschrieben hat? Was kann er besonders gut?

3. Was gefällt Ihnen besonders gut an diesem Anschreiben? Was macht den Bewerber besonders sympathisch? Was qualifiziert ihn? Was, denken Sie, ist seine Motivation?

4. Was würde dieser Bewerber besonders gut machen, wenn er die ausgeschriebene Stelle bekäme? Für welche Aufgaben halten Sie ihn besonders geeignet? Welche Möglichkeiten ergäben sich für Ihre Firma, wenn er für sie arbeiten würde?

5. Was fällt Ihnen sonst noch positiv auf?

Perspektivwechsel 2: der fieseste anzunehmende Personaler

Ziel	• eine neue Perspektive bei der Formulierung von Anschreiben
Vorteile	• Wenn der Klient im geschützten Rahmen der Beratung selbst »der Böse« sein darf, kann viel Energie freigesetzt werden, was eine wertvolle und produktive Kritik seiner Bewerbungsunterlagen fördert. • Ihr Klient wappnet sich mit Ihrer Unterstützung gegen potenzielle Angriffe und herausfordernde Fragen.
Was kann schiefgehen?	• Der Klient kann sich frustriert fühlen, wenn er trotz eines hohen Einsatzes beim Verfassen des Anschreibens feststellt, dass es sein Bewerbungsvorhaben nicht unterstützt – nutzen Sie diese Energie für die Optimierung!
Und sonst?	• Da jede Stellenausschreibung ein anderes Anschreiben verlangt, können die Ergebnisse nicht verallgemeinert werden. Dennoch kann die Übung dem Klienten weitere Merkmale eines guten Anschreibens aufzeigen, auf die er auch in Zukunft achten sollte. • Des Weiteren kann die Übung helfen, ein Anschreiben für eine konkrete Bewerbung zu optimieren.
Materialien	• Fragebogen als Hausaufgabe oder für die Arbeit mit dem Klienten in einer Sitzung

Arbeitsblatt für Berater/Hausaufgabe für Klienten:
Der fieseste anzunehmende Personaler und Ihr Anschreiben

Setzen Sie wieder Ihre dunkelgraue Brille auf. Versetzen Sie sich in den Personaler, der die Stelle besetzen muss, auf die Sie sich bewerben. Er prüft Ihr Anschreiben extrem kritisch und sucht geradezu nach Gründen, warum Sie nicht auf die Stelle passen.

Welchen Eindruck macht das Anschreiben auf Sie? Wie sieht es aus?

Die schriftliche
Bewerbung

Was ist das für ein Mensch, der diese Bewerbung geschrieben hat? Was spricht gegen ihn? Welche Erfahrungen fehlen ihm? Was kann er wahrscheinlich nicht?

Zeichnet der Bewerber einfach nur seinen Lebenslauf nach, oder geht er auf die Stellenausschreibung ein?

Glauben Sie, dass er eine Bereicherung für Ihr Team ist? Was lässt Sie daran zweifeln?

Was spricht dagegen, diesen Bewerber zum Vorstellungsgespräch einzuladen?

Ist er der Aufgabe gewachsen?

Vielleicht fällt Ihnen noch mehr an dem Anschreiben auf, was Sie skeptisch macht. Dies können Sie hier festhalten:

Die mündliche Bewerbung

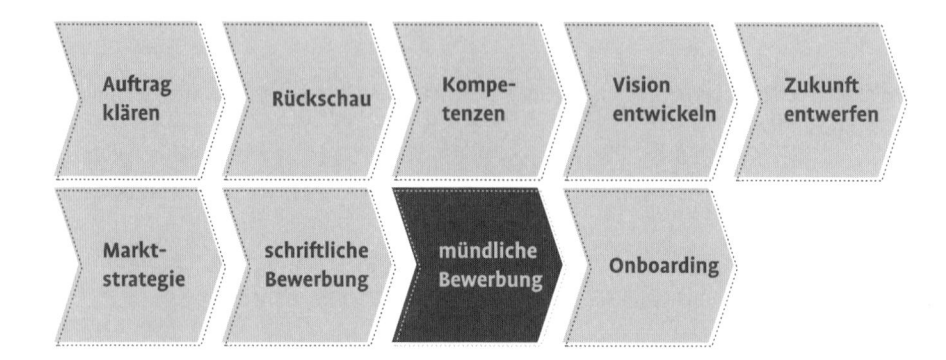

[Prozessdiagramm: Auftrag klären → Rückschau → Kompetenzen → Vision entwickeln → Zukunft entwerfen; Marktstrategie → schriftliche Bewerbung → **mündliche Bewerbung** → Onboarding]

Sich bewerben heißt, sich selbst darzustellen – im Vorstellungsgespräch, bei einer ersten Kontaktaufnahme per Telefon und beim Netzwerken. Das will gelernt sein.

Einsatzbereiche

Die hier genannten Methoden sind dann die richtigen, wenn Ihr Klient

- sich auf ein Vorstellungsgespräch oder Telefonat vorbereiten will. Neben dem Training der Selbstdarstellungsfähigkeit geht es darum, den Klienten mit dem mündlichen Auswahlprozess vertraut zu machen, über mögliche Fragen und Fallen zu sprechen, Antworten zu entwickeln und einzuüben, die seine Stärken hervorheben. Auch selbstsichere und gewandt auftretende Klienten können davon profitieren, in ihrer Selbstpräsentation, ihren Reaktionen und Antworten das Profil der Stelle optimal zu berücksichtigen.
- sehr ungern über sich spricht. Bei der Bewerbung kommt dem werbenden Sprechen über sich selbst eine große Bedeutung zu. Hat der Klient Schwierigkeiten dabei, liegt der Grund vielleicht darin, dass er sich seiner Stärken noch nicht sicher ist. Laut und vor Ihnen über sich selbst zu sprechen kann dann ein wichtiger Schritt sein, um das Selbst-»Bewusstsein« zu stärken, was für den gesamten Prozess der beruflichen Selbst- und Stellenfindung hilfreich ist.
- große Probleme mit der Selbstvermarktung hat und sich nicht gewinnend zu präsentieren weiß. Das Training der mündlichen Selbstpräsentation ist besonders dann interessant, wenn Ihr Klient feststellt, dass er stets in Vorstellungsgesprächen scheitert, obwohl seine Bewerbungsunterlagen gut angekommen

Die mündliche
Bewerbung

sind. Teil der Beratung ist es dann, die Knackpunkte zu identifizieren und dem Klienten dabei zu helfen, seine Selbstdarstellung im Gespräch zu verbessern.

Überblick

	Methode	Ziel
1	Selbstmarketing-Training	den Klienten trainieren, die eigenen Stärken, Fähigkeiten und Leistungen selbstbewusst und prägnant zu präsentieren
2	Telefontraining	den Klienten auf Anrufe in Unternehmen vorbereiten
3	Vorstellungsgesprächstraining	mit dem Klienten das Vorstellungsgespräch und die Selbstdarstellung in Gesprächen trainieren
4	Fragebogen zur Nachbereitung von Bewerbungsgesprächen	aus Bewerbungsgesprächen lernen und Informationen für die Optimierung zukünftiger Bewerbungen gewinnen

Meist wird die mündliche Selbstdarstellung erst als Problem oder Aufgabe erkannt, wenn ein Vorstellungsgespräch ansteht. Dennoch betreten Klient und Berater in der Regel kein Neuland, wenn sie an der mündlichen Selbstdarstellung zu arbeiten beginnen. Denn dieses werbende Sprechen über sich selbst ist eine Fortführung dessen, was sie bereits in der schriftlichen Selbstdarstellung vorbereitet haben.

Idealerweise beginnen Sie schon vor der Einladung zum Vorstellungsgespräch, mit Ihrem Klienten an seiner mündlichen Selbstdarstellung zu arbeiten. Denn auch die Netzwerkarbeit oder Telefonate mit möglichen Arbeitgebern sollten gezielt vorbereitet werden, z. B. wenn der Klient Informationen bei Personalabteilungen einholen will oder die Möglichkeit besteht, dass diese sich im Falle von Rückfragen bei ihm melden.

Die Arbeit an der Selbstdarstellung ist besonders effektiv, wenn sie auf eine Kompetenzanalyse – möglicherweise anhand von Tests –, eine Visionsentwicklung und eine Entscheidungsfindung aufbauen kann. Ein vertieftes Wissen über die eigenen Fähigkeiten, Wünsche und Vorlieben hilft dem Klienten dabei, aus voller Überzeugung darüber zu sprechen, was er anzubieten hat und was er sucht.

Beginnen Sie den Trainingsprozess am besten damit, dass Sie eine Bewerbungssituation simulieren, sich Ihr Klient also bei Ihnen für eine Stelle vorstellt. Sie können dann schnell beurteilen, an welchen für diesen Klienten relevanten Themen

Sie mit ihm arbeiten sollten. Manchmal wird erst im Ernstfalltraining offensichtlich, was noch notwendig ist, um eine optimale Selbstdarstellung zu erarbeiten.

Das nun folgende Toolset umfasst je eine Übung für das Selbstmarketing in Kontaktnetzgesprächen, z. B. auf einer Messe, für die Selbstpräsentation am Telefon, für die Vorbereitung auf ein Vorstellungsgespräch und für die Nachbereitung von Vorstellungsgesprächen.

Häufig werden Karriereberater und Klient gemeinsam daran arbeiten müssen, branchenspezifische Kriterien und Konventionen zu verstehen, die über den Erfolg von Bewerbern entscheiden und deren Kenntnis für das Selbstmarketing wichtig ist. Oft ist der Klient bereits branchenkundig und kann dem Berater sein Wissen zur Verfügung stellen. Der Karriereberater sollte jedoch eigenes Expertenwissen über Branchen und Berufszweige aufbauen, insbesondere dann, wenn die Vorbereitung von Klienten auf Vorstellungsgespräche eine zentrale Rolle in seinem Angebot spielt. Angesichts der unübersehbaren Menge unterschiedlicher Arbeitsbereiche ist es sicher nicht möglich, in der Tiefe zu verstehen, was in jedem von ihnen wichtig ist, was z. B. einen guten von einem schlechten Controller, Patentrechtler oder Sonderpädagogen unterscheidet. Der Karriereberater kann versuchen, einen Zugang zu möglichst vielen verschiedenen Bereichen zu bekommen. Er kann die einschlägige Fachpresse lesen, sich mit Kollegen austauschen und mit Menschen sprechen, die in Bereichen arbeiten, in denen er sich noch nicht auskennt.

Die mündliche
Bewerbung

Selbstmarketing-Training

Ziel	• den Klienten trainieren, selbstbewusst und prägnant über seine Stärken, Fähigkeiten und Leistungen zu sprechen • einen Einstieg für Vorstellungsgespräche vorbereiten • den Klienten auf die Selbstdarstellung bei der Netzwerkarbeit vorbereiten • das berufliche Selbstwertgefühl und die differenzierte Selbstwahrnehmung des Klienten stärken
Vorteile	• Diese Übung ist für fast alles hilfreich, was der Klient auf der Suche nach Orientierung und nach einem neuen Job braucht.
Was kann schiefgehen?	• Ihr Klient könnte daran festhalten, chronologisch und enumerativ zu erzählen.
Und sonst?	• Nehmen und geben Sie sich und Ihrem Klienten Zeit. Viele Menschen empfinden es als prahlerisch, über ihre Vorzüge und Fähigkeiten zu sprechen. Für unsichere Klienten, denen es schwerfällt, etwas Positives über sich zu denken (geschweige denn zu sagen), ist die Selbstdarstellung eine echte Hürde. Das freie Sprechen über ihre Stärken bildet dabei eine größere Hürde als die schriftliche Selbstpräsentation. Karriereberater müssen in solchen Fällen ihr Fingerspitzengefühl nutzen, viel Verständnis aufbringen, den jeweiligen Klienten in einer für ihn angemessenen Weise unterstützen und sein Selbstmarketing vorantreiben.
Materialien	• Fragebogen als Anleitung für die Sitzung mit Ihrem Klienten

Das Selbstmarketing-Training, das wir hier als Übung angeführt haben, ist in den unterschiedlichsten Situationen hilfreich. Wir empfehlen dieses Training allen Klienten, die eine Karriereberatung machen. Bei dieser Übung wird ein sogenannter Elevator-Pitch erarbeitet, geübt und verfeinert. Er gibt einen kurzen, prägnanten Überblick über die wichtigsten Punkte der Vita, über das, was den Klienten auszeichnet, und über den Nutzen, den er für ein Unternehmen haben kann. Elevator-Pitch bedeutet in etwa »Aufzugspräsentation«. Die Bezeichnung stammt daher, dass der »Pitch« (das Verkaufsgespräch) in der kurzen Zeit einer Fahrstuhlfahrt (maximal ein bis zwei Minuten) durchgeführt werden kann – zu einer Gelegenheit also, in der der Gesprächspartner nicht entrinnen kann.

Ihr Klient sollte eine kurze, prägnante und positive Präsentation seiner selbst erarbeiten, die er jederzeit vortragen kann – gewinnbringend und flexibel an das jeweilige Gegenüber und den Kontext angepasst. Beim Elevator-Pitch geht es letztendlich darum, dass der Klient seine Fähigkeiten darstellt, Interesse weckt, sympathisch wirkt und in (guter) Erinnerung bleibt.

Arbeitsblatt für Berater/Hausaufgabe für Klienten: Selbstmarketing-Training

Erstellen Sie mithilfe der folgenden Anmerkungen und Fragen Ihren eigenen Elevator-Pitch – eine kurze Selbstdarstellung, in der Sie auf den Punkt bringen, wer Sie sind, was Sie auszeichnet und was Sie wollen.

Welchen Eindruck möchten Sie hinterlassen?

Welchen Eindruck möchten Sie auf keinen Fall hinterlassen?

Wie kann ein wirksamer Beginn oder Einstieg klingen? Mit welcher guten Frage, interessanten Geschichte oder Analogie können Sie gleich zu Beginn die Neugier Ihres Gesprächspartners wecken?

Welches Motto steht über allem? Was ist der rote Faden, der sich durch Ihren Werdegang zieht?

Von welchen Geschichten, unerwarteten Wendungen, wichtigen Stationen wissen Sie, die andere Menschen immer besonders interessieren, wenn sie Ihnen zuhören?

Die mündliche Bewerbung

Welche Motivation bringt andere dazu, Ihnen zuzuhören? Wie können Sie diese schüren und stärken?

Welches sind Ihre wichtigsten Erfolge – jeweils in einem Satz, denn es geht um die Essenz!

Welche Probleme muss Ihr zukünftiger Arbeitgeber haben, damit Sie genau der bzw. die Richtige für ihn sind?

Fazit: Welche drei Dinge sollte Ihr Gegenüber auf jeden Fall über Sie wissen?

Schreiben Sie nun Ihre Selbstvorstellung auf. Diese sollte nicht länger als anderthalb bis zwei Minuten dauern. Achten Sie auf eine interessante Darstellung Ihres Lebenswegs, vermeiden Sie unnötige Details, und unterstützen Sie das Gesagte mit Stimme, Mimik und Gestik. Eine chronologische Abhandlung ist nicht immer ratsam – achten Sie vielmehr auf den Spannungsbogen, und machen Sie Ihren Werdegang an Leitthemen fest. Menschen interessieren sich am meisten für persönliche Geschichten anderer, für Brüche, Wendungen, Unerwartetes und persönliche Motive.

Gehen Sie darauf ein, wer Sie sind, was Sie auszeichnet (Können) und was Sie wollen (Motivation). Stellen Sie dar, was Sie an dem Unternehmen besonders interessiert und warum man nicht auf Sie verzichten sollte!

Telefontraining

Ziel	• Nervosität abbauen • den Klienten auf Anfragen bei potenziellen Arbeitgebern vorbereiten • den Klienten auf mögliche Rückfragen potenzieller Arbeitgeber vorbereiten • den Klienten so weit unterstützen, dass er auch tatsächlich anruft
Vorteile	• Ihr Klient fühlt sich sicherer und traut sich idealerweise zu, auch telefonisch aktiv zu werden.
Was kann schiefgehen?	• Vielen Klienten ist das Thema unangenehm, selbst erfahrene Vertriebsprofis telefonieren nur ungern in eigener Sache. Achten Sie darauf, ob der Klient nicht vor allem aus Scham dem Telefonieren aus dem Weg gehen will, aber andere Gründe vorschiebt. Üben Sie so lange, bis er sich wohler damit fühlt.
Und sonst?	• Manchmal reichen schon ein paar Minuten Telefontraining. Wenn Sie den Eindruck haben, dass Ihr Klient hier Unterstützung braucht, sollten Sie zumindest eine kleine Übungseinheit einbauen.
Materialien	• Tipps fürs Telefonieren (Klienteninformation) • Arbeitsblatt zur Auswertung eines Telefontrainings

Im Zusammenhang mit Bewerbungen wird meist die Vorbereitung auf das Vorstellungsgespräch fokussiert. Es gibt aber auch viele andere Situationen, in denen Ihr Klient die Chance hat, einen guten Eindruck zu machen. Häufig kommt es dazu, dass der Bewerber am Telefon bestehen muss – etwa, weil er noch vor der schriftlichen Bewerbung Informationen einholen will, weil die Personalabteilung der Firma anruft, bei der er sich beworben hat, und mit ihm über einen Termin sprechen will. Oder weil er eine wichtige Rückfrage stellen und daher bei seinem potenziellen Arbeitgeber anrufen will. Sich auf diese Situationen vorzubereiten lohnt sich.

Die mündliche
Bewerbung

Arbeitsblatt für Berater/Hausaufgabe für Klienten: Tipps fürs Telefonieren

Vor dem Telefonat

- Wenn Sie sich an das Unternehmen wenden: Überlegen Sie sich, welche Informationen Sie gerne erhalten möchten. Machen Sie sich eine Liste! Schreiben Sie auch ein paar gute Formulierungen auf. Sie brauchen sie dann meist nicht vom Blatt abzulesen, weil sie Ihnen noch präsent sind. Die Liste für die Informationen, nach denen Sie fragen wollen, sollte aber vor Ihnen liegen, und Sie sollten sie am Telefon abarbeiten.
- Bereiten Sie sich gut vor. Halten Sie z. B. Ihren Lebenslauf bereit, auf den Sie gegebenenfalls während des Gesprächs zurückgreifen können.

Während des Telefonats

- Stellen Sie sich während des Telefonats hin. Sie haben mehr Luft im Stehen, verbessern dadurch Ihre Stimmlage und erhalten einen dynamischen, aktiven Stimmausdruck. Das Stehen verleiht Ihnen darüber hinaus eine bessere Wirkung: Sie sind größer, stärker und selbstbewusster als im Sitzen.
- Entspannen Sie sich! Holen Sie ein paarmal tief Luft, bevor Sie zum Hörer greifen. Und lächeln Sie – auf Ihren Gesprächspartner wirkt es sympathisch und selbstbewusst.
- Seien Sie präsent! Sie werden das Telefonat unter Umständen so schnell wie möglich hinter sich bringen wollen. Dies führt leicht dazu, die wichtigen Punkte außer Acht zu lassen und im Gespräch unaufmerksam zu sein. Nutzen Sie Ihren Themenzettel, und haken Sie die besprochenen Punkte ab.

Nach dem Telefonat

- Machen Sie sich Notizen: mit wem Sie gesprochen haben (Name, Rolle im Bewerbungsprozess, Titel, Funktion) und was Sie besprochen haben. Gibt es To-dos, die sich aus dem Gespräch ergeben haben? Wie war Ihr Kontakt? Könnten Sie sich für Nachfragen oder einen weiteren Austausch wieder an die Person wenden?

Arbeitsblatt für Berater: Telefontraining

Simulieren Sie gemeinsam mit Ihrem Klienten den Anruf beim Zielunternehmen. Spielen Sie beispielsweise

- die Assistentin des Personalleiters, die versucht, den Klienten abzuwimmeln, oder
- den freundlichen Kollegen, der ihm nicht wirklich weiterhelfen kann.

Ihrer Kreativität sind keine Grenzen gesetzt! Verraten Sie Ihrem Klienten nicht, welche Rolle Sie spielen werden. Machen Sie ihm klar, dass Sie von der Begrüßung bis zur Verabschiedung in Ihrer Rolle bleiben und ihn dann zur Auswertung zurückrufen.

Falls Sie bei dieser Übung mit Ihrem Klienten im selben Raum sitzen, können Sie Ihren Stuhl umdrehen, um der Telefonsituation näherzukommen.

Notizen während des Gesprächs:

Überlegen Sie sich:

Was ist Ihnen positiv/negativ aufgefallen?

Welchen Eindruck machte der Klient auf Sie? (nervös, kompetent, souverän, unsicher, erfreut, genervt ...)

Welche Mimik hatte Ihr Klient Ihrer Meinung nach? Woran merkten Sie das?

Die mündliche
Bewerbung

War nach den ersten Worten klar, welches Anliegen Ihr Klient hat? Wenn nicht, warum?

Wie hat Ihr Klient auf Äußerungen/Reaktionen reagiert, die negativ oder nicht hilfreich waren?

Werten Sie dann Ihre Notizen und folgende Fragen
gemeinsam mit Ihrem Klienten aus:

Wie hat sich das Gespräch angefühlt?

Was ist dem Klienten positiv/negativ aufgefallen?

Was müsste er anders machen, damit der nächste Anruf ein voller Erfolg wird?

Training für das Vorstellungsgespräch

Ziel	- Ihren Klienten auf Vorstellungsgespräche vorbereiten – im Allgemeinen oder auf ein konkretes Gespräch - herausfinden, wie gut Ihr Klient sich selbst verkaufen kann – und woran Sie noch mit ihm arbeiten müssen
Vorteile	- Der Klient kann sich eine Vorstellung machen, was auf ihn im Gespräch zukommt. - Auch wenn Sie das Vorstellungsgespräch schon gemeinsam vorbereitet haben: In einem Übungsdurchlauf können Sie herausfinden, welche Fragestellungen noch Feinschliff brauchen (wie erklärt Ihr Klient z. B. den Austritt bei seinem letzten Arbeitgeber?). - Selbst nach längerer Zusammenarbeit ist für die meisten Klienten eine solche Gesprächssimulation aufregend. Sie empfinden Stress in dieser Situation, sodass die Übung dem echten Vorstellungsgespräch ein wenig ähnelt.
Was kann schiefgehen?	- Der Klient lässt sich nicht auf die Situation ein und negiert den Übungseffekt. Wirken Sie dem entgegen, indem Sie sich gründlich auf Ihre Rolle vorbereiten – stellen Sie Fachfragen, geben Sie Fallbeispiele, die der Klient lösen soll, und bitten Sie ihn um Einschätzungen zu Problemstellungen.
Und sonst?	- optimale Möglichkeit, um andere Berater einzubinden – z. B. einen unvoreingenommenen Kollegen oder einen Fachmann für den beruflichen Schwerpunkt des Klienten – oder einfach nur die Simulation des Vorstellungsgesprächs realistischer zu machen
Materialien	- Arbeitsblatt zur Simulation eines Vorstellungsgesprächs

Die mündliche Bewerbung

Arbeitsblatt für Berater: Das Vorstellungsgespräch

Im Vorstellungsgespräch greifen Führungskräfte und Personalentscheider oft auf (mehr oder weniger) bewährte (Standard-)Fragen zurück. Bereiten Sie Ihren Klienten darauf vor, indem Sie sich vor allem mit den für ihn heiklen Fragen intensiv auseinandersetzen. Es geht darum, dass er sich in seinen Antworten glaubhaft und sympathisch präsentiert. Fordern Sie den Klienten daher vor der Übung auf, die Fragen so ehrlich, authentisch und offen wie möglich zu beantworten, dabei aber diplomatisch zu bleiben und die Dinge stets so zu erzählen, dass sie ihn in einem positiven Licht erscheinen lassen. Notieren Sie, welchen Eindruck Sie von Ihrem Bewerber haben! Welche Antworten fanden Sie überzeugend, welche nicht? Woran machen Sie Ihre Wahrnehmungen fest?

Wählen Sie diejenigen Fragen aus, die am besten zu der Bewerbungssituation Ihres Klienten passen, und entwickeln Sie aus dem Gespräch heraus weitere, um den Themen und seiner Person auf den Grund zu gehen.

Bitte stellen Sie sich kurz vor (wie im Selbstmarketing-Training)!

_____
_____

Beweggründe für die Bewerbung/Motivation und Ziele

Warum bewerben Sie sich bei uns?

_____
_____

Wie sind Sie auf unser Unternehmen gekommen?

_____
_____

Was wissen Sie über die Arbeit, die Sie hier übernehmen würden?

_____
_____

Was bringen Sie dafür mit? Was können Sie uns bieten?

Was erwarten Sie von einer Tätigkeit bei uns?

Was hebt Sie von den anderen Bewerbern ab?

Reizt Sie eine Führungsaufgabe? Wenn ja, warum?

Welche wichtigen Trends erwarten Sie für unsere Branche bzw. für die unserer Kunden?

Was machen Sie, wenn wir Sie nicht einstellen?

Wo sehen Sie sich in den nächsten fünf Jahren?

Welche Ziele haben Sie für die Zukunft?

Die mündliche
Bewerbung

Stärken und Schwächen

Was sind die Erfolgsfaktoren Ihrer Karriere gewesen?

Welche Stärken zeichnen Sie aus?

Wo sehen Sie derzeit Ihre größte Schwäche? Wie würden Ihre Kritiker diese Frage beantworten?

Wo sehen Sie Ihre Grenzen? Und was würden Ihre Kritiker dazu sagen?

In welcher Arbeitssituation haben Sie sich geärgert?

Wann erleben Sie Stress? Wie wirkt sich Stress bei Ihnen aus? Was tun Sie bei Stress?

Welche Krise wurde von Ihnen gemeistert?

Bisherige Stelle

Wie haben Sie sich bisher als Mitarbeiter/Führungskraft/Kollege erlebt?

Was lief in Ihrer bisherigen Arbeit gut, was lief schlecht?

Von welchen Herausforderungen, Krisen, beruflichen Misserfolgen können Sie berichten?

Was hat Ihnen in Ihrer Arbeit bisher Freude gemacht, was nicht?

Worauf sind Sie stolz? Welche Erfolge können Sie vorzeigen? Was war Ihr Beitrag dazu?

Welche Rolle haben Sie im Team?

Was sind für Sie Erfolgsfaktoren für Teamarbeit?

Die mündliche
Bewerbung

Hatten Sie schon einmal Schwierigkeiten mit Vorgesetzten oder Kollegen? Wie sind Sie damit umgegangen?

Was zeichnet für Sie eine gute Führungskraft aus?

Wie kann Mitarbeitermotivation gelingen?

Fragen zur Person

Wie sind Sie zu Ihrem Berufsfeld gekommen?

Welche Interessen, Wünsche, Ziele haben Sie?

Was waren die Beweggründe für die einzelnen Stationen und Veränderungen in Ihrem Lebenslauf?

III. Phase:
Handlungsfelder und Arbeitsmarkt

Was machen Sie in Ihrer Freizeit?

Welche drei Adjektive beschreiben Sie am besten?

Trennung

Was sind die Gründe für den Jobwechsel bzw. die Trennung von Ihrem alten Arbeitgeber?

Warum hat man nicht versucht, Sie zu halten?

Abschluss

Welcher Eintrittstermin wäre für Sie ideal?

Welche Gehaltsvorstellung haben Sie?

Die mündliche
Bewerbung

Haben Sie noch Fragen?

_____

_____

Nun gilt es, Ihrem Klienten zu kommunizieren, wie Sie ihn wahrgenommen haben.

- Gehen Sie innerlich einen Schritt zurück, versetzen Sie sich in den potenziellen Arbeitgeber: Würden Sie Ihren Klienten gerne einstellen? Welcher allgemeine Eindruck ist bei Ihnen zurückgeblieben?
- Gehen Sie die einzelnen Antworten durch: Was war besonders gut, was war holprig? Welche Antworten gefielen Ihnen besonders? Woran machen Sie das fest? Welche Antworten waren nicht überzeugend oder sogar kritisch? Wie haben Sie die Gestik, Mimik und Gesamtwirkung Ihres Klienten wahrgenommen? Machen Sie Ihre Eindrücke an konkreten Beobachtungen fest.
- In welchen Punkten kann sich Ihr Klient noch verbessern? Sammeln Sie, was noch zu optimieren ist, und wählen Sie die hierfür passenden Übungen. Soll es einen weiteren Termin dazu geben? Meist empfiehlt es sich, nach der Simulation des Vorstellungsgesprächs einzelne Sequenzen wie den Elevator-Pitch oder die Trennungsbegründung sofort zu wiederholen und in einem weiteren Termin das gesamte Gespräch noch einmal zu führen.
- Falls es Fragen dazu gibt oder Sie es für notwendig halten: Klären Sie Verhaltenskonventionen und Benimmregeln! In den meisten Fällen wird es dabei allenfalls darum gehen, ein paar Unsicherheiten auszuräumen. Sprechen Sie die betreffenden Punkte taktvoll an, wenn Sie bemerkt haben, dass Ihr Klient manche Verhaltensregeln nicht kennt oder es ihm schwerfällt, sie zu berücksichtigen oder ernst zu nehmen.

Nachbereitung von Bewerbungsgesprächen

Ziel	- bereits geführte Vorstellungsgespräche für zukünftige Bewerbungen auswerten; Unterlagen und Gesprächsführung optimieren - Optimismus und Motivation stärken, indem gelungene Aspekte herausgearbeitet und verstärkt werden - Informationen aus dem Vorstellungsgespräch reflektieren und für die Entscheidung im Falle eines Angebots nutzen
Vorteile	- kontinuierliche Verbesserung von Bewerbungsunterlagen, Bewerbungsgesprächen und – insbesondere bei Berufsanfängern, Quereinsteigern und Wiedereinsteigern – Gewinnung von Branchenkenntnissen
Was kann schiefgehen?	- Der Klient kann sich auf negative Erfahrungen konzentrieren und Angst vor zukünftigen Bewerbungsgesprächen aufbauen. - Wenn ein Klient das Bewerbungsgespräch als Fehlschlag interpretiert, sollte der Karriereberater versuchen, das Tool vor allem als Motivationsquelle einzusetzen. Er kann hervorheben, dass Vorstellungsgespräche, die für den Klienten unbefriedigend verlaufen sind, eine sehr gute Ausgangsbasis für die Vorbereitung künftiger Bewerbungen darstellen. Er kann dem Klienten auch vermitteln, dass die Selbstwahrnehmung oft viel kritischer ist als die Fremdwahrnehmung.
Und sonst?	- Bei erfahrenen und in Stresssituationen reflektiert reagierenden Klienten kann der Fragebogen bereits vor einem Bewerbungsgespräch durchgesprochen werden.
Materialien	- Fragebogen als Anregung zur Gesprächsführung oder als Hausaufgabe

Die mündliche
Bewerbung

Arbeitsblatt für Berater: Fragebogen zur Nachbereitung von Bewerbungsgesprächen

Wie verlief das Vorstellungsgespräch insgesamt? Wie ist mein Eindruck?

Waren mir die Gesprächspartner sympathisch? Gab es Veränderungen während des Gesprächs? Was war mein Beitrag dazu?

Wie war die Gesprächsatmosphäre? Wie war der Umgangston (distanziert, formell, unkompliziert, herzlich)? Was war mein Beitrag dazu?

Welche Fragen wurden gestellt? Welche habe ich erwartet? Welche habe ich nicht erwartet?

Bin ich mit meinen Antworten auf die Fragen zufrieden? Wie haben die Gesprächspartner reagiert? Was war mein Beitrag dazu?

Bei welchen Fragen hatte ich Schwierigkeiten? Warum?

Was denke ich jetzt über diese Antworten? Wie könnte ich sie verbessern?

a) Tatsächliche Antwort:

b) Reflektierte Antwort:

Auf welche Interessen des Arbeitgebers lassen die (unerwarteten) Fragen schließen? Sind diese Fragen auch von anderen Arbeitgebern zu erwarten?

Welche Aspekte meines Profils wurden interessiert und positiv aufgenommen? Welche Aspekte trafen auf Skepsis? Was war mein Beitrag dazu?

Was konnte ich über Gehalt und Sozialleistungen erfahren? Wie stehe ich zu diesen Bedingungen?

Was konnte ich über die Jobanforderungen erfahren? Sind diese Anforderungen typisch für diesen Arbeitgeber, oder sind sie branchenüblich?

Wie bewerte ich die Fragen, die ich gestellt habe? Wie wurden meine Fragen beantwortet? Waren die Antworten ausreichend?

Die mündliche
Bewerbung

Welchen Eindruck habe ich vom Unternehmen, von den Kollegen, vom Arbeitsklima?

Kann ich in dieser Firma meine Ziele und Wünsche erreichen? Was könnte mich daran hindern?

Was kann ich bei meinem nächsten Vorstellungsgespräch besser machen?

Onboarding

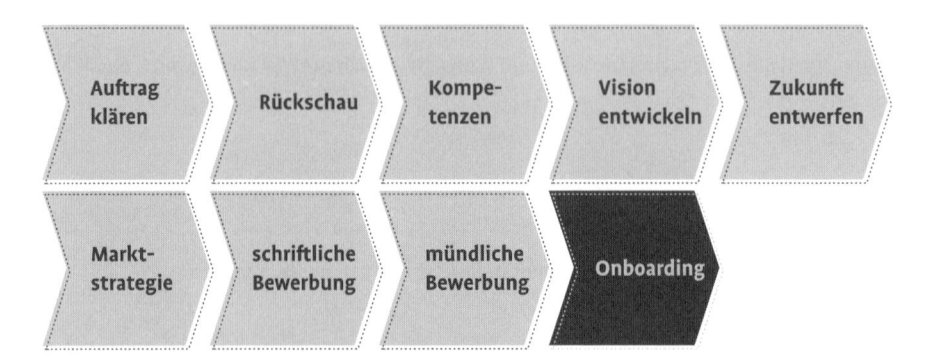

Auftrag klären › Rückschau › Kompetenzen › Vision entwickeln › Zukunft entwerfen

Marktstrategie › schriftliche Bewerbung › mündliche Bewerbung › **Onboarding**

Beim Onboarding unterstützen Sie Ihren Klienten dabei, sich optimal auf die neue Stelle vorzubereiten und sich gut in den neuen Job einzufinden. Das Ziel: Wohlbefinden und Kompetenzerleben.

Einsatzbereiche

Die hier genannten Beratungsansätze und Fragen sind dann die richtigen, wenn Ihr Klient

- eine neue Stelle übernommen hat und jemanden braucht, mit dem er die Herausforderungen – und seine Unsicherheit, ob er das alles schaffen kann – besprechen kann. Sie sind an dieser Stelle Coach, aber auch Experte, der sein Wissen über Strukturen, Prozesse und Organisationen zur Verfügung stellt.
- schon einige Stellenwechsel hinter sich hat und immer wieder in ähnliche Fallen tappt. Vielleicht ist ihm schon mehrmals gekündigt worden, und er hat öfter kritisches Feedback erhalten. Vielleicht möchte er wissen, was sein eigener Anteil an bisherigen beruflichen Schwierigkeiten ist und wie er ähnliche Probleme in Zukunft vermeiden kann. Es geht also darum, alte Muster zu durchbrechen und in einer neuen beruflichen Rolle angemessener zu agieren, um Konflikte zu reduzieren.
- sich weiterentwickeln will. Ihren Klienten treibt der Wille an, bestehende Kompetenzen weiterzuentwickeln und den nächsten Schritt auf seinem Karriereweg zu gehen. Dann kann es darum gehen, Stärken und Spezialisierungen zu fokussieren und im Beruf optimal zur Geltung zu bringen bzw. diejenigen

Onboarding

Schwächen zu identifizieren, die zu einem Problem werden können, und Gegenmaßnahmen zu entwerfen.
○ sich einen Sparringspartner in seiner Rolle als Führungskraft nach einem Stellenwechsel wünscht – sei es, dass der Klient seinen ersten Job als Chef antritt oder bereits eine erfahrene Führungskraft ist.

Überblick

	Methode	Ziel
1	die neue Welt: eine Aufstellung	begleiten, Erwartungsmanagement, Hilfestellungen bieten, Unsicherheiten bearbeiten
2	das Team kennenlernen	Vorbereitung auf die Selbstvorstellung
3	Perspektivwechsel bei Konflikten	Konflikte konstruktiv und professionell bearbeiten, sich in die Position des anderen versetzen

Ihr Klient im neuen Job

In der Phase des Onboardings geht es für den neuen Mitarbeiter darum, »an Bord zu kommen«: Es müssen die Organisationsstruktur des neuen Arbeitgebers, Prozesse, Berichtswege, Aufgabenbereiche, Verantwortlichkeiten, offizielle und informelle Regeln und Verhaltenskodizes – also eine neue Unternehmenskultur – ergründet werden. Als Coach begleiten Sie den Integrationsprozess, indem Sie vorbereiten, auffangen, analysieren, beraten, zuhören und wieder aufbauen, falls sich Enttäuschungen einstellen. Sie sind Sparringspartner und Experte zugleich.

Mit einem strukturierten Onboarding lässt sich die Zeit bis zur vollen Produktivität neuer Führungskräfte innerhalb der ersten 100 Tage beschleunigen, und potenzielle Konflikte lassen sich reduzieren. Gemeinsam können Sie auf die Entwicklung der Rollenpassung eingehen und neue, vor allem auch kritische Erfahrungen im Dialog konstruktiv verarbeiten. Auch können die oft übertriebenen Erwartungshaltungen, die Arbeitgeber im Recruiting-Prozess bei den Bewerbern wecken, auf eine realistische Ebene geführt werden.

Der Einstieg in einen neuen Job erfordert von Ihrem Klienten ein ausgewogenes Maß an Orientierung, Einfühlung, Kommunikation, Zuschauen und Setzen erster eigener Impulse. Er sieht sich nicht nur mit den Erwartungen seiner Chefs, Kollegen und Mitarbeiter konfrontiert, sondern auch mit eigenen Erwartungen an die neue Tätigkeit sowie wahrscheinlich mit den Erwartungen des Partners und der Familie. Mit jedem Wechsel sind immer auch Hoffnungen verbunden, altes Ungeliebtes hinter sich zu lassen und den neuen Start dazu zu nutzen, notwendige Veränderungen endlich anzugehen. Folgende Fragen sollen Ihnen Anregungen geben, wie Sie Ihren Klienten in seinen ersten 100 Tagen im Job wirksam unterstützen können.

Gehen Sie mit Ihrem Klienten das neue Organigramm durch (meistens liegt es noch nicht vor, sodass Sie es gemeinsam mit Ihrem Klienten aus den verfügbaren Informationen konstruieren müssen). Gehen Sie dabei den Fragen nach: Wo lauern (Interessen-)Konflikte? Wer verfolgt welche Agenda? Wo sind Präsenz und Sichtbarkeit wichtig? Natürlich können bei Weitem nicht alle Fragen vorab geklärt werden. Viele Klienten haben aber im Laufe des Bewerbungsprozesses einige Informationen sammeln, Stimmungen auffangen und versteckte Botschaften heraushören können. Das gemeinsame Entwickeln verschiedener Hypothesen ist an dieser Stelle für Ihre Klienten besonders hilfreich. So erfahren sie, dass es für *eine* vermeintliche Wirklichkeit immer zahlreiche Ursachen und Perspektiven geben kann – eine Erkenntnis, die dabei helfen wird, sich in der neuen Position nicht allzu schnell von ersten Eindrücken beeinflussen zu lassen.

Für den Karriereberater ist es oft eine sehr beglückende Arbeit, Klienten bis in eine neue berufliche Aufgabe zu begleiten. Die Beratung im Onboarding ist eine gute Möglichkeit, einen tief gehenden, dynamischen und produktiven Prozess zu einem runden Ende zu bringen. Gemeinsam mit Ihrem Klienten können Sie jetzt Bilanz ziehen über Erkenntnisse und Veränderungen, Sie können den Prozess resümieren und prüfen, inwieweit persönliche Ziele und Visionen mit diesem nächsten Schritt realisiert werden konnten, einen Blick in die Zukunft werfen und vor allem: gemeinsam innehalten und Erfolge feiern!

Die neue Welt: eine Aufstellung

Ziel	- ein Bild der neuen Arbeitsstelle entwerfen: die neue Welt mit den dort lebenden Menschen, relevanten Themen und gültigen Regeln und Vorgehensweisen in den Blick nehmen, analysieren und verstehen - Einstieg in das Onboarding-Coaching: Machen Sie diese Übung mit Ihrem Klienten am besten noch, bevor er den neuen Job antritt, um die Hürden und Chancen der ersten Tage zu identifizieren und ihn darauf vorzubereiten. Arbeiten Sie weiter daran, sobald er den Job begonnen hat, um Hypothesen zu überprüfen und das Bild auszudifferenzieren. - Auf diese Aufstellung können Sie immer wieder zurückkommen, das entworfene Bild erweitern oder verändern. Diese Arbeit bereitet auch andere Tools wunderbar vor.
Vorteile	- Diese Analyse ist für jeden Klienten hilfreich, der einen neuen Job anfängt; dieses Tool hilft zu verstehen, was die neue Welt ausmacht.
Was kann schiefgehen?	- Für den Klienten ist es nicht einfach, die neue Welt so strukturiert zu erklären und ein gesamtes Bild zu entwerfen. Manchmal ist Fantasie gefragt – es geht nur selten um richtig oder falsch. - Viele Fragen wird Ihr Klient zunächst nicht beantworten können, weil ihm der Einblick in die Organisation oder in die bevorstehende Aufgabe fehlt. Helfen Sie ihm dabei, stattdessen Hypothesen und Vermutungen zu entwickeln. Dies übt ihn in der Wahrnehmung von Unterschieden und Besonderheiten der neuen Welt. Und letztendlich sind es die Einstellungen und Erwartungen, die unsere Wahrnehmung prägen, und dazu gilt es Klarheit zu gewinnen. - Alles, was Ihr Klient jetzt noch nicht beantworten kann, aber von Bedeutung für ihn ist, sollte er aufmerksam in der ersten Zeit im neuen Job beobachten bzw. erfragen. Bereiten Sie ihn auch darauf vor.

Und sonst?	• Bringen Sie Ihr gesamtes Repertoire an Aufstellungsmaterial ein. Nutzen Sie z. B. Moderationskarten als Bodenanker, verschiedenfarbige Blätter, Playmobil- oder Spielfiguren, aber auch Alltagsgegenstände, die es Ihnen ermöglichen, die verschiedenen Menschen, Themen und Beziehungen zu visualisieren.
• Geben Sie dem Klienten, wann immer möglich, die Gelegenheit, kreativ zu arbeiten (lassen Sie ihn z. B. die neue Organisation aufmalen, Symbole für die verschiedenen Beteiligten auswählen).
• Halten Sie das geschaffene Bild in einer geeigneten Form fest (Fotos, Zeichnung, bestimmte Figuren für bestimmte Akteure). So können Sie immer wieder auf diese Arbeit zurückkommen und die »Arbeitswelt« weiter ausdifferenzieren, z. B. Änderungen deutlich machen, Perspektivenarbeit für Konfliktsituationen einbetten.
Materialien	• Arbeitsblatt zur Stundengestaltung mit Ihrem Klienten

Arbeitsblatt für Berater: Die neue Welt – erste Aufstellung

Sammeln Sie zur Vorbereitung auf diese Arbeit alle möglichen Gegenstände, mit denen Ihr Klient seine Arbeitssituation aufstellen kann – hier ist alles verwendbar, was inspiriert, von der Tasse in Ihrer Hand bis zum Buch im Regal. Einige Dinge eignen sich besonders gut für solche Arbeiten: Playmobilfiguren, Knete und Ähnliches, aber auch Gegenstände, die einen symbolischen Wert haben wie Steine (schwer zu bewegen, hohes Gewicht) oder Werkzeug (anpacken, Arbeit, Methodik). Alles, was visualisieren hilft, ist gut! Kleine Herzchen für gute Beziehungen, kleine Krönchen für den, der das Team regiert – und falls etwas fehlt, lassen Sie Ihren Klienten auf Zetteln Symbole, aussagekräftige Begriffe und Schlagwörter notieren, um die Aufstellung zu erweitern. Wenn Sie noch keine Materialkiste haben, sollten Sie sich eine anschaffen – und wenn Ihnen etwas fehlt, werden Sie gemeinsam kreativ!

Mitunter ist es sinnvoll, zwischendurch auch Notizen zu machen, wenn Informationen sich nicht spontan symbolisch verdichten lassen. Wenn es etwa darum geht, Aufgaben zu notieren oder geltende Kodizes festzuhalten.

Ablauf

Bitten Sie Ihren Klienten, seine neue Arbeitsstelle nachzuempfinden, indem er geeignete Figuren wählt, um die Situation, so wie er sie jetzt wahrnimmt, darzustellen.

Folgende Fragen können diese Arbeit begleiten:

- Mit welchen Menschen arbeiten Sie zusammen? Finden Sie eine Repräsentation für diese!
- Wer ist in Ihrem Team? Wer ist Ihr Vorgesetzter? Wer sind Ihre Mitarbeiter?
- Wie stehen diese zueinander? Wer steht sich nahe, zwischen wem gibt es Distanz (darstellbar durch Nähe und Distanz der Figuren, aufeinander richten, voneinander wegdrehen)?
- Wer hat welche Aufgabe? Welche Stärken? Welche Präferenzen? Wie könnte man dies darstellen (z. B. Symbole für Aufgaben neben die Figur legen, Playmobilfiguren mit geeigneten Charakteristika wählen)?

Unternehmenskultur und Arbeitsweise

- Welche formellen und informellen Regeln gibt es für die Zusammenarbeit? (hier möglicherweise Flipchart-Zusammenfassung)
- Wie wird in der neuen Organisation mit Erfolgen und wie mit Misserfolgen umgegangen?
- Gibt es eine Feedbackkultur? Und wenn ja: Ab wann gilt sie wohl auch für neue Mitarbeiter?
- Wie ist der Dresscode, die Lunchkultur oder die Überstundenpolicy in der neuen Organisation? (Sensibilisieren Sie Ihren Klienten für diese wichtigen Themen!)
- Welche Erfahrungen und Kompetenzen können genutzt werden, um anstehende Projekte erfolgreich umzusetzen?
- Was möchten Sie in der neuen Position vermeiden? Welche Fehler wollen Sie nicht (noch einmal) machen?

Aufgaben und Projekte

- Welche Aufgaben und Projekte kommen auf Sie zu? Welche haben Priorität?
- Welche Aufgaben sind auch für andere wichtig? Wo können Sie Informationen hierzu bekommen?
- Welche Projekte haben Leuchtturmcharakter (d. h. gelingen auf jeden Fall und haben hohe Sichtbarkeit) und eignen sich für erste Erfolge?

Wo sollen Sie in all dem nun stehen?

- Was erwartet der Vorgesetzte, was die Mitarbeiter und Kollegen von Ihnen? Wie können Sie dies in der Aufstellung deutlich machen? Wo stehen Sie? Welche Eigenschaften sollen Sie haben? Welche Anforderungen kommen auf Sie zu? Gehen Sie die Personen einzeln durch!
- Welche Befugnisse, Entscheidungskompetenzen und Freiheiten bzw. Pflichten haben Sie in Ihrer neuen Position? Finden Sie Symbole für diese Themen!
- Wo stehen Sie im Verhältnis zu Ihren Kollegen, Mitarbeitern und Vorgesetzten?
- Für wen im Team sind Sie ein Zugewinn (z. B. durch Arbeitsentlastung), für wen eine

Bedrohung (z. B. durch Infragestellung eigener Kompetenzen)? Wie könnte dies dargestellt werden?
- Wer trägt im Team wofür die Verantwortung? Wer hat was geleistet? Und wer ist schon wie lange im Team? (Hier geht es um die Wertschätzung des Bisherigen!)
- Wo sind Allianzen möglich und wichtig? Wo kommt es auf Rückendeckung an? Mit wem sollte worüber vorab gesprochen werden, bevor es zu einer Entscheidung kommen kann?

Führungsaufgabe

- Welche Herausforderungen sehen Sie hinsichtlich des Rollenwechsels (vor allem für den Fall, dass ein Kollege zum Vorgesetzten wird)?
- Wer hätte den Posten selbst gerne gehabt?
- Gibt es Neider?
- Wer sind Ihre Befürworter? Wen müssen Sie dagegen erst noch für sich gewinnen?

Kommunikation

- Wie kann eine angemessene Selbstvorstellung aussehen? (Erarbeiten Sie mit Ihrem Klienten einen für diesen Anlass passenden Elevator-Pitch (vgl. S. 257 f.)
- Für Führungskräfte: Wie und in welcher Form wollen Sie sich Ihrem Team vorstellen?

Selbstmanagement

- Welche Erwartungen haben Sie an sich selbst? Was wollen Sie bis wann erreichen?
- Was löst bei Ihnen Stress, Ängste, Druck aus? Was hat Ihnen bisher in solchen Situationen geholfen? Wie wollen Sie künftig damit umgehen?
- Was tut Ihnen gut, und wie können Sie für sich sorgen, auch wenn es mal stressig wird?
- Wie können Sie achtsam mit sich und Ihren Ressourcen umgehen? Wie könnte ein gutes Zeitmanagement für Sie aussehen?

Neubesetzung einer Stelle

- Wie war die Stelle bisher besetzt? Welche Erfolge bzw. Misserfolge werden Ihrem Vorgänger zugeschrieben (aufschlussreich kann hierfür die aufmerksame Analyse der Stellenausschreibung sein – oft finden sich in den Wünschen an den neuen Mitarbeiter Hinweise darauf, was beim alten vermisst wurde)?
- Wie ist es zu der Neubesetzung gekommen?
- Welche Probleme erhofft man sich durch die Neubesetzung zu lösen, und welche Erwartungen sind damit verknüpft?

Onboarding

Das Team kennenlernen

Ziel	- den Jobeinstieg vorbereiten - die Informationen, die Ihr Klient über seine neue Stelle hat, so nutzen, dass er sich auf die neuen Anforderungen einstellen kann - Nachbereitung der ersten Aufstellung – und Vorbereitung seiner Selbstvorstellung im neuen Team
Vorteile	- gestärkt und gut vorbereitet dem Neuen entgegensehen
Was kann schiefgehen?	- Die Selbstvorstellung kann zu unspezifisch sein. Schließen Sie diese Übung immer an eine Analyse der neuen Arbeitsstelle an, sodass Sie bereits gemeinsam erarbeitet haben, welchen Bedarf und welche Erwartungshaltung Vorgesetzte, Mitarbeiter und Kollegen haben – so kann Ihr Klient von Anfang an mit seiner Aufmerksamkeit punkten. - Ihr Klient weiß schon, was er sagen möchte – und Sie sind der Meinung, dass er seinen Auftritt erst noch einmal üben soll. Lassen Sie es ihn versuchen! Erfahrungsgemäß profitieren Klienten sehr davon, ihre Selbstdarstellung noch einmal zu üben. - Belassen Sie es nicht bei einem Durchgang! Wer seine Selbstdarstellung ungefähr fünfmal vorgetragen hat (und zwischendurch die Verbesserungsanregungen umgesetzt hat), der bekommt ein erstes bisschen Routine. Und genau die ist es, die eine entspannte Vorstellungsrunde am neuen Arbeitsplatz möglich macht!
Und sonst?	- Greifen Sie auf alte Notizen des Elevator-Pitchs zurück! - Um eine effektive Sitzung vorzubereiten, können Sie Ihrem Klienten auch noch einmal die Anleitung für den Elevator-Pitch mitgeben.
Materialien	- Arbeitsblatt für die Arbeit mit dem Klienten

Arbeitsblatt für Berater: Sich dem Team vorstellen

Erfassen Sie zunächst, wo Ihr Klient in Bezug auf die Selbstvorstellung steht. Wiederholen Sie gemeinsam, was seine Stärken und Präferenzen sind. Fassen Sie noch einmal zusammen, was Sie zu den Erwartungen der Kollegen erarbeitet haben. Sammeln Sie auf dieser Grundlage:

Welche drei Dinge sollte Ihr Chef von Ihnen wissen?

1.
2.
3.

Welche drei Dinge sollten Ihre Kollegen von Ihnen wissen?

1.
2.
3.

Welche drei Dinge sollten Ihre Mitarbeiter von Ihnen wissen?

1.
2.
3.

Auf welche Besonderheiten der neuen Stelle sollte Ihr Klient eingehen? Ersetzt er z. B. einen von allen geschätzten erkrankten Kollegen? Stößt er neue Projekte an: Wurde er eingestellt, um das Projekt XYZ zu starten?

Warum freut sich Ihr Klient, die neue Stelle anzutreten? Was möchte er darüber an dieser Stelle sagen?

Onboarding

Lassen Sie Ihn nun seine Selbstvorstellung vortragen. Versetzen Sie sich in die Situation des Angesprochenen. Sie haben ja inzwischen ein Bild davon erarbeitet, was dessen Interessen sind. Beobachten Sie Ihren Klienten, hören Sie ihm zu, und machen Sie sich Notizen: Wie wirkt er auf Sie (sicher/unsicher, authentisch/verspannt, zugänglich/verschlossen)?

_____

_____

Was fällt Ihnen auf? (z. B. Körperhaltung, Mimik, Augenkontakt, Gestik, Manierismen)

_____

_____

Haben Sie den Eindruck, dass er auf die neue Arbeitsposition gut vorbereitet ist?

_____

_____

Was gefällt Ihnen besonders gut?

_____

_____

Welche Ihrer Wünsche bleiben offen?

_____

_____

Perspektivwechsel bei Konflikten

Ziel	• Konflikte innerhalb des neuen Umfeldes analysieren – z. B. zwischen Ihrem Klienten und einem Kollegen/dem Chef oder zwischen verschiedenen Arbeitsgruppen/Teams • Verständnis für verschiedene Perspektiven schaffen und Ideen für das weitere Vorgehen entwickeln
Vorteile	• schult grundsätzlich die Fähigkeit, die Perspektive zu wechseln und den eigenen Standpunkt zu hinterfragen; öffnet für andere Sichtweisen
Was kann schiefgehen?	• Die »Stühlearbeit« ist für einige Klienten gewöhnungsbedürftig – laden Sie zu einem Experiment ein!
Und sonst?	• Diese Technik kann auch hilfreich sein, wenn noch gar kein Konflikt vorliegt. Der Klient nimmt eine andere Perspektive ein, was ihm z. B. die Vorbereitung auf ein Planungsgespräch erleichtern kann.
Materialien	• Arbeitsblatt zur Stundengestaltung mit Ihrem Klienten

Arbeitsblatt für Berater: Perspektivwechsel

Stellen Sie zwei Stühle einander gegenüber, auf denen Ihr Klient im weiteren Verlauf sitzen soll. Es geht darum, einen fiktiven Dialog nachzustellen, der sich zwischen Ihrem Klienten und dem Kollegen abspielen könnte, mit dem Ihr Klient Probleme hat.

1. Gestalten Sie dieses Setting mit Ihrem Klienten so, dass er sich in die verschiedenen Perspektiven hineindenken kann. Lassen Sie ihn, erst auf dem einen, dann auf dem anderen Stuhl sitzend, ausführen, was ihm aus der jeweiligen Position heraus wichtig ist. Besonders hilfreich ist es, wenn Sie bereits eine Aufstellung der Arbeitsstelle gemacht haben – greifen Sie dann auf Fotos, Notizen oder Symbole zurück, die Sie dort entwickelt haben.
2. Ihr Klient soll beide Parteien (ich–sie/unser Team–deren Team) jeweils einem Stuhl zuordnen. Lassen Sie ihn dazu Platz nehmen und die jeweiligen Positionen einnehmen. Hilfreich können dabei folgende Fragen sein:
   - Was ist Ihnen in dieser Position wichtig?
   - Worauf achten Sie?
   - Was brauchen Sie, damit Ihre Arbeit funktioniert?

3. Lassen Sie den Klienten auf beiden Stühlen beschreiben, wo der Konflikt liegt. Stellen Sie dabei Fragen, die ihn immer wieder dazu anhalten, deskriptiv statt wertend zu sein:
   - Was ist der Anlass Ihrer Auseinandersetzung?
   - Welches Problem entsteht für Sie daraus?
   - Welches Bedürfnis wird hier nicht befriedigt? Welche wichtige Bedingung für Ihren Arbeitsablauf ist dadurch gefährdet?
   - Was ist der Hintergrund oder der tiefere Kern des Problems?
   - Was wünschen Sie sich von Ihrem Gegenüber?
   - Wo sind Sie selbst bereit, der anderen Seite entgegenzukommen?

4. Besprechen Sie nun mit Ihrem Klienten aus einer Metaposition:
   - Was erkennen Sie, wenn Sie beiden zuhören?
   - Was möchten Sie den beiden raten?
   - Was muss geschehen, damit beide Parteien zu einer Einigung finden?

5. Lassen Sie nun Ihren Klienten von beiden Stuhlpositionen aus verhandeln: Wie kann der Konflikt so gelöst werden, dass alle Beteiligten damit einverstanden sind?

6. Bringen Sie Ihren Klienten noch einmal in die Metaposition:
   - Was haben Sie für sich erkannt?
   - Was möchten Sie aus dieser Übung mit in die Konfliktsituation an Ihrem Arbeitsplatz nehmen?
   - Was könnte ein erster Schritt sein, um der Konfliktlösung näher zu kommen?
   - Möchten Sie diesen Schritt machen?
   - Wann möchten Sie diesen Schritt machen?

Wie geht es nun weiter?

Ihre Entwicklung als Karriereberater

Wir haben Ihnen auf den vorangegangenen Seiten Methoden, Tools und Anregungen an die Hand gegeben, die in unserer Beratungspraxis gewachsen sind, die sich bewährt haben und zu deren Anwendung wir Ihnen Tipps mitgegeben haben, die auf unserer Erfahrung beruhen. Nehmen Sie diese Informationen mit, entwickeln Sie die Methoden weiter und finden Sie Ihren eigenen Stil!

Auch wenn wir überzeugt sind, dass Sie mit den in diesem Buch präsentierten Techniken für eine große Reihe von Aufgaben gewappnet sind – es gibt immer noch etwas dazuzulernen! Wir wissen heute, dass wir alle lebenslang lernen müssen. Dies gilt ganz besonders in der Karriereberatung. Wer in diesem Bereich arbeitet, bewegt sich in einer Umwelt, die sich ständig wandelt. Wer Menschen im Hinblick auf ihre Karriere berät, muss viele Branchen und Entwicklungen im Blick behalten.

Der Arbeitsmarkt

Ein guter Karriereberater muss auf dem Laufenden bleiben, was die Anforderungen, Angebote und Trends des Arbeitsmarktes angeht. Das heißt: Lesen Sie die Karriereteile der Zeitungen, schauen Sie häufiger mal nach, was es für Stellenausschreibungen gibt (und auch danach, welche es nicht gibt). Was sind die Besonderheiten der Region, in der Sie arbeiten – und aus der wahrscheinlich auch die meisten Ihrer Kunden kommen? Wie verändern sich die Anforderungen an Bewerbungen? Die Anbindung an die aktuellen Entwicklungen auf dem Arbeitsmarkt und die enge Zusammenarbeit mit Menschen machen diesen Beruf zu einer Bereicherung.

Evaluieren Sie Ihre Beratung!

Bleiben Sie am Ball und behalten Sie im Auge, wo Sie selbst noch besser werden können, um für Ihre Klienten eine immer bessere Beratung zu bieten! Ob Sie auf dem richtigen Weg sind, ob Ihre Klienten zufrieden mit Ihrer Beratung sind und wo Sie noch Entwicklungspotenzial haben – um das herauszufinden, nutzen Sie am besten die Rückmeldungen Ihrer Klienten. Zunächst sollten Sie darauf achten, ob Ihr Klient mit den Fragestellungen weiterkommt, die ihn in die Beratung geführt haben. Wenn Sie außerdem Energie und Zeit in Ihre eigene Weiterentwicklung investieren wollen, sollten Sie hier noch etwas systematischer vorgehen. Es bietet sich z. B. an, noch einmal genauer nachzuhaken, was Ihrem Klienten besser oder schlechter an Ihrer Beratung gefallen hat. Dies geht am besten im direkten Gespräch, weil es Ihnen die Möglichkeit gibt, persönlich dort nachzuhaken, wo Sie wichtige Informationen vermuten.

Hat Ihr Klient das Gefühl, dass einzelne Tools (z. B. zur Erfassung seiner Kompetenzen) ihn nicht weitergebracht haben? Dann gilt es zu klären, ob Sie vielleicht besser andere Methoden wählen oder – wenn Sie der Meinung sind, dass ein Tool wichtig für den Prozess ist – in künftigen Beratungen genauer herausarbeiten, welche Gewinne für den Klienten und die Beratung in diesem Schritt liegen.

Wenn Ihnen die direkte Befragung nicht liegt oder Sie aus anderen Gründen eine schriftliche Befragung wünschen, haben wir noch ein weiteres Tool für Sie – einen Evaluationsbogen, den Sie für die Rückmeldung Ihrer Klienten nutzen können.

Evaluationsfragebogen

Ziel	• mithilfe des Feedbacks von Klienten den Beratungsprozess weiterentwickeln • dem Klienten abschließend noch einmal eine Möglichkeit zur Reflexion der Beratung und ihres Nutzens für ihn bieten
Vorteile	• Der Klient sieht, dass Sie sich um Qualität im Beratungsprozess bemühen und dass sein Eindruck vom Beratungsprozess wahrgenommen und geschätzt wird. • Sie erfahren, wie Ihre Beratungsarbeit wahrgenommen wird, und können Ihre eigene Weiterentwicklung als Berater mithilfe des Feedbacks gezielt steuern.
Und sonst?	• Die besten Ergebnisse erzielen Sie, wenn der Klient beim Ausfüllen des Fragebogens ungestört ist und weiß, dass er sich für seine Antworten nicht rechtfertigen muss. Daher ist Folgendes zu beachten: • Sie können dem Klienten den Fragebogen zum Ausfüllen außerhalb Ihrer Räume mitgeben oder zusenden, allerdings sind die Rücklaufquoten meist nicht sehr hoch. In diesem Fall können Sie ihn schriftlich oder telefonisch daran erinnern. Eine schriftliche Erinnerung ist dann am effektivsten, wenn Sie den Fragebogen mit frankiertem Rückumschlag nochmals an ihn aussenden. • Wenn der Klient den Fragebogen in Ihrer Praxis ausfüllt, sollte er sich hinter geschlossener Tür allein in einem Raum befinden und keinem Zeitdruck ausgesetzt sein. Geben Sie ihm einen Umschlag mit, in dem er den ausgefüllten Fragebogen an Sie zurückgeben kann. Verzichten Sie in jedem Fall darauf, den Fragebogen im Beisein des Klienten zu lesen.
Materialien	• Fragebogen

Arbeitsblatt für Berater: Evaluation des Beratungsprozesses

Warum haben Sie das Coaching begonnen? Haben sich Ihre Ziele erfüllt?

Welches sind die wichtigsten Beratungsergebnisse für Sie? Sind Sie zufrieden damit?

Hat die Beratung etwas in Ihnen verändert? Wenn ja, was?

Wie haben Sie den Beratungsverlauf empfunden? Waren Ihnen die einzelnen Schritte immer klar? Hätten Sie sich mehr oder weniger Transparenz gewünscht?

Wie haben Sie sich während der Beratung gefühlt?

Beschreiben Sie die Beziehungsebene zwischen dem Berater (mir) und Ihnen.

Gibt es Punkte, die Sie an der Beratung verbessern würden? Wenn ja, welche Ideen oder Anregungen haben Sie?

Auswertung

Da wir mit diesem Buch auch einen Beitrag zur Reflexion von Beruf und Praxis der Karriereberatung leisten wollen, lassen wir uns die Gelegenheit nicht entgehen, dieser Reflexion einen weiteren Ansatzpunkt zu geben: die Diskussion *über* dieses Buch. Sie haben nun durch Lesen und Blättern einen ersten Eindruck von den vorgestellten Tools gewonnen; vielleicht haben Sie auch schon einige in Ihrer Praxis als Karriereberater ausprobiert. An dieser Stelle haben Sie die Möglichkeit, sich kritisch mit den angebotenen Methoden auseinanderzusetzen.

Jedes Tool, das Sie angeschaut oder ausprobiert haben, ist von Ihnen sicherlich in der einen oder anderen Weise bewertet worden. Und diese Bewertung werden Sie aus unterschiedlichen Blickwinkeln vorgenommen haben, z. B. hinsichtlich der Eignung der Tools für bestimmte Klienten, der Praktikabilität der Tools und ihrer allgemeinen Eignung für Ihre Auffassung von Karriereberatung oder einfach nur hinsichtlich der Verwertbarkeit der Ergebnisse. Durch Ihre Stellungnahme zu den Tools und zu dem Buch nehmen Sie auch zum Thema und zum Beruf der Karriereberatung Stellung. Je expliziter Sie das tun, desto nützlicher ist dieser Vorgang für Sie. Wir möchten Sie dazu einladen, uns Ihre Stellungnahme mitzuteilen. Unter diesen E-Mail-Adressen erreichen Sie uns und können direkt mit uns diskutieren: Richthofen@KugelevonRichthofen.de sowie Vitzthum@KugelevonRichthofen.de.

Welche Themen, Fragestellungen, Anliegen oder Probleme auch immer an uns gerichtet werden – es vergeht kein Tag, an dem wir nicht von unseren Klienten lernen und durch sie auf neue Gedanken, Sichtweisen und Fragestellungen kommen. Wir hoffen, dass auch Sie viele inspirierende Beratungen vor sich haben, und wünschen Ihnen viel Freude und Erfolg dabei!

Literaturverzeichnis

Bolles, Richard Nelson: *Durchstarten zum Traumjob. Das ultimative Handbuch für Ein-, Um- und Aufsteiger.* Campus, 8. Auflage. Frankfurt am Main/New York 2007.

Diekmann, Andreas: *Empirische Sozialforschung. Grundlagen, Methoden, Anwendungen.* Hrsg. von Burghard König. Rowohlt, 15. Auflage. Hamburg 2006.

Frankl, Viktor E.: *Ärztliche Seelsorge.* Franz Deuticke Verlag, 110. Auflage. Wien 1982.

Gigerenzer, Gerd: *Bauchentscheidungen: Die Intelligenz des Unbewussten und die Macht der Intuition.* Bertelsmann Verlag, München 2007.

Glaubitz, Uta: *Der Job, der zu mir passt. Das eigene Berufsziel entdecken und erreichen.* Campus, 4., aktualisierte Auflage. Frankfurt am Main 2003.

Gulder, Angelika: *Finde den Job, der dich glücklich macht. Von der Berufung zum Beruf.* Campus, 2., aktualisierte Auflage. Frankfurt am Main 2007.

Hammerer, Marika/Kanelutti, Erika/Melter, Ingeborg (Hrsg.): *Zukunftsfeld Bildungs- und Berufsberatung. Neue Entwicklungen aus Wissenschaft und Praxis.* Bertelsmann Verlag. Bielefeld 2011.

Hermann, Dieter/Verse-Hermann, Angela: *1000 Wege nach dem Abitur. So entscheide ich mich richtig.* Eichborn Verlag. Frankfurt am Main 2007.

Hildebrandt-Woeckel, Sabine: *Karriereberatung. Wer Ihnen hilft, was Ihnen hilft.* Rowohlt. Hamburg 1999.

Hohner, Hans-Uwe: *Laufbahnberatung. Wege zur erfolgreichen Berufs- und Lebensgestaltung.* Verlag Hans Huber. Bern 2006.

Hohner, Hans-Uwe/Hoff, Ernst-H.: *Berufliche Entwicklung und Laufbahnberatung.* In: Petermann, Franz/Schneider, Wolfgang (Hrsg.): Sonderdruck aus Enzyklopädie der Psychologie. Themenbereich C. Theorie und Forschung. Serie V Entwicklungspsychologie. Band 7 Angewandte Entwicklungspsychologie. Hogrefe. Göttingen, Bern, Toronto u. a. 2008.

Ibarra, Herminia/Lineback, Kent: *Machen Sie sich interessant.* Harvard Business Manager, April 2005, S. 48–57.

Lohwieser, Jens/Melms, Hannah (Hrsg.): *Erfolgreich bewerben. Jobsuche in Berlin.* cake media Verlag Wolfgang Hiepen. Hohen Neuendorf/Berlin 2003.

Lutz, Andreas: *Praxisbuch Networking. Von Adressmanagement bis XING.com.* Linde Verlag, 2., aktualisierte Auflage. Wien 2009.

Rappe-Giesecke, Kornelia: *Triadische Karriereberatung. Begleitung von Professionals, Führungskräften und Selbstständigen.* Verlag Andreas Kohlhage. Bergisch Gladbach 2008.

Riedel, Christoph/Deckart, Renate/Noyon, Alexander: *Existenzanalyse und Logotherapie*. Ein Handbuch für Studium und Praxis. Primus Verlag. Darmstadt 2002.

Schein, Edgar H.: *Karriereanker*. Die verborgenen Muster in Ihrer beruflichen Entwicklung. Buch & Trainerleitfaden. Verlag Wolfgang Looss, 1998 (vergriffen).

Ders.: *Career Anchors: Self Assessment*. John Wiley & Sons, Hoboken. New Jersey 2006a. Dieses 24-seitige Heft enthält den Fragebogen.

Ders.: *Career Anchors: Participant Workbook*. John Wiley & Sons, Hoboken. New Jersey, 3. Auflage, 2006b.

Ders.: *Career Anchors: Facilitator's Guide Package*. John Wiley & Sons, Hoboken. New Jersey, 3. Auflage, 2006c.

Wehrle, Martin: *Karriereberatung*. Menschen wirksam im Beruf unterstützen. Beltz. Weinheim/Basel 2007.

Weyand, Giso: *Allein erfolgreich – Die Einzelkämpfermarke*. Erfolgreiches Marketing für beratende Berufe. Business Village GmbH. Göttingen 2006.

Yate, Martin John: *Das erfolgreiche Bewerbungsgespräch*. Die härtesten Fragen – die besten Antworten. Campus, 9., aktualisierte Auflage. Frankfurt am Main 2002.